掌尚文化

Culture is Future

尚文化·掌天下

ANALYZING DIGITAL NEW INFRASTRUCTURE

Application of Blockchain in Digital Economy and Digital Finance and Relevant Regulation

解构
数字新基建

区块链在数字经济和
数字金融中的
应用与监管

邹传伟
曹一新
崔　晨
王普玉

著

经济管理出版社
ECONOMY & MANAGEMENT PUBLISHING HOUSE

图书在版编目（CIP）数据

解构数字新基建：区块链在数字经济和数字金融中的应用与监管 / 邹传伟等著 .
—北京：经济管理出版社，2022.6

ISBN 978-7-5096-8497-9

Ⅰ.①解… Ⅱ.①邹… Ⅲ.①区块链技术—应用—信息经济—研究 ②区块链技术—应用—金融业—研究 Ⅳ.① F492 ② F832-39

中国版本图书馆 CIP 数据核字（2022）第 099581 号

组稿编辑：宋　娜
责任编辑：宋　娜
责任印制：黄章平
责任校对：张晓燕

出版发行：经济管理出版社
　　　　　（北京市海淀区北蜂窝 8 号中雅大厦 A 座 11 层　　100038）
网　　址：www.E-mp.com.cn
电　　话：（010）51915602
印　　刷：唐山昊达印刷有限公司
经　　销：新华书店
开　　本：720mm×1000mm/16
印　　张：18
字　　数：260 千字
版　　次：2022 年 9 月第 1 版　　2022 年 9 月第 1 次印刷
书　　号：ISBN 978-7-5096-8497-9
定　　价：98.00 元

2017—2018 年，我通过麻省理工学院媒体实验室数字货币研究计划（DCI）的课程和讲座，初步接触到区块链，深感区块链是理解货币、支付、风险和隐私等基础概念的关键，将对金融科技发展产生深远影响。当时，Facebook 还没有推出既备受关注又备受争议的 Libra 项目，但央行数字货币研究和试验已有一定热度，同时一些大中型企业也在探索区块链在供应链管理、物联网和智能制造等领域的应用。我花了很多时间试图理解共识算法、去信任化、去中心化和数字货币等概念，但因为远离技术前沿且资质驽钝，始终徘徊在似懂非懂之间。为有所突破，我决心"躬身入局"，到行业一线去寻求答案。

2019 年初，我接受肖风博士的邀请加入万向区块链，得以在一线观察并参与行业实践。在过去的 3 年中，区块链和数字货币在全球范围内得到了越来越多的关注。2019 年 10 月 24 日，习近平总书记主持召开了中共中央政治局就区块链技术发展现状和趋势的集体学习。2020 年 4 月，数字人民币开始在全国范围内试点测试。在全球学术界和监管界，有关区块链和数字货币方面的文献呈现出"大爆炸"般的增长态势。作为经济学研究者，我有幸获得了将书本知识证诸实践、付诸实践并从实践中提炼新知的机会。在这个过程中，我陆续将一些管窥之见撰写成文，并逐渐有结集成书的机会。

本书是我与合作者撰写的关于区块链的第三本书。第一本书是与徐忠研究员合著的《金融科技：前沿与趋势》，在金融科技大框架下讨论了区块链和数字货币。第二本书是与郝凯、钱柏均合著的《数字经济基石：区块链的机制设计与应用落地》，聚焦于区块链应用涉及的机制设计问题。本书是与曹一新、崔晨和王普玉合作，聚焦于区块链在数字经济和数字金融中的应用和监管。随着研究的深入，我越来越认识到区块链是数字新基建的重要组成部分。我非常感谢肖风博士和万向区块链对区块链相关研究的支持，以及合作者们的共同努力。

经济管理出版社宋娜老师为这本书的编辑和出版投入了大量精力，非常感谢她的慷慨付出。书既已出版，评判权就交给读者和时间。我除了承担文责以外，唯有继续努力，不断深化研究。

邹传伟

2022 年 2 月于上海虹口

第三部分
PART THREE

区块链在文化产业方面的应用

第四部分
PART FOUR

区块链在货币和金融领域的应用

第五部分
PART FIVE

区块链监管动态

第一部分

ONE

区块链技术前沿

PART ONE

区块链作为一种先进技术，阻碍其大规模应用的主要是交易处理效率不高和数据孤岛问题。本部分重点讨论这两个问题的技术进展，即扩容技术和互操作技术，具体包括闪电网络、以太坊扩容技术、互操作性概论和应用层资产桥。

区块链扩容技术进展集中在二层网络（Layer 2），这是因为二层网络中的创新试验速度要快于主网（Layer 1），能够有效地解决区块拥堵的紧迫问题。闪电网络是比特币网络之上的二层网络，对比特币网络进行扩容升级。闪电网络通过交易双方的多签地址建立通道，用户在通道中进行交易。2021年，闪电网络吸引了大量新增用户，也推动了该技术的发展。例如，该技术推出了无须惩罚等待期，保证通道中最新状态上链结算的方式，实现通道内信息传输更偏重隐私保护的方法，以及为提高可用性对通道流动性方面进行完善。

对于可以使用智能合约的以太坊网络，能否实现扩容更是迫在眉睫的问题，由此诞生了各种二层网络上的扩容技术，如状态通道、Plasma和Rollup等，在安全性和可用性上它们各有优劣。为了保证资金安全，有些二层扩容技术提出了提现等待期，有些由密码学主导的技术方案很难实现智能合约的验证。这些扩容技术背后的设计会在接下来的内容中介绍。

互操作性或跨链是经常被区块链领域提及的概念，区块链能够使信息转化为多种形式，跨链内容包括信息、资产、权属声明、账户、域名或身份等。同质化的数字资产的互操作性发展得更为成熟，在区块链之间、智能合约之间、二层网络协议之间以及区块链系统与互联网之间都出现了一些互操作场景，其中应用层的资产桥是区块链互操作性技术的发展代表。

资产桥的需求源于公链生态中金融应用的成功落地，也是应用生态良性竞争所需要的。应用层迁移资产的方向大多是将优质资产从原生链迁移到用户体验更好、投资机会更多的服务链项目中。核心功能、去中心化程度、可组合性、安全性和用户体验是评判资产桥的标准。资产桥的优势在于可专注围绕互操作性搭建基础设施，连通已有应用生态的区块链，在已有的工作基础上更好地发展。

区块链扩容技术进展

一、闪电网络的现状与进展

比特币网络的处理效率限制了其在大规模使用时被作为清结算网络,这是由区块大小和区块时间导致的,也是出于对网络安全的考虑。区块链外的二层网络(Layer 2)在提高网络处理速度上发挥了巨大作用,且在二层网络进行创新和试验的阻力要小于原链,因此二层网络常常受到全行业的关注。闪电网络是对比特币的扩容升级,为了不占用主链资源,将用户资金转移到链下通道进行实时结算,交易结束后将最终状态转回链上清算。无论用户在通道内进行多少次交易,链上的交易只会显示为开通和关闭通道两种情况。因此,闪电网络具有提升交易速度、降低手续费和保护用户隐私等优势。本文将分析闪电网络的现状、应用、技术进展以及对未来发展的预测。

(一)闪电网络的现状

闪电网络通过交易双方的多签地址建立通道,用户转移资金到地址中作为初始资金,每次交易后资金会在通道内分配一次,从地址提走资金意味着通道关闭,双方共同管理通道内的交易记录。用户可以通过中间节点跨通道交易,但在闪电网络中只限通道内的用户交易,更适合固定交易对手的高频小额交易场景。

闪电网络是非托管的去中心化系统,比特币中任意两个用户之间都可以建立闪电网络通道,通道数量和转移到网络中的比特币数量可以侧面反映出闪电网络的发展规模。由于闪电网络的隐私设置，网络存在非公开的私有通道，因此整体网络的交易量是无法感知的。

图 1-1 展示了闪电网络的通道数量，可以看出最近闪电网络通道的数量一直在上升，网络规模不断扩大。

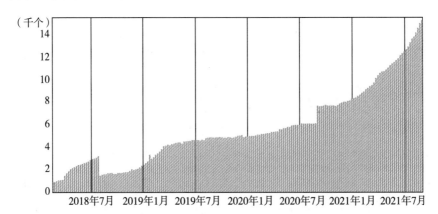

图 1-1 闪电网络的通道数量（2021 年 9 月 9 日）

资料来源：https://www.lookintobitcoin.com/charts/lightning-network-nodes/。

图 1-2 是闪电网络通道内的比特币数量。最近几个月比特币的数量一直上升，共有 2412 枚被转移到二层网络中。

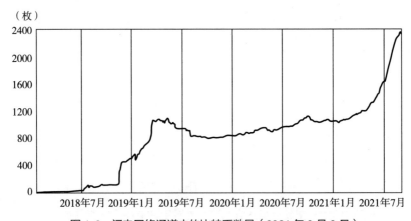

图 1-2 闪电网络通道内的比特币数量（2021 年 9 月 9 日）

资料来源：https://www.lookintobitcoin.com/charts/lightning-network-capacity/。

闪电网络规模的扩大由事件驱动，2018 年初、2019 年初和近期的增长分别对应了闪电网络上线、推特中的闪电网络火炬传递活动和萨尔瓦多政府支持比特币作为国家法定货币这三个事件。而且在短暂上升之后闪电网络会面临一段停滞时间，因为闪电网络自身应用无法吸引大规模用户。虽然闪电网络一直处于正向发展阶段，但转移到以太坊上的比特币数量高达 26 万枚，超过闪电网络 100 多倍，这与用户更愿意参与应用活动而不是用其支付有关，也有闪电网络自身的原因。

（二）闪电网络中的应用

闪电网络中的应用十分必要，创造使用场景才会吸引更多用户。闪电网络的通道交易需要节点路由，它们为交易者提供路径上的便利并收取路由费。节点的收入与网络利用率相关，用户使用频率高时，通道内的节点数量也会因收益增多而上升，而且节点数量上升会提高用户体验，形成正循环。

拓展闪电网络的应用场景是提高网络价值的方式，也是其发展方向。闪电网络中的应用分布在支付、游戏、社交和金融领域，如图 1-3 所示。

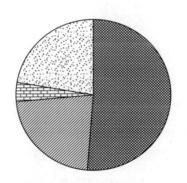

⊞ 支付　⊟ 游戏　⊞ 社交　□ 金融设施

图 1-3　闪电网络中的应用分布（2021 年 9 月 9 日）

资料来源：https：//fulgur.ventures/projects-database。

作为比特币的扩展网络，闪电网络最主要的应用类项目是支付，包括为用户准备的支付工具、集成商户的应用以及服务商的接收工具等。现实生活中可以通过闪电网络购买披萨、服装和游戏中的服务。使用闪电网络可以实现即时交易，这一特点也可以在游戏的结算中发挥作用。用户使用闪电网络转账时可以附赠信息，从而实现通信，就像银行转账时可以附上备注，消息可以同资金一起转移给收款方。如同资金一样，信息可以即时到达并且隐私能够得到保护，路径上的人不知道真实的信息发送者和接收者。闪电网络中搭建的金融设施，主要集中在交易和解决流动性问题两方面。

除了上文提到的应用，闪电网络的基础设施也十分重要，如钱包、交易平台，用户可以直接通过手机软件在熟悉的场景中使用闪电网络。作为插件连接到互联网产品也是闪电网络扩展应用的方式，如 Twitter 将内置闪电网络支付程序，开通 Twitter 的比特币打赏功能。

（三）闪电网络的技术进展

安全、可用性以及提高用户体验是闪电网络迭代的方向。闪电网络由多个团队开发客户端，在功能上会有些异同但互相兼容，下文中提到的技术进展不对客户端做区分。

1. 安全方面

（1）RSMC 和瞭望塔。

可撤销的序列成熟度合约（Revocable Sequence Maturity Contract，RSMC）是实现比特币闪电网络支付通道的方式，保证资金传递在通道中不会被对方操纵。RSMC 规定了通道内的交易规则以及资金撤回主链的方式，用户可以随时撤回正确的资金。通道内用户每次交易后，双方都需要各保留一份对方签名确认过的交易证明，并将上一步交易使用的私钥交给对方，因此之前的证明失效。用户可以凭借最新的证明关闭通道，但为了防止用户使用已失效的交易证明，发起提现要经历 100 个区块的等待期。在这期间，如果用户发现提现者作恶，使用对其有利的交易记录而非最新记录，用户就可以在他的提现等待期内构建惩罚证明将提现者的资金取走。

闪电网络中资金安全的威胁来源于提现过程，有人可能使用错误的交易记录提现。资金安全的保证源自用户可以监控链上的错误交易从而进行修改，但这需要用户时刻在线。用户可以设置瞭望塔，让瞭望塔代其进行监控，如果链上出现了问题，瞭望塔可以代为惩罚。

（2）Eltoo。

Eltoo 机制也可以保证通道内的最新状态上链结算，确保过时交易被废除，这是一种比 RSMC 更简洁的状态更新机制。Eltoo 用较新的通道状态取代较早的通道状态，无须惩罚机制就可以实现安全性。通过 Eltoo 协议交易后双方需要签名确认，输出可以用于接下来的交易或者链上结算。新交易的构建要花费上一步的输出，上一步的结算交易自动作废，系统不会出现双花（见图1-4）。每次 $T_{u, i}$ 的更新都会让之前的 $T_{s, i-1}$ 失效，未失效的 $T_{s, i}$ 为最终结算交易。

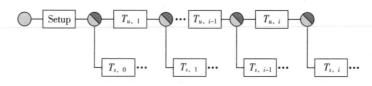

图 1-4　Eltoo 的实现过程

资料来源：https://blockstream.com/eltoo.pdf.。

Eltoo 通过更新交易形成链条的方式让较早的结算交易作废，用户可以使用 SIGHASH_NOINPUT 跳过中间的交易，能够将最新的交易与合约创建的状态相连，无须保存整个链条。Eltoo 可以与 RSMC 兼容且能作为更通用的 Layer 2 扩容方案使用，但目前没有团队计划采用 Eltoo 取代 RSMC。

2.跨通道路由与隐私方面

（1）HTLC 向 PTLC 转变。

闪电网络的通道需要在交易双方之间搭建，但在所有进行链下交易的用户之间两两建立通道是不现实的，而且每次建立通道都需要预存资金，会影响流动性。闪电网络可以由哈希时间锁定合约（Hashed Time Locked Contracts，HTLC）实现跨通道交易，近期将被替代为点时间锁定合约（Point Time Locked Contracts，PTLC）。PTLC 去掉了 HTLC 中对哈希的使用，更能保护交易的隐私和安全。

　　HTLC 通过时间锁和哈希锁的方式实现跨通道交易和原子性交易。首尾相连的两个通道会涉及三个节点，分别是发送者和中间节点的通道、中间节点和接收者的通道。对于中间节点来说，这两个通道相互独立，分别对应了入站资金和出站资金，不是资金在中间节点处中转。在建立跨通道交易时，接收者会告诉发送者原像 R 的哈希值 H=hash（R）。发送者将 H 发送给中间节点并要求中间节点在 T 时刻内发送正确原像 R 才会进行转账，而中间节点要求接收者在 t 时刻内发送正确原像 R 才会转账，其中 t<T。只有满足时间锁和哈希锁要求，整个交易才会成立，也就是在 t 时刻内接收者将原像发送给中间节点。如果交易失败，不会给任何人造成损失，实现了原子交易（见图 1-5）。

图 1-5　HTLC 的支付过程

资料来源：作者自制。

　　如果交易需要通过多个节点和通道，原理同上，只是增加了中间节点的数量。HTLC 的问题源自链条上所有节点都需知道原像 R 的哈希值 H，那么节点就能够判断出自己同属于一条路径。其中的两个中间节点就可以绕过其他节点传输原像 R，这样就可以获得其他节点应得的手续费收益，也会造成其他节点的资金锁定和停滞，称为虫洞攻击。

　　PTLC 技术的思路和 HTLC 类似，以标量和支付点取代了原像与哈希值的设置，之后的节点都要求不同的随机数，因此难以识别具体路径上的节点。HTLC 中的接收者生成原像 R 的哈希值并将其交给发送者，PTLC 则采用类似于公私钥的方式。私钥 a 可以通过单向函数的方式转换公钥，即 A=a*G，其中 G 为椭圆曲线上的基点，"*"表示求椭圆曲线上的点乘。通过 PTLC 跨通道的具体过程如下：接收者将 z*G 告诉发送者，发送者生成两个随机数 x、y 告诉接收者。PTLC 保留了时间锁的设定，发送者告诉中间节点 y 与（x+z+y）*G 的值，并要求中间节点在 T 时刻内发送（x+z）*G 的原像（x+z）。中间节点会要求接收者在 t 时刻内发送（x+z+y）。收到接收者发送的（x+y+z）后，结合之前步骤获得的 y，中间节点能够计算出（x+z）的值并交给发送者。发送者已知 x 进而得到 z，核对 z*G 后即可转账。能够成功完成交易需要中间节点计算出（x+z）的值，以及发送者计算出 z 的值（见图 1-6）。

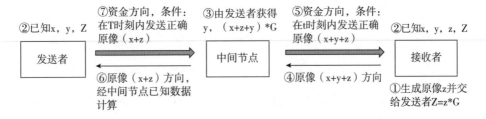

图 1-6　PTLC 的支付过程

资料来源：作者自制。

要在全网中实现 PTLC 需要足够多的节点支持，且最好支持相同的 PTLC 协议，因此 PTLC 还未正式上线。

（2）路由。

闪电网络使用洋葱路由和源路由达成交易。洋葱路由可以保护用户隐私，保证在交易路径中无法得知交易的发起方和接收方，只知道和自己连接的前后节点，也无法推出整个路径。跨节点交易的中间节点会收取一定手续费，这取决于链上的收费以及用户转账的资金量。源路由是源节点计算整条支付路径的方式，为此源节点需要下载完整的公开支付通道列表，并进行大量的数据计算，对路由起到了改善的作用，可以帮助用户快速达成交易。

PBMC（基于概率的任务控制）可以辅助进行路由，通过多次交易了解每个节点设置路由成功的概率，以此熟知整个网络。蹦床支付是为了减少这种模式中用户所需的内存和计算量。交易交给蹦床节点后，节点可以自动找到路径进行交易。这种方式虽然提高了效率，但在这种情况下最终收款人的地址会被透露给蹦床节点。为了防止隐私泄露，可以通过多个蹦床支付达成交易，让节点不确定真实的最终接收方。中心化枢纽的形式也会大大提高路由成功的概率，但会让网络更中心化，有可能出现单点故障。

3. 流动性方面

（1）Loop。

实际生活中闪电网络通道内的资金并不是双向流动的。例如，消费者在闪电网络通道内常常作为转出方，而商家会一直收入资金，长此以往转出方会面临流动性枯竭，这时只能关闭通道。Loop 是对潜艇交换的应用，用于在不关闭通道的情况下，实现通道内用户与主链上的交易。Loop 的目的是调整通道内的资金平衡，可以让资金在主链和通道内单方向流动，减少开关通道的操作和花费。

Loop 分为 Loop In 和 Loop Out。Loop In 服务可以帮助用户给闪电网络钱包充值，从链上转移资金过去。Loop Out 针对收款的商人和服务提供商，可以将资金直接传输给链上的目的地，如交易平台或冷钱包地址。Loop 能够循环使用通道，充值和提现都是要收费的，费用在 0.05%~1% 不等。

（2）多路径支付。

在进行交易时，尤其是通过多通道交易，每条通道内都需要存有足够的资金，否则会造成交易的失败，交易的数额越大则失败的可能性也就越高。因此可以通过多路径支付的方式来解决，可以将一笔交易拆成多笔小额的交易支付给接收方。实现多路径支付的方式可以通过原子多路径支付和简单多路径支付。原子多路径支付的含义是仅当所有小额支付均成功时，交易对手才会收到完整的付款；如果某些小额付款失败，那么整个交易就会失败，资金将退回付款方。简单多路径支付则没有这个特点，在支付时所有分割的交易使用同一哈希和原像，这种方式对协议的更改较少，因此会先于原子多路径支付实现。

（3）闪电池。

闪电池用于给闪电网络增加流动性，允许节点运营商之间买卖流动性。需要流动性的一方要支付给拥有资金的一方，让后者向前者的通道注入流动性，同时后者拥有对资金的控制权。这是一个非托管的点对点模式，闪电池会根据预期支付和预期收入撮合流动性需求方和提供者。闪电池通过开通多签通道的方式实现，这个通道和普通闪电网络通道的使用方式相同，但要求至少开放 2016 个区块，这期间售出流动性的一方不能关闭通道。

（四）闪电网络的未来发展预测

闪电网络在扩大使用规模上会受到内外两方面影响。第一是闪电网络作为比特币的补充，主要应用于支付场景。但比特币自身的波动性让其很难作为支付工具使用，现实中几乎没有以比特币定价的商品。第二是闪电网络自身问题影响了其安全性和可用性。可用性的问题来源于无法交易，主要是通道内没有足够的资金储备或者路由失败。除了改善这些问题外，扩大应用范围也是下一步发展的方向。

在闪电网络支付方面，萨尔瓦多共和国政府将比特币规定为国家法定货币。如果具备接收条件，拒绝使用比特币交易的萨尔瓦多企业将面临惩罚。萨尔瓦多居民使用闪电网络的频率增多，也可以从闪电网络的规模数据侧面得到印证。闪电网络可以完善基础设施，例如商户在收款的同时将比特币兑换为法币或者稳定币。闪电网络的技术一直在迭代，未来的技术发展重点在如何保护资金安全、用户隐私和增加比特币利用率等方面。闪电网络更需要发展吸引用户的应用。除了支付外，闪电网络适合实时通信应用，将信息以加密的方式发送过去，既保护了信息传递路径，又保护了信息内容。但闪电网络的可编程性较差，而金融应用多与增加生态流动性有关。

虽然关于比特币的争议众多，但从来没人否认比特币作为点对点转账的作用，而效率一直都是制约比特币发展的重要因素，因此诞生了闪电网络。由于比特币和以太坊定位的不同，两者的二层网络发展方向和格局也不尽相同。闪电网络一直在进行技术迭代，未来会向两个方向发展：第一是提高可用性和用户体验；第二是进行更多可编程的试验，增加应用范围和场景。

二、从 Plasma 到 Rollup 看 Layer 2 的扩容技术进展

以太坊网络的拥堵已经成为制约其发展的首要问题，扩容迫在眉睫。虽然人们期待以太坊能通过升级底层实现扩容，但以太坊 2.0 开发和实现的周期较长，在短时间内很难作为扩容的工具。因此，以太坊将希望寄托于链下扩容，即 Layer 2 扩容方案，以实现短期内增加以太坊可用性的目标，Layer 2 的大规模应用将是以太坊接下来的发展方向。下面以 Plasma 和 Rollup 为例说明目前 Layer 2 的技术进展以及未来的发展目标。

（一）以太坊链下扩容的关键

1. 资金安全最重要

以太坊承载了大量加密资产，对于以太坊来说，确保链上资产安全是重中之重。区块链是以去中心化方式运行的，避免了中心化带来的操纵和单点故障等问题，以太坊尽可能地追求去中心化。在以太坊 2.0 阶段，共识机制将转为 PoS（权益证明），与其他公链采用投票选举出固定数量的出块节点不同，以太坊没有对节点数量的限制，质押 32 个 ETH（以太币）就能成为以太坊 2.0 的验证节点，ETH 数量超过 32 个也不会增加被选为出块节点的概率。

一脉相承的是，以太坊的 Layer 2 同样注重去中心化带来的安全性，主张效率的达成不能由中心化风险来换取。Layer 2 通过在以太坊链下扩容来解决链上的拥

堵问题，用户资金会涉及转出链上和转回链上的过程，那么如何在这两个过程中实现资金安全，用户对资产的掌控以及可用性是 Layer 2 解决方案关注的问题。

2.Plasma 诞生前：侧链和状态通道

在链下扩容方案中，侧链和状态通道是最先诞生的解决技术。侧链通过双向锚定解决资产在侧链和主链上的跨链问题。双向锚定指的是在主链上锁定代币，然后在侧链上发行同等数量的代币，将资产转移到侧链上进行交易。转移回主链的方式同理，在侧链上销毁代币之后在主链上解锁相同数量的代币。但在侧链方案中无论是单节点还是联盟节点，或者以中继方式实现跨链，都存在中心化风险问题，用户既需要信任跨链的中间商，也需要信任侧链的安全。

状态通道让交易双方通过通道进行交易和状态更新，他们需要对双方的行为进行签名并保存副本，每一步的操作都是清晰的。结束状态通道时将最终状态签名后返回到主链上来更新主链上的状态，整个过程不占用主链资源且资金由用户自己掌控。状态通道在用户撤回资金时有挑战期的要求，是为了防止用户上传过期的交易记录牟利。如果其中一个用户在挑战期受到攻击掉线，他就会因无法回应而受到损失。状态通道需要有一组确定的参与者，因此在通道中的状态改变只限于通道内的用户。部署状态通道不但需要成本，还有资金转移到通道中的要求，因此只适用于明确参与方的高频交易的场景。虽然节点运营商可以帮助用户在没有通道的前提下达成交易，但运营商的收益往往与整个状态通道的流动性有关，目前的流动性很难让商业化的节点运营商参与状态通道。此外，状态通道很难在智能合约的场景下使用，出于易用性的考虑，状态通道没有得到大规模应用。

状态通道遇到瓶颈之后，Plasma 就站上了舞台，Plasma 技术不断迭代，但总存在难以突破的局限，于是 Rollup 成为目前受到最多关注的方案，同时也存在需要解决的问题。Plasma 和 Rollup 都指的是技术解决方案，而非具体的 Layer 2 项目，下文将展开介绍。

（二）Plasma 的进展和局限

1. 概念

Plasma 诞生于 2017 年 8 月，由 Joseph 和 Vitalik 共同提出，前者是闪电网络概念的提出者，后者是以太坊的创始人。在 Plasma 中可以看到侧链以及状态通道的影子，它由智能合约和默克尔树结构组成，通过在以太坊主链（或者称"根链"）上创建一条或多条子链实现扩容。每个 Plasma 子链都是由独立的节点运营，它们可以通过不同于主链的共识算法验证和产出区块。运营者将交易数据以默克尔树的形式储存，并且将默克尔根发布到以太坊主链上。默克尔树是一种数据结构，可以在隐藏部分数据的同时让其他人能快速验证原数据是被储存在其中的。与状态通道不同，Plasma 允许将子链中的资产发送给不在子链上的用户，只需要用户在子链中提现。

用户在 Plasma 链上的进入和退出需要智能合约处理，这个智能合约包括了状态转换规则，用户可以随时与智能合约交互自行加入和退出 Plasma 链。因此，在检测到 Plasma 链上运营者的作恶行为时，可以主动将资金退回到主链。在退出时，用户除了要向以太坊提交交易记录证明外，还需要提交保证金且有一定挑战期的限制。如果用户提交了错误的记录，需要有人在挑战期对其进行证明并扣掉他的押金。

现在 Plasma 解决方案有 Plasma MVP、Plasma MoreVP、Plasma Cash、Plasma Debit 等，它们在数据储存和退出机制上各有优劣。

2. 发展路线

（1）Plasma MVP（Minimal Viable Plasma）和 Plasma MoreVP（More Viable Plasma）。

Plasma MVP 是最初 Plasma 技术的实践。一般来说，Plasma MVP 上的运营者节点使用了 PoA（权威证明）的共识机制。用户将代币转移到 Plasma 智能合约中，会收到等值的输出，用户在 Plasma 链上就可以花费这些输出。用户的交易余额以 UTXO（未花费的交易输出）的记录呈现，需要储存自己代币的交易路径。运营者收到一个区块容量的交易时，就可以在主链上提交这个区块的状态确认。在退出时，用户需要向以太坊主链提交退出证明，证明 UTXO 是真实存在且属于用户的。从用户提交证明开始计算挑战期，挑战期是为了证明用户的输出是未花费的，所有用户都可以对错误的证明进行挑战，错误证明包括提交已花费的代币或者已退回的代币。

为了防止非法交易退出，例如双花时的恶意退出，Plasma MVP 的资金退出优先级为旧的交易总是优先于新的交易，也就是说，如果发现了恶意交易，那么可以在恶意交易退出之前提交比它更旧的交易。同时为了防止作恶的运营者，在提交正常的交易前插入非法交易，用户在提现过程中需要在提交交易时和交易被打包进区块时进行两次签名。如果运营者进行非法交易的提现，用户拒绝签名就可以保证资产不被盗用。

Plasma MVP 的提现过程非常烦琐，而且两次签名占据了区块空间，降低了可扩展性。进化版 Plasma MoreVP（More Viable Plasma）简化了其在提现中的步骤，保证只有诚实用户才可以提现操作，而且只需要一次签名。这两者的共同问题是在用户大规模退出时，如果以太坊主链没有足够的容量处理，则会导致用户资金丢失。

（2）Plasma Cash。

Plasma Cash 是 Plasma MVP 的延续，解决 Plasma MVP 可能出现的大规模退出问题。使用 Plasma Cash 同样要求用户向主链上的智能合约充值，与 Plasma MVP 不同的是，用户会在 Plasma 链上收到非同质化代币（NFT），也就是 Plasma Cash 中每个代币都是不同的。Plasma Cash 中数据结构也与 Plasma MVP 有所不同，在 Plasma Cash 的每个区块中都可以找到为所有链上代币的预留位置，如代币有交易会被记录上，没有交易则为空。用户需要关注自己代币的完整交易信息，在退出提现时，他需要提交最新的交易和其父交易两个记录。在挑战期如果有人证明了提交的不是最新的交易或者提交了错误的父交易，那么用户就会退出失败。Plasma Cash 使用的是稀疏默克尔树结构，因为稀疏默克尔树允许在叶子节点储存空白交易（见图1-7）。

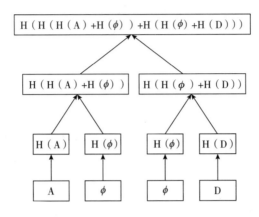

$$H(H(H(A)+H(\phi))+H(H(\phi)+H(D)))$$

$$H(H(A)+H(\phi)) \qquad H(H(\phi)+H(D))$$

$$H(A) \qquad H(\phi) \qquad H(\phi) \qquad H(D)$$

$$A \qquad \phi \qquad \phi \qquad D$$

图1-7　稀疏默克尔树

资料来源：https：//medium.com/@kelvinfichter/whats-a-sparse-merkle-tree-acda70aeb837。

Plasma Cash 将代币转化成 NFT 的形式导致用户只能花费固定面额的代币，不能只花费其中一部分代币，因此 Plasma Cash 在很多场景下都不适用，但适用于卡片收集游戏或者供应链和物流管理类的场景。

（3）Plasma Debit。

Plasma Debit 延续了之前的 Plasma 设计，不同的是子链上的代币要通过用户和运营者之间的支付通道转账，Plasma Debit 上的运营者更像是一个闪电网络的中心节点，因此更适用于只有一个运营者的情况。Plasma Debit 和 Plasma Cash 一样，Plasma 链上会将主链资产转为 NFT，这个代币同时也是支付通道，在交易时代币会通过运营者完成两次状态通道的转移。运营者会提前建立一批与自己相连的通道，如果收款人还没有与运营者建立通道，那运营者就先将资金转移到提前建立好的通道中，之后再转移给另一个用户，这样实现与 Plasma 链外用户的转账。用户与运营者的通道会让交易快速简便地完成。

Plasma Debit 和 Plasma Cash 不同的是，在退出时 Plasma Debit 中的 NFT 可以部分提现，不需要将整体全部提出，但在交易时需要提供证明，数据会变得庞大，影响用户体验（见表1-1）。

表1-1 Plasma 项目的特点和缺陷

名称	特点	缺陷
Plasma MVP	旧交易优先提现，需要签名两次	提现烦琐，大规模退出问题
Plasma MoreVP	提现以输入值位置判断	大规模退出问题
Plasma Cash	子链代币是 NFT 的形式	只能花费固定面额，交易证明数据庞大
Plasma Debit	适用于一个运营者	交易证明数据庞大

资料来源：作者自制。

3.Plasma 的局限

支持 EVM 的 Plasma 链很难建立，因为在 Plasma 链上重要的功能之一是用户可以随时撤回资金。如果是智能合约的话，在撤回时要将整个智能合约撤回到以太坊主链，包括状态余额和代码。但问题在于谁来做撤回智能合约的决定，如果合约可以任意撤回，那么会影响到 Plasma 链上的可用性，或者会由于撤回合约而产生中心化风险。

Plasma 的概念是 2017 年推出的，为了解决以太坊网络由于 DAPP（分布式应用程序）发展造成拥挤的问题。在最初的设想中，DAPP 开发者可以自行运营一条 Plasma 链，以此缓解主链上拥堵和高手续费问题。现在以太坊的拥堵主要源于去中心化金融（DeFi）的大规模应用，Plasma 并不适用于解决现在的网络拥堵问题。除此之外，为了防止作恶行为，用户需要储存大量数据，而且需要检测网络，影响了用户体验，因此 Rollup 的概念诞生了。

（三）Rollup

1. 概念

Layer 2 扩容方案大多是将交易记录放到链下储存，把最终状态传到链上，例如上文提到的侧链、状态和 Plasma。Rollup 不是完全将交易放到链下，而是将计算过程放到链下，将压缩后的数据储存在主链上。因为最终数据被储存在链上，所以任何人都可以在本地进行 Rollup 操作。Rollup 缩短了以太坊在执行操作后储存的字节数，采用高级的编码技巧，例如用索引代替地址、使用聚合签名等。这些压缩方式会受到主链区块容量或安全性的限制，但可以在二层网络上尝试。Rollup 后的数据储存在链上，相较于其他扩容方案具有更多的通用性，会支持智能合约操作。用户通过与 Rollup 部署在主链上的智能合约交互，选择进入和退出 Rollup。

智能合约中同样存有默克尔根，代表了 Rollup 的状态。在 Rollup 进行批处理后，会对状态进行更新。而关于如何验证交易后状态更新是否正确的问题上，Rollup 有两种不同的解决方案，分别是无须交互直接验证的 ZK Rollup 和需要挑战期限制经过他人检验的 Optimistic Rollup。

2. 发展路线

（1）ZK Rollup。

在 ZK Rollup 中，提交数据者需要附属一个证明，即 SNARK，其内容的正确性可以快速得到验证。有效性证明的成本与交易的复杂度有关，如果对智能合约的操作进行验证，成本就会剧增。因此，ZK Rollup 很难支持通用智能合约，这就限制了它的使用场景。目前，ZK Rollup 的研究团队正在开发适用在其上的标准智能合约。

Validium 是一种类似于 ZK Rollup 的技术，同样通过有效性证明验证交易。不同的是，Validium 的数据储存在链下，并且和 Plasma 一样有运营者，所以 Validium 不是一种 Rollup 技术。运营者的存在使 Validium 更中心化，但有助于扩展链下效率，因此 Validium 更适用于低信任环境下的高频交易场景。

（2）Optimistic Rollup。

Optimistic Rollup 沿用了 Plasma 的模式，使用欺诈证明的方式保障资金的安全。链上信息发布者需要提交押金，并等待挑战期。其他人可以在链上提交欺诈证明揭露发布者发布了错误的数据，如果属实则会对交易进行回滚，并没收发布者的押金。挑战期结束前没有人挑战成功的话，就可以认为数据是正确的。目前流行的 Arbitrum Rollup 是 Optimistic Rollup 的一个变种，也设有挑战期的限制。 如果有人认为数据是有误的，则要缴纳保证金并提交证明，链上合约会对其进行仲裁。 它们之间最大的差异在于上传到链上的数据有所区别，在解决争端时的链上成本会不同。Optimistic Rollup 会在链上执行一次完整的合约调用，消耗较高成本；Arbitrum Rollup 会缩小其中的争议范围，降低链上解决争议的成本。

（3）局限。

两种 Rollup 方案各有优势，ZK Rollup 在验证智能合约时存在高成本问题，支持智能合约较困难，要通过重新编写智能合约解决，技术复杂度较高。 虽然 Optimistic Rollup 支持智能合约，但因为有挑战期的限制，用户在提现时需要等待完整的挑战期，ZK Rollup 则可以快速提现。 引入流动性提供者的角色可以解决挑战期的时间限制问题，任何人都可以验证交易的正确性，因此在挑战期结束之前就可以判定这笔交易一定会被上传到链上，流动性提供者可以将资金先交给用户，等提现后再拿回资金，但会存在一定风险。

3.Rollup 的进步

从以太坊 Layer 2 扩容方案演进过程可以看出，扩容方案一直朝着安全和易用的方向发展。Plasma 解决了用户自主决定在 Layer 2 上的进入和撤退问题，使用了智能合约与撤退时提交证明的方式，用户无须信任第三方就可以参与链下交易。 Rollup 延续了 Plasma 的优势，同样使用与智能合约交互和提交证明的方式让用户自行加入或退出。 与其他 Layer 2 扩容方案都不同的是，Rollup 还会将处理后的交易传回链上，所有人都可以验证交易，同时解决了数据不可用的问题。 表 1-2 是 Plasma 和 Rollup 的特点和缺陷。

表 1-2　Plasma 和 Rollup 的特点和缺陷

	特点	缺陷
Plasma	用户自行控制资产，需要保管自己交易记录，链下有运营者负责处理交易，在提现时有挑战期的限制	对智能合约不友好，用户操作烦琐，数据庞大，需要监督子链行为

续表

	特点	缺陷
Rollup	将压缩后的交易数据传回链上，所有人都可以进行 Rollup 操作，ZK Rollup 可以立即验证，无须等待	ZK Rollup 对智能合约不友好，Optimistic Rollup 有挑战期的限制

资料来源：作者自制。

　　以太坊在 Layer 2 的选择上偏向安全性和可用性。从侧链、状态通道，到 Plasma 和 Rollup，都在不断解决用户可验证及 Layer 2 通用性问题。相较侧链和状态通道，使用 Plasma MVP 的用户可以随时在链上安全地撤回资金，还能与链外用户交易，Plasma MVP 已经初具大规模使用的基础。出于安全性考虑，用户需要进行多次签名，而且在大规模退出时可能造成资金损失。因此，Plasma MoreVP 和 Plasma Cash 等其他 Plasma 方案诞生了，但仍存在其他的可用性的问题。

　　关于用户在 Layer 2 验证资金安全和资金提取问题上，Rollup 提供了不同于 Plasma 的解决方案。由于 Rollup 后的数据仍储存在链上，解决了其他方案中的数据不可用问题。ZK Rollup 的有效性证明让验证交易变得简便，但有效性证明在验证智能合约交易时会造成高成本，因此 ZK Rollup 不适用于智能合约的场景。而 Optimistic Rollup 吸取了 ZK Rollup 和 Plasma 的特点，将压缩后的数据放到链上，通过提交欺诈证明的方式保证资金安全。虽然 Optimistic Rollup 支持智能合约，但在提现时有挑战期的限制。

　　本文介绍的 Plasma 和 Rollup 都是指背后的技术，不同团队在实现具体的技术时会有所不同，应用运营层面上也具有特色。目前共有十个左右团队对受到较多关注的 Rollup 解决方案进行开发。各种 Rollup 解决方案仍处于百舸争流阶段，还没有胜出者，或者说整个 Layer 2 扩容方案还没有胜出者。可以判断的是，未来 Layer 2 扩容方案会朝着更去中心化、更安全、更通用的方向发展。

区块链互操作技术进展

2021年7月，Facebook创始人扎克伯格在接受采访时分享了其关于元宇宙的想法及Facebook全力支持建设元宇宙的决心。在关于元宇宙特性的描述中，"互操作性"一词再次被提及，并强调需要制定一些标准，帮助开发者和创作者向人们提供"前所未有的互操作"体验，使用户能用他们的数字化身在不同的应用场景和平台之间无缝"穿梭"并与朋友互动，在整个过程中感知不到互联网基建的存在。

互操作性也是经常被区块链领域提及的概念，更耳熟能详的用词是"跨链"，这两者往往被混同起来，描述两条以上区块链之间的某种交互。

随着智能合约可组合性蕴含的无限潜力被逐渐认可，以及以太坊应用层生态活动出现外溢到其他区块链的现象，跨链成为了一个非常紧俏的需求；而在关于NFT应用、元宇宙特性的讨论中，也会提及互操作性。下文从讨论"互操作性"的语义场景和内涵出发，抛砖引玉地分析当人们在提及跨链或互操作性的时候，真正想表达或期望实现的目标是什么，以及目前行业内为实现这些目标所做出的努力。

一、互操作性概论

（一）互操作性的定义和场景

1.计算机信息学领域

"互操作性"在非区块链领域早有提及。IEEE标准计算机词典对互操作性的定义是"两个或多个系统或组件之间交换信息以及对交换后信息使用的能力"[1]。这个定义包含两层递进关系的含义：

（1）语法互操作性。

语法互操作性指能够进行通信和交换的数据。基本要素包括数据格式标准、通信协议、接口标准等。

（2）语义互操作性。

参与互操作系统之间交换的数据能够得到对方正确的处理和使用，也就是说，使数据真正成为有用的信息并产生有用的结果，并且对有用的界定是达成共识的。

虽然上述定义与国际标准 ISO/IEC 2382—01 信息技术词表里的定义[2]相比更为凝练和抽象，但后者补充提及了一个特点：用户无须或仅需有限地获得不同系统或组件特点的认知。

就软件而言，在上述定义下的互操作性可用来描述不同程序借助同一套交换格式交换数据、读写相同文件格式以及采用相同协议的能力。用户在使用不同软件（如各种 PDF 阅读器）的时候更关注的是功能体验，而非实现其功能的底层技术模块的差异。

2. 社会科学领域

广义上，互操作性是指不同系统和组织机构之间相互合作、协同工作的能力，虽然互操作性在技术系统和工程设计方面经常被使用，但是还会考虑影响系统间性能的社会、政治和组织机构因素，且业务过程的互操作性可能产生具有重大影响力的经济效果。

以下是几个具体的例子：第一，医疗设备的"即插即用"互操作性实现与其他

---

[1] IEEE Standard Computer Dictionary: A Compilation of IEEE Standard Computer Glossaries: IEEE Std 610: 1991 [S/OL]. [2022-01-30] .https: //ieeexplore.ieee.org/servlet/opac？punumber=2267.

[2] Information Technology—Vocabulary: ISO/IEC 2382: 2015 [S/OL]. [2022-02-07] .https: //www.iso.org/obp/ui/#iso: std: iso-iec: 2382: ed-1: v1: en.

设备协同工作能力；第二，医疗数据的"可用不可见"互操作性旨在保护个人隐私的同时提高协同创新能力；第三，电子政务互操作性旨在通过制定数据标准、语义标准来提高跨边界、跨语言的协作能力；第四，2021年7月河南特大暴雨灾害中大学生创建的"救命文档"也体现了在大规模紧急事件中跨越信息孤岛，实现全国各地资源调度系统和档案管理系统的互操作能力。

由欧盟委员会背书的 NIFO（National Interoperability Framework Observatory）就如何建立可操作的数字公共服务提供了具体指导，提出了互操作性包含的四个层面：技术互操作性、语义互操作性、机构互操作性、法律互操作性；另外包括为这四个层面交叉构建的综合公共服务治理层及作为基础支撑的互操作性治理层（见图1-8）。

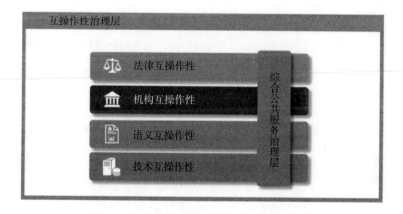

图 1-8 NIFO 提出的互操作层次及其关系示意

资料来源：https://joinup.ec.europa.eu/collection/nifo-national-interoperability-framework-observatory/solution/eif-toolbox/6-interoperability-layers。

（1）技术互操作性。

技术互操作性指能够连接系统和服务的应用及基础设施，涵盖接口规范、互联服务、数据集成服务、数据呈现和交换以及安全通信协议。

（2）语义互操作性。

语义互操作性指确保交换数据和信息的精确格式和含义在各方之间的交换过程

中得到保留和理解，能做到"发送即理解"。

（3）机构互操作性。

机构互操作性指公共行政部门调整其业务流程、职责和期望以实现共同商定和互惠互利的目标的方式，这与在不同系统中进行的业务流程之间的协作关系有关。

（4）法律互操作性。

法律互操作性指确保在不同的法律框架、政策和战略下运营的组织能够协同工作。

（5）综合公共服务治理层。

综合公共服务治理层指为达成上述四种互操作性所提供综合公共服务及其运营需要的必要的治理组织，以达成一致的运营条款和更新管理流程。

（6）互操作性治理层。

互操作性治理层指为实现关于上述互操作性框架、制度安排、组织结构、角色和责任、政策、协议以及在国家和欧盟层面确保和监控互操作性的决策过程和治理过程。

总的来说，前两个互操作性沿用了计算机信息学领域对互操作性的定义，NIFO在此基础上补充强调了应用层和治理层的互操作性。这对在多链并存、应用和治理系统各自独立的区块链生态里实现互操作性具有一定的借鉴意义。

（二）区块链领域互操作性的内涵

在上述基础上反观区块链里的互操作性和跨链，可以认为跨链是对互操作对象从来源区块链系统跨越到目标区块链系统行为的描述，而互操作性是一种涵盖范围更广的表达，既包括基于跨链行为表现出的功能特性，也可以指代非区块链系统（例如去中心化应用程序）之间的交互。明确互操作对象是什么以及互操作系统的类型能够帮助我们更好地了解互操作性的内涵。

1. 互操作对象

信息跨链和资产跨链是目前较为常见的应用案例，但这可能只是区块链领域互操作性展露的冰山一角。区块链和其他系统最大的不同在于区块链上信息能够以一种不可复制（UTXO 和余额等账本模型）、不可伪造（非对称加密）、不可篡改（共识机制）的方式流转，使它有别于一般信息，成为跨系统共识难度更大、互操作性更复杂的对象类型，不是简单地规范接口、明确数据格式、统一通信协议就可以奏效。区块链使信息能够逐渐被划分成更细粒度的表述：

- 数字资产；
- 权属声明；
- 域名；
- 账户（公私钥对）；
- 身份；
- ……

这些细粒度的表述似乎能很好地作为微观结构单元或产生相互作用力，组合成数字世界的经济网络和社交系统。所以，跨链的对象自然除了大部分案例中看到的信息和资产以外，也可以是权属声明、账户、域名或身份。而理想的互操作性指的应该是：

- 信息在新系统能被使用；
- 资产在新系统保有价值；
- 域名在新系统作为同样的入口被访问；
- 权属声明在新系统同样有效；
- 账户或身份在新系统拥有相同的操作权限、权属声明或声誉等。

将互操作对象放入明确的场景去定义和思考，能帮助用户更清晰地了解各种互操作性表述真正想要表达的目标。

2. 互操作系统

建立互操作系统不仅局限于区块链系统的观点之上，我们观察目前区块链生态中已然存在的不同层面的互操作性。

（1）Nervos。

通过对基于密码学的账户进行抽象，实现了多种不同系统的账户（包括互联网邮箱账户）都可以操作区块链上的状态，从而降低 Web 3.0 的用户准入门槛，这可以认为是一种技术互操作性的用例，实现了账户模块的"可插拔"。

（2）以太坊智能合约。

智能合约应用之间通过调用方法进行的资产兑换和流通实现了语义互操作性——有赖于 ERC 20 代币标准，它们对各种基于 ERC 20 代币标准定义的数字资产拥有共识。

（3）以太坊 Layer 2 系统。

拥有不同的价值主张、多种实现方式的以太坊 Layer 2 系统之间的互操作性可能不仅要从语义层面，而且要从应用层面去考虑，Celer Network 在以太坊 Layer 2 系统的互操作性方面提供了一些对用户友好的解决方案。

（4）数字世界的声誉系统。

Polyient Network 提出要通过打造 NFT 领域的声誉系统和报价系统，实现 NFT 的跨链交易，本质上是想实现"资产＋身份＋权属"的跨链可用，这可能会涉及应用层、治理层的互操作性。

（三）互操作性的进展和风险

目前，区块链金融应用形成以以太坊为主、多条特色链竞争的格局，更加丰富的商业生态也相继发展起来，并对互操作提出了一些具体的需求。例如，可扩展性瓶颈催生的多链结构、资产跨链流动；针对流动性割裂问题的 Layer 2 跨链方案；等等。

在互操作对象方面，有关数字资产的互操作标准在同质化资产领域已经颇为成熟，在非同质化资产领域有实现其基本功能点的雏形，但未形成针对互操作功能设计的标准共识。对于其他操作对象类型，鲜见相关尝试。

在互操作系统方面，区块链之间、智能合约之间、Layer 2 之间以及区块链系统与互联网之间都出现了一些互操作场景，说明生态的连接开始在更大尺度上得以建立。跨系统的生态应用发展离不开系统间语义互操作性的成熟建立，而应用发展起来后就需要考虑更高层级的互操作性问题了。

在如何实现互操作性方面，对于具体的应用场景有诸多案例，特别是资产跨链的解决方案是行业内讨论跨链话题展开较多的一个方向，下文将会讨论。

互操作性建立的过程中，免不了存在各种攻击向量的漏洞，其至少分为两种：一种是互操作系统设计漏洞；另一种是实现具体功能过程中的技术漏洞。从闪电贷攻击案例的演化可以发现，将孤立设计而成的系统通过互操作性组合起来可能会导致出现很大的经济漏洞，频频发生的跨链桥攻击事件也暴露了互操作过程中的风险。系统本身的安全性是否会因互操作性而减弱也是值得研究的问题。

此外，在设计互操作协议的时候，也存在适配性的问题，一开始定义好功能的互操作协议可能具备更好的鲁棒性，更容易通过安全测试，但不一定能满足未来的需求；具备更多灵活性的协议可能存在许多未知的风险，开发者不得不在各种选择中权衡利弊。

二、应用层资产桥

（一）资产桥的发展背景

上文从互操作性的定义和场景出发，阐释了 IEEE 和 NIFO 对互操作性的两种定义。基于这一阐释，重新理解区块链领域的互操作性和跨链，指出区块链和非区块链领域互操作对象的不同之处，并强调区块链使信息能够逐渐被划分成更细粒度的表述。在思考特定场景的互操作性时，应明确互操作的对象及互操作系统类型，以帮助用户更好地理解各种互操作性表述真正想要表达的目标，从技术、语义、应用、治理这几个层面思考应用场景应该建立的互操作性。

近两年区块链互操作性技术的发展具体表现在多种应用层资产桥的设计和应用落地，其发展背景与以下几个方面有关。

1. 以太坊金融应用成功落地

从以太坊 Gas 费使用率、金融应用的总锁仓量等指标看，自 2020 年 5 月起，以太坊应用层的各类金融应用开始吸引大规模用户流量，其商业模式在以太坊上得以验证成功，吸引了大量用户和开发者参与以太坊应用层的建造。其他区块链的用户也在激励之下有将外部资产迁移到以太坊上的需求，网络效应凸显。

2. 资产桥助力生态冷启动

不同区块链的应用层，各自具有不同的优势。以太坊等具有创新底蕴的区块链应用层拥有大部分优质流动性资产和已经接受过用户教育的投资者和开发者。关联公链和竞争公链凭借可扩展性方面的改良与以太坊竞争：关联公链为开发者和用户提供与以太坊虚拟机适配的基础设施，用户教育成本和开发者门槛比较低，且在手续费、交易速度方面的用户体验一般比较好，但在安全性、去中心化方面比不上以太坊。以多链结构、PoS 共识为主的竞争公链面向应用层开发者和用户的门槛较高，生态冷启动比较困难。

金融应用的成功落地为公链的生态发展指明了方向，行业里的其他新老公链纷纷效仿以太坊打造金融生态。截至 2021 年第一季度，以太坊在可扩展性暴露出的性能瓶颈，给这些竞争公链和适配 EVM（以太坊虚拟机）的关联公链提供了引流机会。

持有优质流动性资产的以太坊投资者是其他公链应用开发者渴望吸引的用户，应用开发者提供的新投资机会和用户体验也能够吸引一部分以太坊投资者将数字资产向其他区块链生态迁移。于是，一些为 EVM 关联公链和异构链提供资产桥的服务开始产生交易量。这些资产桥有望为解决提升用户体验和优质资产之间的错配问题以及新生态建立过程中的冷启动问题铺平道路。

3. 应用生态的良性竞争需要资产桥

站在更高的视角看待行业的发展，就像一些跨链协议在产品说明中强调的，通过单纯的复制、仿冒将一条区块链上形成的网络效应移植到其他区块链并不是明智之举。在一条链上开发并经过实践检验的应用没有必要在新链上重新进行获客方面的竞争。应用层的竞争应该发生在技术创新和功能完善方面，而非克隆出很多个孤立的复制品，使各自生态变成一个流动性孤岛。

互操作性有助于优质项目方在多条区块链应用层展业，利用各自基础设施提供的特性来为用户提供更好的服务，资产桥能够打通不同应用生态的资金流，并产生更大的网络效应。

（二）应用层资产桥的用户偏好

1. 资产桥的去中心化特性变得更为重要

我们不妨把生成某数字资产的区块链称为"原生链"，用户通过资产桥将其迁移到的目标区块链称为"服务链"。当前应用层迁移资产的原始目的大多是将优质资产从原生链迁移到用户体验更好、投资机会更多的服务链项目中。应用层资产桥和比特币资产桥产生的需求差异使用户对资产桥的偏好也有所不同，应用层资产桥的去中心化特性变得越来越重要，这与服务链的资产保值能力和流动性密切相关，而资产保值能力和流动性又取决于服务链的安全性、去中心化程度和生态发展程度。

中心化运营的 WBTC（Wrapped Bitcoin）几乎垄断了比特币与以太坊之间迁移比特币的市场，但这部分比特币用户并不那么在乎资产桥的去中心化。比特币资产桥的服务链是以太坊，比特币资产桥产生的驱动因素是以太坊上应用生态发展趋向成熟，吸引比特币持有者将资产向以太坊迁移。目前比特币本身应用层发展有限，与以太坊应用层基本无法产生密集的应用交互；而比特币资产桥的用户将比特币以映射代币的模式迁移至以太坊后，可以将其进一步应用于金融服务而获取增值服务，也并不需要频繁地迁移回比特币网络。只要在以太坊网络流通的 WBTC价值得到广泛共识，锚定率在可接受范围内，用户就可以接受较为中心化的模式。这里还有一个重要的原因是，以太坊应用生态本身就具备比较高的去中心化程度和安全性，且存在诸多优质的可以作为比特币的替代品，持有 WBTC 的投资者无须依赖比特币资产桥就可以将其置换成以太币等储值资产。

与之相反的是，应用层资产桥的服务链往往是刚发展起来、安全性没有保障、去中心化程度低的关联公链，或者是生态发展不成熟的竞争链。投资者在考虑将优质资产迁移到这些服务链的时候会担心有退出渠道方面的问题。如果退出渠道有被审查的可能性或出现挤兑现象，服务链上的资产价值就没有保障，也没有其他替代品可以置换。

2. 对资产桥可扩展性的要求更高

随着多条公链上展开金融应用服务，用户的资产跨链需求从双链资产桥扩展到 N 链资产桥。而原有双链资产桥在支持 N 链互通方面会面临更高的复杂度（N^2 量级）和成本。市面上也出现了一些在异构链之间搭建资产桥的解决方案，也有能跨层对接到以太坊二层协议（Layer 2）的若干解决方案。在应用层之间迁移的资产类型也不再局限于使用 ECDSA（椭圆曲线数字签名算法）的原生数字资产，还支持由智能合约标准定义的各类应用代币。

应用层的发展趋势是优质原生资产或治理代币将不断通过质押（Staking）的方式下沉为非流通资产，而基于这些下沉资产发行出来的流动性代币及其衍生代币将作为应用层的主要通货。如果这些高阶嵌套代币再通过映射代币等模式经资产桥跨链到服务链，甚至从一条服务链跨到另一条服务链，将大大增加金融系统的系统性风险。

3. 对资产桥可组合性的要求更高

一方面，应用层资产桥的用户多为金融投资者，无缝衔接不同链的金融应用、充分利用智能合约的可组合性，可以降低用户使用资产桥的门槛，甚至做到对资产桥无感知，在对接应用合作方和吸引用户方面具有优势。

另一方面，当多条资产桥使各种资产实现在区块链之间的自由流通，可能某一种原生资产会出现很多个映射代币"分身"，这些映射代币与原生代币的市场价格存在波动，更需要高效的套利机制来维持锚定关系，可组合性高的资产桥有利于减少中间环节的摩擦成本。

（三）应用层资产桥的评估维度

我们可以发现，随着多条公链进行差异化竞争，金融应用生态有望在不同的区块链上发展，而连通这些生态孤岛的资产桥具有广阔的发展前景。在评估应用层资产桥时，可以从以下多方面维度观察。

1. 核心功能

资产桥领域也在不断"内卷"，所能提供的核心功能由单一变得多样化，从实现双链单跨这个简单的功能逐渐演化成支持双链互跨甚至异构链互跨。

2. 去中心化程度

衡量资产桥的去中心化程度，可从其实现原理的去中心化和参与方的非许可性方面评估。目前大部分资产桥，即便在设计中要迈向去中心化，运营参与方是需要获得许可准入的，对接的区块链和支持的资产类型也需要通过联盟方决策和社区投票的方式申请。

在实现原理方面，资产桥涉及的主要模块是资产管理和跨链任务的调度执行。资产管理负责对原生资产的保管、解锁和对映射资产的铸造、赎回。这一模块从结合多重签名算法的中心化托管方式，进化到了结合安全多方计算实现本地独立生成私钥分片及阈值签名的去中心化方式。最初，资产跨链的过程一般以锁定—铸造（原生链到服务链）、销毁—赎回（服务链到原生链）模式为主，基于此也有组合出的销毁—铸造（服务链 1 到服务链 2）模式。除此以外，有些解决方案引入了自动化做市商（AMM）来实现可自动化执行的流动性互换，并利用流动性挖矿等交易机制来激励第三方提供可供兑换的流动性，进一步减少了退出渠道被审查的风险。例如，Anyswap 在资产桥两端设置了由迁移资产与映射代币组成交易对的 AMM，将映射代币的铸造、销毁过程与资产兑换过程紧密结合，并利用映射—铸造—销毁—兑换的流程避免出现映射代币任意增发等问题。

任务的调度执行一般依赖路由，并由中心化的路由向去中心化的路由网络过渡。这些路由网络一般通过搭建轻节点存储区块头来监听及验证对方链上的交易，并利用 BFT（拜占庭容错）、PoS、PoA 等共识算法来对验证结果达成共识，从而执行资产跨链任务。为了提高路由网络的通信效率，降低每个路由节点各自都存储区块头的成本，并对路由的行为进行激励和监察，一些跨链方案引入了中继链。

3. 可组合性

可组合性不仅可提升用户体验，也可降低用户的使用门槛。起初的资产桥可组合性比较差，需要自行通过交易所等中介将跨链后的资产兑换成目标资产。部分资产桥与金融应用合作内嵌至 DAPP，使用户无须感知资产桥而实现跨链。还有一些新解决方案通过借鉴智能合约的可组合性优势，变得非常灵活。

4. 安全性

无论发展到哪个阶段，资产桥的安全性肯定是摆在第一位的。中心化模式的安全风险主要是运营方的信用风险和单点攻击、单点失效的风险。随着用户对资产桥偏好和要求的改变，资产桥在演化过程中引入了更多的机制和技术，自然也引入了很多新的脆弱点。密码学算法的安全性、共识机制和路由网络可能存在的安全漏洞，乃至这些功能性、可组合性更强的资产桥对整个生态引入的系统性风险，都是需要严肃考虑的问题。当资产桥以一条中继链的形式运转，其技术复杂度可能并不次于构建一条应用链。

5. 用户体验

当跨链资产桥基础设施的技术点相对成熟后，用户体验可能是重点比拼的维度了。资产桥可在资产的迁移效率、GAS 支付优化、用户使用门槛、对接生态资源等方面大施拳脚。资产桥的迁移效率包括资产迁移到目标链的价值损耗、手续费成本、耗时、单次可迁移规模等。

（四）应用层资产桥的发展前景

相比于比特币资产桥，应用层资产桥打通了不同区块链的应用层。前文通过梳理应用层资产桥的发展背景，指出其对扩大金融应用生态网络规模具有价值意义。根据应用层生态发展的特点，分析了应用层资产桥的用户偏好，认为应用层资产的去中心化特性、可扩展性和可组合性变得更加重要。为了更好地观察资产桥的发展现状和应用前景，提出了衡量资产桥的五个评估维度，并描述了这几个维度中资产桥的主要演化历程。

通过观察资产桥的变化，可以发现资产桥领域正趋向于构建利用中继链或共识枢纽实现跨链互操作的基础设施，最终实现的目标可能与为解决区块链性能问题提出的原生型多链结构一致。资产桥是为生态引流实现冷启动提出的解决方案，虽然出发点不同，这两者的发展路径有可能会在未来交织在一起，形成多链、多层连通的高维生态。

原生型多链结构的优势是为了对标以太坊，在去中心化程度、安全性设计方面可能有更多的储备和考量，统一设计的协议层可能在实现更高层面的互操作方面具有先天优势，有望实现智能合约层面除资产迁移之外更多操作的可组合性。但原生型多链结构的应用生态与已成熟发展的以太坊等区块链生态是孤立的，需要从 0 到 1 冷启动，在获客方面不得不依赖于资产桥的连接。

资产桥的优势在于可专注围绕互操作性搭建基础设施，连通已有应用生态的区块链，"站在前人的肩膀上"向前推进。由于需匹配各种对接的区块链底层协议，因此在处理异构链的情况下更加复杂，也可能存在更多未知的安全漏洞。

第二部分

TWO

区块链在数字经济中的应用

PART TWO

《"十四五"数字经济发展规划》勾勒出我国数字经济发展的宏伟蓝图。到 2025 年，数字经济核心产业增加值占 GDP 比重将达到 10%，数字化创新引领发展能力大幅提升，智能化水平明显增强，数字技术与实体经济融合取得显著成效，数字经济治理体系更加完善，我国数字经济竞争力和影响力稳步提升。数据经济的可持续性发展离不开可信数据的保障，只有可信数据才能构筑数字社会牢固的根基。本部分将从安全、技术和价值三个维度探讨区块链如何赋能于数字经济的发展，具体内容如下：

第一，身份管理。身份是用户从物理世界通往数字世界大门的钥匙，所以保护好身份数据显得尤为重要。为此，万维网联盟（W3C）提出了分布式数字身份（DID）解决方案，以用户为中心的身份管理方案给身份数据保护提供了一个新的方向。

第二，个人行为数据安全。与身份数据对应的是行为数据的安全。第三方机构通过各种途径收集用户的行为数据，对用户进行画像并在未经允许的情况下随意交易用户数据，这对用户个人隐私带来了极大困扰，甚至会对人身安全造成影响。因此，如何保护好个人行为数据安全是未来数字经济发展的重要课题。

第三，可信数字底座。在保证身份数据及行为数据安全后，数字世界的大门可以正式被开启。在数据管理方面，相比中心化管理方案，区块链又有哪些优势？我们将从底层技术和商业逻辑两部分讲述基于区块链技术的可信数字底座价值。

第四，区块链即服务（BaaS）。对于用户，不懂技术又该如何布局区块链？BaaS 平台能够为开发者提供安全可靠、快速部署的解决方案，减少用户从 0 到 1 的开发时间。对于平台开发商，随着市场参与者的增多和竞争的加剧，各公司都开发了自己的 BaaS 平台，如何识别自己的客户以及如何布局市场？我们将借用商业画布中目标客户及价值主张两个板块展开讨论。

第五，"区块链＋工业互联网"。消费互联网在过去 20 多年的社会经济发展中发挥了重要作用。但随着经济发展，消费互联网的红利逐渐消失，工业互联网被寄予厚望。什么是工业互联网？区块链该怎么参与其中？我们将从技术维度分析工业互联网的架构，并探讨区块链如何赋能工业互联网的发展。

第六，"区块链＋智慧城市"。习近平总书记指出，人民对美好生活的向往，就是我们的奋斗目标。智慧城市在数字经济发展中一定不会缺席，我们将介绍中心化机构以"城市大脑"为切入点的智慧城市解决方案，在此基础上探讨区块链在智慧城市发展的作用并介绍已落地项目。

第七，区块链在碳排放权交易市场中的应用。"30·60目标"和"碳达峰·碳中和"已经上升为国家战略。在减少碳排放的各种方式中，碳排放权交易市场是最有效的市场化方式，而碳排放权交易市场的互联互通机制和碳积分机制是市场化的重要组成部分。区块链将在碳排放权交易市场的互联互通机制中发挥重要作用。

第八，区块链应用逻辑。在数字经济发展中，人们对区块链的价值定位容易出现偏差。据此，我们将借用KANO模型分析市场的基础需求、期望需求、兴奋需求以及反向需求，并提出从技术工具驱动的"＋区块链"模式到创新思维驱动的"区块链＋"模式。

分布式数字身份（DID）

近年来，用户对个人数据隐私安全的关注度明显上升。本文将从身份管理角度讨论个人数据隐私保护问题，主要包括三个方面：第一，身份管理系统的概述。第二，什么是DID？DID技术实现过程是怎样的？第三，DID技术的发展有什么瓶颈？

一、身份管理系统概述

身份管理系统包括三个要素：身份、身份证明和身份验证。我们结合三个要素，从物理世界和互联网世界两个维度分别讨论身份管理。

（一）身份管理系统

1. 身份

在我们生活的物理世界中，每个人从出生就拥有独一无二的身份特征，包括外貌、体重、年龄、肤色、指纹等。在人类早期群居生活中，为了便于劳动分工，需要一个区别个体身份的符号，于是就有了姓名。姓名能够让他人快速联系到某个具体的对象，并记忆起关于该对象的一切信息，这些内容被统称为身份。

与物理世界相对应的还有一个互联网世界，身份的概念则完全不同。在互联网世界里，用户完全可以根据自己的喜好设置想象中的"身份"，包括姓名、性别、身高、体重等，甚至可以随时更改这些"身份特征"。确切地说，此时的身份不同于传统意义上的身份，因为它不具有唯一性和确定性。

2. 身份证明

在物理世界中，由人构成的系统变得日益庞大，为了便于管理，中心化机构根据不同人的身份特征签发了唯一的身份证明，用于证明个体拥有某项资产的所有权或申明其享有某种社会权益。在社会经济活动中，身份证明可以用于定责、纠纷追溯和信任保障等。身份证明实现了个体身份的确定性、可追溯性以及社会管理的有序性：例如政府签发的身份证、护照等，用来证明个体拥有国家公民身份以及享有相应的权益；再如驾驶证，能够证明个体身份具有车辆驾驶技能。

在互联网世界中，身份证明完全不同于物理世界。物理世界中所有人都拥有唯一的身份证明，换句话说，通过身份证明能够映射到具体的个体；但在互联网世界中，身份证明和身份之间并不存在直接映射关系，不同用户可以根据"假想"身份特征（年龄、身高、姓名等）获取网站签发的身份证明，且无须与物理世界身份特征保持一致，例如，某用户在物理世界中的实际身高为170厘米，但他可以在互联网社交平台上填写"假想"身高为180厘米。因此，在互联网发展的早期阶段，身份证明是无法映射到物理世界中的具体身份的。然而，随着互联网世界的发展，匿名性和不可追溯性逐渐影响到了物理世界的治安，于是各国政府接连颁布多项规定并要求平台方做好用户实名制验证工作，也就是我们所熟知的"了解你的用户"（Know Your Customer，KYC），强行让互联网身份证明与物理世界身份证明形成直接映射关系，进一步与具体身份形成间接映射关系。

除互联网用户身份外，网页开发者也存在着同样的问题，为了方便用户能够在互联网世界中快速找到所需的信息资料，每个网页都会获得由互联网名称与数字地址分配机构（ICANN）统一签发的唯一地址（域名），如图2-1所示的统一资源标识符URI，分为三个部分：访问资源的方式、访问资源存放位置和资源。网站域名一般不会映射到网站所有者的物理身份，但随着治安管理的需要，多个国家要求网站域名注册时必须进行KYC，且每年需要对网站所有者物理身份证明进行审查。

图 2-1　统一资源标识符结构

资料来源：掘金技术社区。

3. 身份验证

在现代社会体系下，身份的验证是信任建立的基础。当个体或组织之间发生交互关系时，均需要进行身份的验证，即证明某个体或组织合法拥有某项资源的所有权或享有某些权益，目的是通过身份验证系统维护社会运行的基本规则和安全。

（1）物理世界身份验证。

物理介质证明，如各种纸质文件或卡片证明，是人类发展史上依赖最长久的身份证明，包括身份证、护照、社会医疗保险卡、驾驶证等。随着技术的发展，物理介质证明作假越来越容易，且在身份验证环节无法有效辨别，经常出现身份篡改、身份顶替等导致资产非法转移及社会权益盗用等问题。因此，通过物理介质证明来维护原有的社会规则和安全难以持续下去。为了防止身份作假，各政府及组织从两方面进行升级：第一方面是对身份证明的物理介质升级，增加了各种防伪特征可供第三方验证，如我国身份证上增加激光变色识别、增加微缩文字、视觉上呈现图层叠放等防伪特征，这些升级只是增加了非法分子的作假成本，一旦他们掌握了相关技术，依然可以复制出各种身份证明。因此，升级物理介质无法从根本上杜绝作假问题。第二方面是实现身份证明文件的信息化管理，如某个体享用权益或处置资产前，业务部门可以通过身份信息管理平台对个体信息的真实性进行核验，以此保障相关身份主体的合法权益不受侵犯。在这种模式下存在两个问题：第一个问题是各类身份证明平台未全面实现联通，数据孤岛导致验证信息不完整；第二个问题是企业及其他非官方人员无权接入身份识别平台，在日常交易合作中，无法通过这种模式验证身份真伪。

（2）互联网用户身份验证。

在互联网世界中，身份验证主要依赖于用户名和密码。能够输入正确的信息，就意味着身份验证通过。这种验证体系存在两种问题：第一种是用户名和密码容易被网络攻击者盗用；第二种是中心化平台对用户身份信息拥有绝对控制权，他们可以在未获得用户许可的情况下，根据自己的需要删除、增加、更改，甚至交易用户的身份信息。

（二）身份信息安全问题

无论是物理世界还是互联网世界，都存在身份信息管理方面的问题，而且两个平行世界的身份证明呈现逐渐融合的态势。针对物理世界中的身份证明作假问题，可以借助互联网来加强身份验证能力；而互联网世界由于匿名性和不可追溯性导致的安全问题，可以通过与物理世界的身份映射方式来解决。这些方法理想地解决了前面提到的身份验证难题，但也给我们带来了新的麻烦，即身份的特征和行为会被暴露在网络中，未经身份主体允许随意使用这些数据，铺天盖地的广告和个人信息泄露对用户生活造成了极大的困扰。

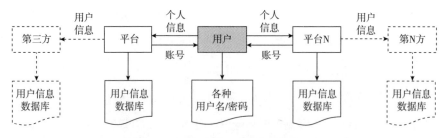

图2-2 用户信息传统数据库管理模式

资料来源：作者自制。

如图 2-2 所示，在中心化管理模式下，用户信息被不同平台重复收集并存储，会导致包括用户信息被过度采集、信息被不同平台交易、用户对个人行为数据没有控制权等问题。

（三）其他

当前我们面对的不仅是上面所提到的关于人的身份管理问题，随着互联网技术及通信技术的发展，网络连接万事万物，构筑出了一个与物理世界相平行的数字世界。数字世界里的参与者不仅是人，还包括机器设备、土地、房子、车辆等其他众多万事万物，我们必须面对的问题是如何定义数字世界里这些对象的所属权，以及怎么定义每一个数字对象的权益，这些问题关系着数字世界正常秩序的维护以及信任的构建。前面所提到的三要素"身份—身份证明—身份验证"是仅围绕人来讨论的，但物理世界中，除了人的身份以外，还有其他各种国际统一标识，比如商品相关的统一编码（RFID、商品序列号、二维码）等。未来我们需要管理数字世界中每一种要素，前提是做好这些要素的身份管理。进一步说，我们需要一种能够统一维护不同身份标识方法的工具，能够做到对不同事物进行"身份标识—身份证明—身份验证"。

二、DID 技术介绍

分布式数字身份（Decentralized Identifier，DID），在 W3C 发布的《DID V1.0》中，将 DID 定义为一种新的全球唯一标识符。这种标识符不仅可以用于人，也可以用于万事万物，包括一辆车、一只动物，甚至是一台机器，此处主要以人为例来对 DID 技术展开讨论。

下面我们从技术实现和应用两个角度介绍 DID 技术，从技术实现角度主要讲述 DID 技术的构成要素；从应用角度主要围绕"身份—身份证明—身份验证"讨论 DID 的实现。

（一）技术实现

如图 2-3 所示，DID 技术的核心构成要素包括三个，分别是：DID、DID Document 和 Verifiable Data Registry。

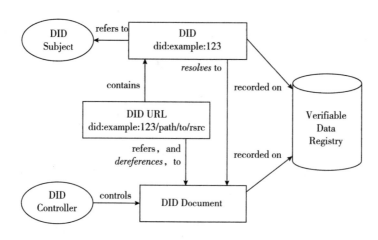

图 2-3 DID 架构及相关构成要素之间的关系

资料来源：W3C DID core。

1.DID

DID 属于统一资源标识符 URI 的一种，是一个永久不可变的字符串，它存在的意义有两点：第一，标记任何目标对象（DID Subject），可以是一个人、一件商品、一台机器或者一只动物等；第二，DID 是通过 DID URL 关联到描述目标对象的文件（DID Document，DID Doc）唯一标识符，即通过 DID 能够在数据库中搜索到具体的 DID Doc。

（1）DID 标识方法。

如图 2-4 所示，DID 分为三个部分：第一部分是 DID Scheme（类似 URL 中的 http、https、ftp 等协议）；第二部分是 DID 方法标识符（一般是 DID 方法的名称）；第三部分是 DID 方法中特定的标识符（在整个 DID 方法命名空间是唯一的）。W3C 只规范了 DID 的表示结构，即 < "did: " + "DID Method: " + "DID

Method-Specific Identifier">，但没有规范三部分内容的具体标准，具体内容与 DID Method 有关，将在下面部分介绍。

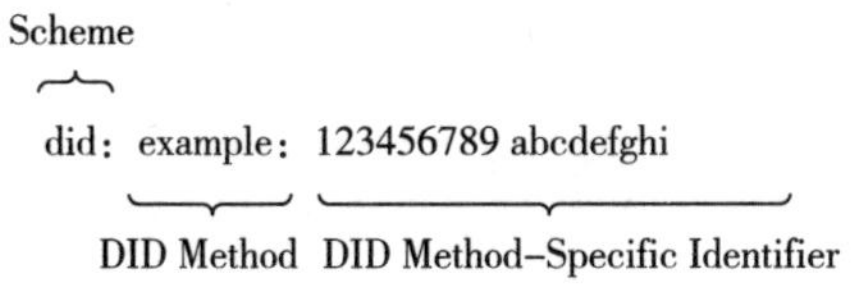

图 2-4　DID 简单示例

资料来源：W 3C DID core。

（2）DID Method。

DID Method 是一组公开的操作标准，定义了 DID 的创建、解析、更新和删除，并涵盖了 DID 在身份系统中注册、替换、轮换、恢复和到期等。目前没有统一的操作标准，各个公司可以根据场景特征自行设计，由 W 3C CCG 工作组统一维护；为保证不同 DID 技术的互操作性，新的 DID Method 均需要向工作组申请登记。截至 2021 年 8 月 3 日发布的《DID V 1.0》中显示，在 W 3C 登记的 DID Method 高达 103 项，均有不同的名称和特定的标识符表示方法。

（3）DID URL。

为融合现有 URI 网络位置标识方法，DID 使用了 DID URL 表示资源的位置（如路径、查询和片段）。W 3C 对 DID URL 的语法描述 ABNF 规定如下：<did-url=did path-abempty［"？"query］［"#"fragment］>。

2.DID Document

DID Document（DID Doc）包含着所有与 DID Subject 有关的信息，在 Doc 中有身份信息验证方法（包括加密公钥、相关地址等）。DID Doc 是一个通用数据结构，通常是由 DID Controller 负责数据写入和更改，文件里包含与 DID 验证相关的密钥信息和验证方法，提供了一组使 DID 控制者能够证明其对应的 DID 控制机制。需要说明的是，这里的管理 DID Doc 的 DID Controller 可能是 DID Subject 本人，也可能是第三方机构，不同 DID Method 对 DID Doc 的权限管理有所区别。

如图 2-5 所示，是一个与图 2-4 中的 DID 对应的 DID Doc（用 JSON-LD 编写的文件），存储在所有人能控制的位置（可以是中心化的，也可以是去中心化的），以便轻松查找。文件中可能包含以下内容：

第一，创建时间的时间戳记；

第二，DID Documents 有效的加密证明；

第三，加密公钥列表；

第四，DID 可用于进行身份验证的方式列表。

EXAMPLE 1: A simple DID document

```
{
  "@context": [
    "https://www.w3.org/ns/did/v1",
    "https://w3id.org/security/suites/ed25519-2020/v1"
  ]
  "id": "did:example:123456789abcdefghi",
  "authentication": [{
    // used to authenticate as did:...fghi
    "id": "did:example:123456789abcdefghi#keys-1",
    "type": "Ed25519VerificationKey2020",
    "controller": "did:example:123456789abcdefghi",
    "publicKeyMultibase": "zH3C2AVvLMv6gmMNam3uVAjZpfkcJCwDwnZn6z3wXmqPV"
  }]
}
```

图 2-5　DID Doc 示例

资料来源：W3C《DID V1.0》。

3.Verifiable Data Registry（VDR）

DID 的初衷是将用户身份信息管理权从平台交还给用户自己，这个过程中用户必须解决的问题是信息存储在哪里，需要验证的时候去哪里找到这些数据，以及怎么保证数据的真实性。VDR 讨论的就是怎么解决这些问题。我们将支持记录 DID 数据且能够在生成 DID Doc 时提供相关数据的系统称为 Verifiable Data Registry（VDR），这种系统包括分布式账本、分布式文件系统、P2P 网络或其他可被信任的渠道。目前市场主推的 DID 储存媒介是钱包，分为托管钱包（如 Coinbase）、普通钱包（如 Imtoken），以及智能钱包（Gnosis Safe、Dapper、Argent），具体哪种媒介能更有效地存储 DID 信息，暂不详细讨论。

（二）应用

我们基于前面部分的"身份—身份证明—身份验证"，简单讨论 DID 是如何实现这些功能的。

1. 身份

在 DID 方案中，每个人可以在不同场景、不同时间，出于不同目的，在任意可信的第三方平台登记不同的 DID。相关权益和资产所属权与不同的 DID 直接绑定，而身份主体通过持有 DID 来证明其对资产的所有权或享有相关权益。DID 没有直接与物理世界身份生成映射关系，且 DID 信息维护也是由身份主体或可信第三方来完成，保证了个人信息的安全性。对于身份主体而言，需要保证 DID 的安全存储，同时维护好与 DID 对应的身份文件（DID Doc）。

2. 身份证明

DID 只是一串带有密钥的随机数值，第三方机构根据 DID 信息将身份证明写入 DID Doc，同时将数字签名写入文件中以示证明生效。例如，张三在完成驾驶技能学习后，可以向车管所提供自己已准备的 DID 或使用车管所提供的 DID，相关信息（包括但不限于 id、type、有效期、controller、验证方法等）将由车管所按照 DID Doc 的 JSON-LD 数据结构写入，同时加入车管所的数字签名以示生效。DID Doc 可以储存在车管所，也可以储存在张三的智能钱包里，或者储存在其他存储媒介。需要注意的是，此处 DID 并没有泄露张三的身份特征，没有映射物理世界的其他身份证明，这个 DID 只是张三持有的众多 DID 中的一个。因此，只要张三本人不出示 DID 证明，就没有人能够知道这份 DID Doc 是属于张三的，从而保护了张三的个人隐私。

3.身份验证

DID 验证方法有多种，具体方法在不同的 DID Method 方案中有所区别，较为常用的方法是零知识证明。例如，根据国家新闻出版署下发的《关于进一步严格管理　切实防止未成年人沉迷网络游戏的通知》中规定，未成年人玩网络游戏每天限时 1 小时，且仅可以在周五、周六、周日和法定节假日，为满足合规要求，游戏平台通常会让用户提供明文的身份证明电子文件，除用户的年龄信息外，如姓名、户籍地、性别等其他无关信息也会被平台收集。但分布式标识符解决方案中则不会出现这样的问题，用户只需要提供自己持有的 DID，再通过零知识证明判断用户是否成年，而无须将用户具体年龄告知平台方。这只是众多验证方法中的一种。

三、DID 应用和发展

DID 从提出到现在已经有四年时间，各行业协会、互联网平台、基金会都在积极推动并完善 DID 技术。相比初期《DID V0.1》白皮书中所搭建的一套全新的身份标识体系，到《DID V1.0》开始考虑如何融合市场上已有的身份标识方法。其他协会、组织及企业也基于 W3C 的 DID 规范提出了多种 DID Method，但距离 DID 技术落地应用，仍然有很多问题需要进一步去解决，主要包括：

（一）如何满足合规性要求

互联网最初只需要通过用户名、密码实现平台对用户身份的验证即可，但为了满足 KYC 要求，现在需要将互联网身份证明与物理身份证明绑定。这种方法初衷是为了让网络用户的行为可问责、可追溯，逐步建立网络信任体系，但产生的负面影响是造成了大量个人信息的泄露。DID 有效地解决了这些问题。虽然当前还未出台相关规定，但未来必然面临如何对不同 DID 进行 KYC 的合规性问题。当前主流应对策略是通过 DID 将原来的互联网身份证明和物理世界身份证明的"直接映射关系"变为"间接映射关系"，但不能忽略间接映射关系依然存在信息泄露的可能，该问题有待进一步探讨及观察。

（二）如何验证 DID 与持有人之间的关系

　　DID 具有匿名性，当前主流 DID 技术给出的解决方案是：谁持有 DID，谁就有权享受相关权益。这种方案无法验证 DID 的提供者是不是本人，也无法避免 DID 被盗取并用于非法目的。虽然部分 DID Method 提出将 DID 映射到中心化数据库，通过中心化的一套方法验证 DID 的提供者是不是本人的问题，但这仍将给个人信息保护留下漏洞。

（三）如何使 DID 市场化

　　DID 市场化推广过程中有两方面瓶颈：第一，没有企业愿意主动放弃用户数据。用户数据如同平台的护城河，为平台贡献了大量价值，企业如果同意 DID 的使用，就等于同意拆除护城河，对于互联网企业会是致命性打击。第二，DID 技术推行由谁来埋单？不同用户是否愿意为自己的身份信息管理埋单？换句话说，用户是否愿意向类似智能钱包这种硬件或软件提供商付费？虽然未来个人行为数据有变现机会，但在商业模式不清晰的情况下，有多少用户能感兴趣并参与其中？此外，DID 技术将打破各平台方原有数据管理结构，必定需要新增相关验证平台，相关成本又由谁来承担？这些瓶颈将会极大阻碍 DID 技术的推行，如何平衡相关方利益关系，目前仍没有理想的方案。

（四）密钥管理风险大

　　DID 的可信性主要依赖于密钥技术，如果第三方机构的私钥被窃取，会不会出现随意签发证书的行为？或者某个身份主体将私钥无意中丢失，是否永远无法使用这些 DID 证书？这些问题目前没有非常理想的解决方案，对于现实应用也会提出较大挑战。

用户画像

一、用户画像技术介绍

用户画像最早由交互设计之父 Alan Cooper 提出，围绕四个要素将用户的信息标签化：人物、时间、地点和事件（见图2-6），再根据标签有针对性地收集用户社会属性、消费习惯、偏好特征等各个维度的数据，并对这些数据进行分析、统计，挖掘潜在价值信息，从而抽象出用户的信息全貌。

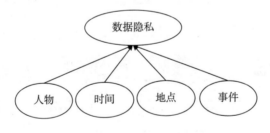

图2-6　个人信息四要素

资料来源：作者自制。

用户画像是一把双刃剑，方便了用户的生活，但同时又侵犯了用户的个人隐私。例如，当用户使用支付宝扫描二维码完成一笔交易支付，大数据分析工具会捕捉用户的消费金额、地点、时间等行为数据，而随着数据标签的积累和数据量的增加，实现个人信息四要素的关联，形成一副完整的用户画像，平台能够对用户行为和喜好进行分析，并实现精准营销。

二、用户画像应用场景

（一）数据获取途径

　　用户画像是一个复杂的过程，包括数据采集、数据处理、数据分类及数据存储等，如图 2-7 所示，展示了用户画像数据仓库的具体架构，我们将对其最底层的用户数据采集途径进行详细分析。

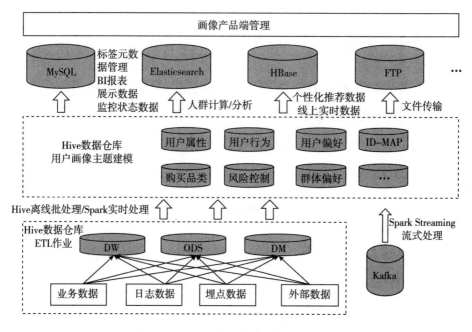

图 2-7　用户画像数据仓库架构

资料来源：赵宏田. 用户画像：方法论与工程化解决方案［M］. 北京：机械工业出版社，2019：4.

　　从图 2-7 中可以看到，用户画像底层数据的主要获取途径包括两大部分：内部数据及外部数据，而内部数据又包括业务数据、日志数据和埋点数据。

1. 内部数据

　　（1）业务数据。

　　业务数据包括用户信息表、商品订单表、商品评论表、用户收藏表、购物车信息表。

用户信息表包括了用户编码、用户姓名、用户状态（未注册、已注册、已注销）、邮箱编码、用户生日、性别（自然性别、购物性别）、电话号码、是否有图像、创建时间、注册日期、归属省、归属市、详细地址等；

商品订单表包括订单来源标识（App、Web、H5及其他）、用户编码、用户姓名、订单号、商品编码、商品名称、订单生成时间、订单日期、订单备注、订单状态（待支付、已完成、已取消、已退款、支付失败等）、订单状态时间、订单金额、付款账户、付款方式等；

商品评论表存放用户对商品的评论信息，主要字段包括用户 ID、用户姓名、评论内容、评论图片、评论状态（待审核、已审核、已屏蔽）、订单 ID、创建时间、创建日期、评论用户 IP、更新时间等；

用户收藏表记录用户在平台上收藏商品的数据，主要字段包括用户 ID、收藏日期、收藏时间、商品 ID、商品名称、收藏状态（收藏、取消收藏）、修改日期、修改时间等；

购物车信息表记录用户将商品加入购物车的数据，主要字段包括用户 ID、商品 ID、商品名称、商品数量、创建日期、创建时间、图书状态、修改日期、修改时间等。

（2）日志数据。

访问日志表是专门用来存储用户访问记录的日志文件，有助于平台对用户的浏览行为进行分析。平台会将一些特殊代码或内容字段埋点至日志文件，一旦用户操作触发埋点要求，日志数据会自动被采集并上传至服务器供平台进行针对性的统计分析。主要字段包括设备登录名、用户 ID、设备 ID、访问时间、上报时间（终端记录用户点击按钮时间）、用户所在省份、用户所在城市、上一个页面 URL、当前页面 URL、操作系统、登录日期、经度、纬度等。

搜索日志表存放用户在 App 端搜索相关的日志数据，主要字段包括设备登录名、用户 ID、设备 ID、搜索 ID、搜索日期、搜索时间、用户搜索的关键词、标签内容、每个访问的随机数等。

（3）埋点数据。

埋点日志表存放用户访问 App 或网页时，用鼠标或触屏点击页面时留下的打点记录。通过在客户端做埋点，对用户的操作行为进行监控和统计，主要字段同日志数据。

埋点是企业为了尽可能完整地收集可以体现用户使用场景和真实需求的行为数据。在对行为数据中，"4W（Who、When、Where、What）与 1H（How）"是主要的分析方法。如果将"4W 与 1H"对应到图 2-6 中的四个要素里，则是人物（Who）、时间（Time）、地点（Where）和事件（What+How）。

Who：用来分析谁完成了这个行为，使用唯一的用户 ID 将行为与用户关联起来。常用的数据包括用户 ID、手机号、身份证、设备或应用识别码。

When：定位用户什么时间完成该行为，常用数据是时间戳和当地时间。

Where：定位用户在什么地方完成该行为，常用的数据包括 IP（Web、手机）、GPS（手机）、自主填写位置（大众点评、饿了么、美团外卖等）。

What：定位用户当前行为，为了能够更精细化管理，记录的信息越来越详细，具体指标包括通过埋点的方式来获取内部系统数据中的业务数据。

How：获取用户发生行为时周边环境、手段、设备等，尽可能在数字世界里还原用户所处环境，常用数据包括操作系统、设备型号、网络环境（Wi-Fi、5G）、设备版本（用户使用设备的版本号）、浏览器、上级页面等。

当用户产生某个行为，触发埋点后，将 4W+1H 相关数据传输到后台进行分析，以每天、每小时或者一定数据量限值的固定方式上报。有些企业只会收集与自身业务有关的用户画像标签数据，但大多企业都存在过度收集用户信息的问题。例如，用户在图片管理软件中上传了一张图片，软件会采集大量与图片管理无关的信息，这些信息包括但不限于手机型号、手机操作系统类型、手机已安装的 App 列表、手机联系人列表等；此外，软件还将识别上传的图片内容，通过对图片中人员的相貌、建筑风格、门牌号、店铺名等进行分析，帮助平台了解用户的财务状况和生活习惯。

2. 外部数据

外部数据包括多项数据，主要用于弥补内部用户标签不足或数据量不足的问题，通过外部数据与内部数据的结合可以获取一个更加完整的用户画像。主要外部渠道包括互联网公开数据、付费数据（数据提供商）、网络采集数据、通过人脉获取的数据、百度指数和站长工具等检测数据。下面介绍前两个渠道：

（1）互联网公开数据。

公开数据主要是围绕全球、国家、地方及企业宏观层面的统计数据，不会对用户画像有直接作用，但能够提供参考。例如，中国国家统计局（http://www.stats.gov.cn/）包括了我国经济民生等多个方面的数据；CEIC（http://www.ceicdata.com/zh-hans）拥有超过 213 个国家和地区的经济数据，能够精确查找 GDP、CPI、进口、出口、外商直接投资、零售、销售，以及国际利率等深度数据；互联网公开数据还包括 Wind、搜数网、中国统计信息网、亚马逊公开数据集、Figshare、Github 等。

（2）付费数据。

其一，大数据交易中心。自 2015 年，我国各地开始兴建大数据交易中心，截至 2019 年底，已有 30 家大型数据交易所（中心），我国大数据的交易模式可大致划分为四种：政府牵头或背书的交易所（中心）、行业机构为主的行业数据交易模式、大型互联网公司及 IT 厂商主导的数据交易平台、垂直数据服务商主导的市场化数据交易模式。

其二，企业间数据共享。类似信贷企业很难通过自有数据完成用户画像，通常会与行业合作伙伴共享数据。

其三，其他。网络攻击者通过各种漏洞、布点 SDK 获取所需数据，并在地下交易市场进行出售，形成了包括黑客、多级料商（数据中间商）、买家一条完整的黑色产业链，通常分为四级：第一级是黑客或公司内部员工盗取用户个人数据；第二级是盗取的用户信息售卖至料商；第三级是料商不断发展代理商，将数据进行倒卖；第四级是信息使用者在获取数据后，进行用户画像补充、电话营销或实施电信诈骗。公开媒体调研数据显示：个人普通信息，比如电话、微信、QQ 号等，平均售卖成本为每条信息 0.4 元，单条销售价格 0.7 万~0.8 万元，每个月流水达到 40 万~50 万元，涉及金融、教育、医美等行业市场需求量更大。

（二）数据采集技术

互联网时代，为了追踪、分析与说服消费者，广告商已经开发了很多便捷与成熟的营销跟踪技术，在线广告营销伴随着每一个上网浏览网页的用户。广告行业借助不同的技术，如 Cookies、Flash Cookies、Beacons、浏览器指纹、代码埋点，对用户行为进行追踪。

1.Cookies

Cookies 是网站服务器在用户的内容或硬盘中保存的用来记录用户浏览的网页地址、网页停留时间、网页上键入的用户名、密码、用户浏览习惯等方面的小型浏览文件。它并非由本机生成，而是通常在用户浏览网页时，从所浏览的网站发送过来，用来检测用户在做什么的小型数据包；它不仅可以对用户行为进行追踪，还可以为用户推荐曾经访问的网址，省去用户重新输入网址的麻烦，同时用户不必重新输入用户名和密码，就能实现登录。此项技术引发的最大问题是在用户完全不知情的情况下，对用户行为进行跟踪、记录，这往往会引发第三方（如行为广告商）的接入。广告商在采集到 Cookies 数据后，会有针对性地通过行为营销的方式向用户投放其可能感兴趣的广告。目前主要的应对方法是开启浏览器无痕模式，或定期对浏览器 Cookies 进行清理，减少数据泄露。

2.Flash Cookies

随着技术的发展，开发人员发现了更好的方法——Flash Cookies。传统 Http 下的 Cookies 不稳定，用户可能会随着清除掉浏览器中的 Http Cookies，或者在浏览器选项中，手动将它设置为禁用模式而避免数据被采集。Flash Cookies 能够在用户删除或禁止 Http Cookies 的情况下依然收集到用户的数据，而且存储的数据量相比 Http Cookies 更大，由于其文件存储的隐蔽性强，非专业用户通常难以找到。

3.Beacons

网络信标（Web Beacons）又称网页臭虫（Web Bug），是可以暗藏在任何网页元素或邮件内的 1 像素大小的透明 GIF 或 PNG 图片，常用来收集目标电脑用户的上网习惯数据，并将这些数据写入 Cookies。不同于 Cookies 可以被浏览器用户接受或禁用，Web Beacons 以图形交换格式（GIF）或其他文件对象的形式出现，只能通过检测功能发现。这项技术设计的初衷有着积极意义，如跟踪侵犯版权的网站，但商业化普及后，利益驱动使这项技术成为平台获取用户行为数据的利器。

信标 API（Beacon API）则是 Web Beacons 的升级版本，它不需要使用不可见图像或类似手段就可以达到相同目的，旨在方便 Web 开发人员能在用户离开页面时将信息（如分析或系统诊断数据）发回 Web 服务器。使用 Web 信标 API 能够不干扰或影响网站导航来完成此种追踪，并且对最终用户不可见。这项技术在 2014 年后相继被引入 Mozilla Firefox 和 Google Chrome 网页浏览器，但在 2021 年谷歌又宣布为保护用户隐私，已经放弃该项技术的使用来追踪个人网站浏览记录。

4. 浏览器指纹

不同用户的浏览器都有自己的特征，网站可以检测用户的浏览器版本、操作系统类型、安装的浏览器插件、屏幕分辨率、所在时区、下载的字体及其他信息，这种通过浏览器对网站可见的配置和设置信息来追踪 Web 浏览器的方法，称为"浏览器指纹"，它如同人手上的指纹，具有个体辨识度。如果要避免指纹追踪，用户需要禁用网站的 JavaScript 与 Adobe's Flash 程序。即使是电脑高手，面对指纹跟踪技术，也很难保护自己的隐私。早期的浏览器指纹是状态化的，网站需要在用户登录账户后才能识别其身份信息；随着技术发展，开发人员增加了浏览器的特征值，这一升级让用户变得更有区分度，即使用户在没有登录账户信息的情况下使用计算机，通过其浏览网页的内容、习惯，以及结合浏览器的属性值（分辨率、亮度等）就可以关联到具体用户的身份并对其进行画像。目前来看指纹跟踪很难被阻挡，只要用户使用浏览器上网，用户的网上行踪就如同公开一般。

5. 代码埋点

为采集用户浏览网页或应用过程中的行为数据，平台方通常会在网站或软件上嵌入一些代码埋点（包括手动埋点、可视化埋点和全埋点），用户数据被采集后通过埋点软件开发工具包（Software Development Kit，SDK）自动上报，在用户不知情的情况下完成画像。早期的代码埋点市场乱象丛生，有一批数据服务商通过售卖不同类型的埋点工具盈利。2020 年 7 月，央视"315"晚会上曝光了上海氪信信息技术有限公司与北京招彩旺旺信息技术有限公司提供的 SDK 插件，非法采集用户手机中的联系人、通话记录、短信、应用安装列表、位置等信息。

三、用户画像对隐私保护的影响

从营销学角度来看，用户画像技术可以帮助商家精准定位客户，为客户提供个性化、定制化服务，有效提升了市场交易效率。虽然用户画像技术有其社会价值，但通过前面部分的论述，不难看出企业在用户画像过程中存在较多数据安全问题，包括数据交易渠道合规性、非法数据采集技术、过度收集用户数据、用户个人数据隐私缺乏保障机制等问题。

（一）外部数据获取渠道合规性问题

基于个人行为数据的用户画像，有助于商家为用户提供个性化、定制化服务，成为商业模式迭代不可缺少的内容。精准的用户画像离不开丰富的数据类型和数据量，而企业自有数据通常无法满足标签数据量需求，所以从外部获取数据在所难免。在数据交易中，由于交易市场机制的不完善，逐渐滋生出一些自发组织的灰色市场，如图 2-8 所示，平台或其代理将用户个人数据以明码标价的形式销售给第三方机构，出现了以用户、平台或其代理和第三方机构为代表的商业闭环，第三方机构通过对用户信息的分析，提供一些"个性化服务"给用户，而这些频繁的个性化服务广告给用户生活带来了一定的影响。由于数据缺乏管理，部分数据会流入到一些非法组织手中并向用户进行虚假产品营销或诈骗。

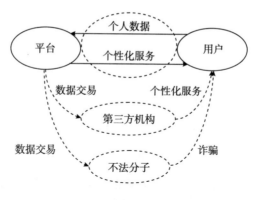

图 2-8　企业数据交易闭环图

资料来源：作者自制。

目前，市场上合规的数据交易渠道较少，2015 年各地兴建大数据交易中心，旨在促进数据合法交易及流通，服务市场经济。但数据中心的发展与最初期望有着较大的差距，主要问题是数据确权、数据定价、数据交易等数据要素在市场化、流通机制设计等方面存在很多空白，容易触及法律红线。根据《中华人民共和国网络安全法》第四十二条规定："网络运营者不得泄露、篡改、毁损其收集的个人信息，未经被收集者同意，不得向他人提供个人信息。但是，经过处理无法识别特定个人且不能复原的除外。"而我们从前面分析内容可以发现，用户画像的前提是要识别个人身份，否则无法从技术上实现对个人的用户画像。除了《中华人民共和国网络安全法》中提及要实现个人数据的匿名化，在数据交易和共享环节还需要获取用户授权同意，这将极大增加企业数据交易的合规成本。因此，促进外部数据获取渠道合规性需要解决以下问题：①个人数据匿名化（非去标识化），实现关联要素"人物"的切断；②在个人信息匿名化的情况下，完成用户画像（可用不可见），例如使用联邦学习、多方安全计算、差分隐私等方法；③清晰的数据确权方案；④企业低成本的数据使用授权方法；⑤建立健全数据定价和利益分配机制。

（二）防止非法数据采集方式以及数据过度采集

　　早期客户分析是一种事后分析行为，通过对用户过往的消费记录形成用户的消费画像。企业自由的业务数据基本能够判断客户对于品牌、颜色、款式的喜好以及价格承受能力等，但这些数据不足以进一步挖掘客户的消费潜力。商家通常需要更多实时的行为数据，抓住客户具有时效性的冲动需求，为此平台侧通过我们前面提到的 Cookies、Flash Cookies、Beacons、浏览器指纹、代码埋点等技术，在客户不知不觉中，收集其行为数据并分析数据，用于用户画像及精准营销。平台侧对用户行为数据的收集模式如图 2-9 所示：

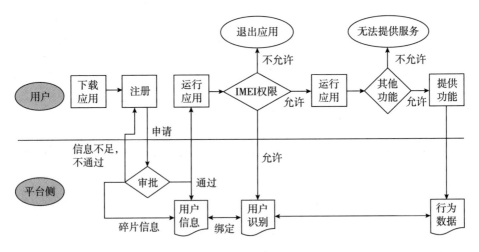

图 2-9　应用提供商数据获取方式

资料来源：作者自制。

　　在注册环节，应用提供商获取用户的身份证明数据（电话号码、邮箱等），再通过手机设备唯一的 IMEI（国际移动设备标识码）授权（局域网是通过 Mac Address 来确认设备地址），可实现设备与身份数据的绑定，即帮助应用提供商来判断数据具体来自哪个用户。之后通过获取更多权限，例如摄像头、照片、通讯录、定位、应用列表等功能读取用户的实时行为数据，这些行为数据被应用提供商采集，进行词云分析，分析用户的性格、爱好、各种生活喜好等，对用户进行画像。随着数据的积累，在数字世界形成了一个与物理世界相映射的数字人物。对数字人物的控制，数据持有人在将来的某一天可以通过仿真技术，能够做到对数字人物的下一步行为进行预测，同步引导物理世界的用户完成他们想要达到的目的，这将对所有用户是一件危险的事情。

近年来，一些手机终端公司陆续提供一项数据保护的新技术——OAID（匿名设备标识符），使用虚拟的 ID 身份替代设备原有的 IMEI 成为设备识别标识。OAID 通过提供随机匿名身份，让应用提供商无法将设备与用户身份证明强关联，这样就避免了行为数据与具体用户身份的映射。但这种模式下，仍然有以下问题：

1. 未从根本上解决数据安全问题

OAID 虽然有效解决了用户数据过度采集问题，即让应用提供商无法通过真实的终端设备识别码映射到具体的用户行为，但该方法仍无法彻底解决数据安全问题，因为用户在平台上相关的业务数据依然留在平台侧，也有被交易的可能。

2. 无法避免终端提供商收集数据

OAID 的虚拟身份来自中心化机构，虽然通过该方法能够避免应用提供商使用各种技术收集终端数据，但终端提供商能够通过 OAID 映射到 IMEI，控制权相当于从应用提供商转交到终端设备提供商手里，仍然有数据泄露的风险。

关于数据过度采集问题，用户普遍表现出排斥的态度，终端服务商也通过 OAID 等技术防止各种应用对用户信息的采集。但随着互联网技术的进一步发展，我们将迎来一个与物理世界相映射的数字世界，更多数据无法避免地会从物理世界映射到数字世界。既然大势所趋，我们需要做的不是防止数据被采集，而是应该将更多注意力放在如何保护采集到的数据安全，即用户的每条被采集的数据，只能用于同一场景下服务于用户本人，也就是图 2-8 中形成的平台与用户的闭环，避免数据流向第三方机构、非法组织等。

（三）用户个人隐私保护

用户画像虽然提升了交易效率以及降低了供应成本，但用户的个人数据也同时被其他机构或组织掌握，存在多种泄露风险，包括：第一，企业通过第三方出售用户数据；第二，企业员工盗取数据，并通过非法途径售卖；第三，网络攻击者通过技术漏洞或盗取企业员工身份获取系统中的用户数据。

在数字化时代，数据就是原油，它不仅能推动经济发展，而且是实现信息技术突破的重要燃料。如果一味强调保护数据，肯定会逐渐丧失已渗透进我们每个人生活、每个角落的便利和无限商机。隐私保护和经济发展并不是二元对立的，目前的解决方案包括区块链技术、DID、数据匿名化处理、差分隐私、多方安全计算、矩阵变换等数据脱敏技术，这些技术都能做到保护用户数据隐私，但这些技术的建设不仅需要平台端买单，而且会影响到平台的现有核心利益。因此，当前市场对该类技术的推行非常缓慢，但这一局面正在逐渐出现转机，比如近期滴滴打车、运满满、货车帮、BOSS直聘等互联网平台由于数据采集不合规问题被叫停的事件，对市场起到了很好的警示作用。

可信数字底座

一、可信数字底座的概念辨析

（一）数字底座

在讨论可信数字底座之前，需要先明确什么是数字底座？数字底座提出时间较早，包括华为、中国系统、腾讯、阿里等企业从数字化转型早期阶段就开始积极布局数字底座。由于企业对技术的侧重点及商业战略的差异性，因此对数字底座的定义也有所不同。总体而言，数字底座是信息化通用基础设施，数字底座从分布式数据中心、网络传输、安全保障、数据汇聚、共享融合到数据赋能，面向各类行业的治理、公共服务、产业发展，提供统一且标准的数字化服务支撑。数字底座主要包含两层架构：设施底座（数据统筹、存储和安防）和数据中枢（统一规范和标准的数据资源池供各相关方使用）。

（二）可信数字底座

可信数字底座是由万向区块链提出的一个新名词，国外也有一些机构提出了类似概念，如 Trusted Data Platform（TDP），两者存在一些区别。万向区块链提出的"可信数字底座"旨在打造以可信数据为基础的，从数据采集到储存交换，再到计算赋能均嵌入可信技术，最终实现可信数据资产化的数据要素价值闭环的系统架构。万向可信数字底座从数据采集的可信硬件到数据流通的可信环境打造了一整套"区块链＋"解决方案，而类似总部位于日本的 Fujitsu Laboratories 和位于北美的 Virtru 公司，它们对 TDP 的定位更多用于数据流通环节，如基于区块链开发的三项技术：Virtual Private Digital Exchange、Identity Exchange 和 Chain Data Lineage。第一项技术是让数据不出本地的情况下与合作商实现数据交换；第二项技术是在保证不泄露个人信息的前提下验证对方身份，属于当前业界广泛推广的 DID 技术；第三项技术是记录精确的数据来源，即数据溯源技术。通过这三项技术的集合，它们构建了各种应用系统，包括数据安全保障、数据交易安全保障，以及打造公司内部可信供应链证明的"＋区块链"解决方案。

（三）数字底座和可信数字底座的对比

（1）技术。

数字底座强调的是围绕数据的可视、可用构建软硬件技术；可信数字底座是基于数据的可信构建软硬件。

（2）目的。

数字底座要求数据能够汇聚、基于数据产生智能，最终实现持续的数字化运营；可信数字底座是发挥数据价值，用于价值变现、新产品研发等。

（3）功能。

数字底座强调数据安全；可信数字底座强调数据安全、可信及不可篡改。

从上面的对比可以总结出，数字底座与可信数字底座之间的关系并不是归属关系，只是在部分功能上存在重叠，如图 2-10 所示。

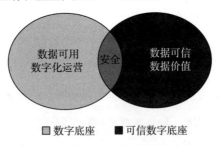

图 2-10 数字底座与可信数字底座对比

资料来源：作者自制。

以下将围绕重叠部分——安全技术，讨论以华为的沃土数字化平台（见图2-11）作为中心化数字底座的代表，分析其"3T+1M"安全解决方案的实现能力；从安全角度，对比其与万向区块链可信数字底座（见图2-12）的区别。同时，探索可信数字底座的价值。

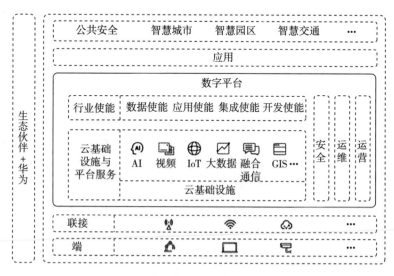

图 2-11　华为沃土数字化平台框架（数字底座）

资料来源：https：//e.huawei.com/cn/digital-platform。

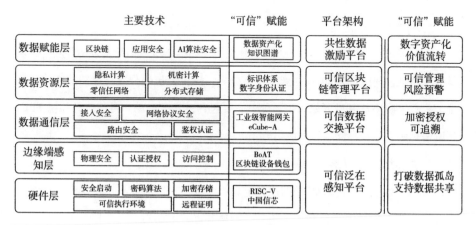

图 2-12　可信数字底座技术框架和平台架构

资料来源：《可信数字底座白皮书》，万向区块链内部研究报告。

二、可信数字底座的安全性分析

本章参考《可信数字底座白皮书》，根据可信数字底座技术框架来进行分析，可以分为五个部分：硬件层、边缘端感知层、数据通信层、数据资源层和数据赋能层。

（一）硬件层

硬件层以数据为对象，提供运算、存储和网络资源。终端设备的安全问题主要有两方面：第一，设备固件的安全风险。由于对设备固件的设计逐渐走向轻量化，这意味着芯片性能、能耗、存储空间、通信带宽、运行时间等都会受到限制，在受限的应用环境中数据处理规模也会受到影响，因此，高耗能的传统通用密码算法在轻量化设备中可能无法适用，导致极高的安全风险。第二，固件应用程序的安全风险。由于对终端设备的程序漏洞维护不及时或缺乏相应的更新机制，让攻击者能够轻松通过漏洞抓取到本地固件应用程序中的明文数据，从而出现数据泄露和滥用问题。

1. 可信硬件层（万向）

万向采用一种区块链芯片，基于开源芯片 RISC-V 指令集开发架构并融合区块链开源特征。根据具体场景的威胁模型分析，提供抵抗硬件软件攻击的方法和措施，为数字底座从基础开始可信赋能，主要包含：安全启动、可信执行环境 TEE、加解密算法、加密存储、远程证明等。

2. 鲲鹏底层硬件（华为）

鲲鹏 920 是业界首款 64 核的数据中心处理器，性能比业界主流处理器高 25%、内存带宽高 60%，同时把 CPU、桥片、网络和磁盘控制器"4 合 1"，是业界集成度最高的数据中心处理器。华为依赖于其强大的品牌效应，快速构建鲲鹏开源生态。华为自身负责基础设施搭建，产品主要借助于集成硬件进行拓展，鼓励更多合作伙伴加入到生态的建设当中，如鲲鹏整机建设，合作伙伴有东华软件、神州数码、拓维信等在内的多家公司。

鲲鹏 920 处理器内置数据加解密加速引擎，提升密钥和数据安全，即加解密引擎集成在 CPU 片内，原始数据通过片内的总线传输到加密引擎来加密，避免数据泄露风险。在传输和存储中均是以加密数据的形态存在，即使丢失也能够确保数据内容不会被泄露出去。

3. 对比分析

（1）市场。

RISC-V 从提出到现在仅十几年时间，但相比 ARM 和 X86，其指令集开源且低耗能广受市场好评，近年来众多公司加入 RISC-V 生态布局，大家一致认为未来是属于 RISC-V 的。这项技术本身不是壁垒，无论数字平台还是可信数字平台均可使用 RISC-V 开源指令集搭建架构来制造出属于自己的芯片。但区块链技术结合 RISC-V 有其特殊性，即利用开源的 RISC-V 打造虚拟机，可以很好地缩短硬件和软件行业的距离，并且带来更丰富的开发生态。

（2）安全。

ARM 和 X86 在过去都经历过 Spectre 攻击，在区块链技术加持下的 RISC-V 还未真正大面积普及，无法通过数据来判断两项技术的安全性。从理论上分析，无论 ARM、X86 还是 RISC-V 均有其特有的安全机制，例如 ARM 为其微处理器提供了 ARM Trustzone 技术，RISC-V 内核对应的安全机制之一是 Multizone。根据 RISC-V 基金会安全工作组的重要专家 Cesare Garlati 对两种安全技术的对比，无论 ARM 还是 RISC-V 架构，都是基于隔离机制的安全理念，但 ARM 在硬件安全时是将内存和外设两个域硬编码到硬件中，而 RISC-V 则是由软件定义域，通过硬件强化。在软件方面，ARM V8-A 采用 OP-TEE 软件模型，其配置和工具大多来自 ARM 生态合作伙伴。RISC-V MultiZone 安全软件模型的代码量比较小，运行速度更快。此外，市场认为安全问题的存在是持续优化的过程，而 RISC-V 因为其开源特征，一旦出现潜在风险，会及时被社区人员发现并快速提出解决方案。

（二）边缘端感知层

设备（网关、传感器、RFID 等）通过感知层获取外部环境信息，属于物联网的信息源。感知层的特点包括：大量的端节点数目、多样的终端类型、复杂的部署环境、无人户外部署等。因此，感知层受到的安全威胁，具体可以归为三类：物理攻击（物理破坏、非法盗窃）、身份攻击（假冒攻击、非法顶替）和资源攻击（信道堵塞、耗尽资源、重效攻击）。

安全防御也基于三类问题提出解决方案：第一是硬件物理安全机制；第二是证实身份合法性的认证授权机制；第三是访问控制机制。

1. 可信数字底座——BoAT

BoAT（Blockchain of AI Things），通过与区块链网络约定的方式直接或间接调用链上智能合约，将物联网终端所采集或生成的数据传递给智能合约做链上处理。BoAT 在开放的协议栈的层次上，又叠加了一层区块链客户端协议。应用可以向这层区块链客户端协议请求区块链交易、智能合约调用等区块链业务。区块链客户端协议再进一步结合密钥生命周期管理、设备认证等，构成了基于模组的区块链软件框架（BoAT Framework），或称为区块链设备钱包（Device Boat Wallet）。区块链模组对不同蜂窝模组类型的针对性适配，可以解决物联网数据碎片化、离散化、差异化问题。

BoAT 基于平台安全架构（PSA），为具体业务场景提供该领域通用的安全解决方案，使物联网设备基于 PSA 安全实现闭环落地，发挥 PSA 安全的乘法效应：安全容器 × 分布式密码学 = 高阶安全保护。安全的两项重要技术分别是安全容器和密码学。其中，安全容器的安全性会随着时间推移而下降，层出不穷的攻击往往令依赖于安全容器的设备在其生命周期内遭遇的安全失效，这是软件无法解决的；密码学的安全性高度依赖于密钥的安全存储和使用，但密钥安全和使用方便之间的矛盾又是难以调和的。目前在区块链技术背景下主流做法是应用分布式密码学将密钥拆分为多个独立分片，个别被分片密钥的泄露是无法通过认证的。如果利用安全容器存储密钥分片,将进一步降低分片泄露可能。

2. 华为数字底座

根据华为《物联网安全技术白皮书 2018》,针对 IoT(物联网)不同应用场景、具备不同处理能力的终端,提供与其能力匹配、端云协同的关键安全技术族,主要从终端防攻击能力和恶意终端检测与隔离两方面着手:

(1)终端防攻击能力。

对于弱终端(如 LPWA 智能抄表、智能照明、智能停车等)需满足基本安全能力,如数据传输层加密协议 DTLS 或 DTLS+、终端可信 DICE、FOTA 升级、安全启动等;对于强终端(比如车联网 T-BoX、OBU 等),还需进一步满足安全证书管理、入侵检测、加密认证、TPM 等安全能力。

(2)恶意终端检测与隔离。

为 NB-IoT(窄带物联网)提供管道侧的防海量终端浪涌式风暴检测服务;基于大数据分析检测 NB-IoT 终端异常,实现对设备正确、可疑、异常三种状态的可视检测,并将确定的恶意终端进行隔离;支持网络访问黑白名单等手段来增强海量物联网终端异常行为的检测与隔离能力。

3. 对比分析

(1)硬件攻击防御。

无论中心化模式还是去中心化模式,硬件攻击防御模式都类似,包括以物理世界的防拆卸措施(如安装防拆装置、防拆卸警报等)、外部设施嵌入监视和系统端对硬件实时动态数据的监控来判断是否存在攻击。此外,华为通过公私钥方式管理设备,即使设备被盗走,如果没有正确的私钥也无法打开嵌入设备的公钥;华为为保证设备在治安混乱的国家或地区的安全,就采用此类方法管理设备。

(2)身份攻击防御。

当通信两端彼此信任,可通过身份认证来许可双方进行通信并传输数据。身份认证包括用户向系统出示自己的身份证明和系统查核用户的身份证明两种方式,这是判明和确定通信双方真实身份的两个重要环境。进行身份认证的技术方法主要是密码学方法，包括使用对称加密算法、公开密钥密码算法、数字签名算法、数字证书等。

对称加密算法是根据 Shannon 理论建立的一种变换过程，该过程将一个密钥和一个数据充分混淆和置乱，非法用户在不知密钥的情况下无法获得原始数据信息。典型的对称加密算法包括 DES（数据加密标准）和 AES（高级加密标准）。

公钥密码算法需要 2 个密钥和 2 个算法，即发送方使用接收方的公钥打包信息，接收方在收到信息后使用自己的私钥解密即可阅读信息。典型的公钥密码算法包括 RSA 公钥密码算法和数字签名标准 DSS。

数字签名属于公钥的一种，区别在于发送方在发送信息前，先使用自己的私钥对信息签名，验证者使用签名者公钥进行验证，这样实现了只有拥有合法私钥的人才能产生数字签名（不可伪造性）和得到用户公钥的人才可以进行验证（可验证性）的功能。

数字证书也称公钥证书，是由证书认证机构（CA）签发的包含公开密钥拥有者信息、公开密钥、签发者信息、有效期以及扩展信息的一种数据结构。一般来说，数字证书主要包括证书所有者的信息、证书所有者的公钥、证书颁发机构的签名、证书的有效时间和其他信息等。最简单的数字证书包含了一个公开密钥、名称以及证书授权中心的数字签名。根据用途不同，数字证书可以分为服务器证书（SSL 证书）、电子邮件证书、客户端个人证书等。

不同于传统的设备认证"挑战—应答"方法，在物联网应用环境下，一些感知节点的资源有限，包括计算资源、存储资源和通信资源，实现"挑战—应答"机制可能需要付出很大的代价，这种情况下通常使用轻量级认证。当前为了满足轻量级的要求，通常使用对称密钥，但其安全性与传统设备安全相比还是存在劣势。

以上介绍的几种方法均是通过密码学技术实现，无论是传统中心化方案还是区块链技术均可使用，那么基于区块链技术的身份认证又有什么优势？目前主流观点是打破权力和数据在中心化机构的垄断，利用共识机制和分布式存储，使整个社会层面更安全。

（3）资源攻击。

无论物理攻击还是用户身份攻击，都是为获取数据库中的数据。除了以上防御措施外，还需要通过密码学对数据库中的数据进行加密保存，对高安全需求的数据还需构建数据传输可信通道和数据处理及存储的可信空间。

去中心化方式最大的优势在于所有数据访问和调用记录，会通过智能合约运行的记录被上链存储，相关人员无法做出修改和删除。相反，中心化管理方式很容易被质疑，操作系统属于中心化机构、数据存储在中心化数据库，对数据做手脚的成本非常低，但事实是否这样？我们从上海车展特斯拉女车主维权的事件来简单总结该问题，涉事司机认为车辆肇事原因是特斯拉刹车系统出现异常，并要求特斯拉公司公开数据；经过多次沟通及相关监管机构介入，最终特斯拉向《中国市场监管报》记者提供了"刹车失灵"事故前的原始数据。然而涉事司机对数据提出质疑，认为特斯拉提供的数据并非原始数据，要求特斯拉进一步公布数据来源、提取方式、制作方式及筛选原则。这里关于特斯拉提取的数据是否作假问题，在技术领域出现了巨大争议。相关资料显示，特斯拉在车辆信息采集中使用的是 EDR 系统，主要用来记录车辆在发生碰撞事故时车辆动态系统和安全系统相关的数据，从而有助于了解车辆系统的运行情况。EDR 数据是一式两份，车辆黑匣子中存储一份，另一份上传至特斯拉云端。对 EDR 数据作假，需要多家公司合作，这个可能性很小。即使特斯拉与云服务公司合作实现云端数据作假，但对车辆黑匣子内数据作假的可能性基本为零。

综上所述，从可信角度看，中心化平台也拥有一套成熟的数据管理方法来证明数据的真实性。值得一提的是，为避免上海车展类似事件发生，特斯拉上线了 EDR 查询软件，所有车主均可实时查询行驶数据。当传统方式有一套成熟的问题解决方案时，去中心化解决方案是否能撼动传统模式的市场地位？这里需要打上问号。

（三）数据通信层

数据通信层依托网络实现端到端、节点到节点的数据传输和转发，将感知层获取的信息及时、准确、可靠、安全地传输到目的地。感知层异构多元的特点，使数据通信层面临的安全风险也变得多样化。因此对网络层提出了接入安全、网路协议安全、路由安全、鉴权认证等要求。

1. 可信数字底座——工业级智能网关（eCube-A）

eCube-A 对现场数据收集和现场级别的数据策略起着非常重要的作用。边缘计算网关具有强大的边缘计算能力，并具有工业级的智能网关，支持远程自定义配置、远程部署、网关状态监测等技术。利用边缘计算网关体系结构和 MQTT 协议，实现对云服务的访问，并通过大数据平台构建了工业物联网平台，实现了对数据实时响应、数据模型分析判断、设备远程维护下载等功能。

区块链模组 BoAT，支持了 5G 蜂窝物联网边缘网关产品，分担了部署在云端的计算资源，承载了边缘测 AI 算法的推理与应用，在物联网边缘节点实现数据优化、实时响应、敏捷链接、模型分析等业务，具备访问区块链和调用智能合约的能力，物联网应用可以通过 BoAT 在数据上传到云的同时，将数据上链，实现"链上—云上"数据可信应对，如图 2-13 所示。

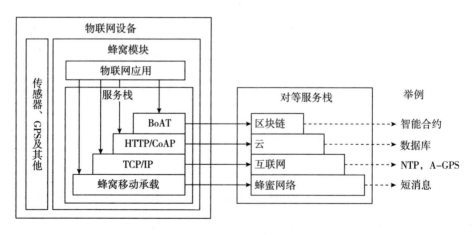

图 2-13　区块链模组支持下的物联网业务栈

资料来源：许刚. BoAT 区块链模组产品白皮书 1.0［EB/OL］.（2019-12-25）［2021-07-08］.hrrps：//www.aitos.io/developers.html#kfzpt_2.

2. 华为数字底座安全保障

华为边缘网关提供了完备的安全保护方案，包括安全启动、TPM、TCM、VPN、容器、IPsec、CA证书等技术共同构筑边缘测安全。同时，华为最新上线了智能边缘小站IES，将云基础设施和云服务部署到企业现场，适合对应用访问时延、数据本地化留存即本地系统交互等有高要求的场景，可便捷地将云端丰富的应用部署到本地。IES是整机柜设计，实现软硬件一体化安全；实现对设备、数据、云边网络多级保护。

3. 对比分析

基于区块链应用框架的工业级智能网关（eCube-A）与中心化eCube-A的最大区别在于开放的协议栈层次体系上，增加了一层区块链客户端协议，方便上层应用可以向这层请求区块链交易、智能合约调用等区块链业务，所以它更多的是从功能上增强区块链技术的可用性，而智能网关安全，包括接入安全、网路协议安全、路由安全、鉴权认证仍然依赖于中心化机构提出的一套技术解决方案。

（四）数据资源层

数据资源层位于数据感知层和数据通信层之上，基于应用层的数据处理需求和数据合规及可信需要，对数据进行整理和存储。数据资源层面临的安全问题主要为：物理或网络攻击引起的数据完整性、机密性的损坏；数据采集和共享过程中侵犯信息保护法律法规及泄露用户隐私或商业机密的风险。

1. 基于区块链技术的可信数据

利用"区块链＋隐私计算"技术搭建可信数据资源层，保障数据从采集到应用过程中有明确数据主权以及数据责任主体，保障数据不可篡改，确保隐私数据的可控协作。

可信区块链管理平台是支撑可信数字底座区块链网络的高效管理运维平台，为可信数字底座提供底层支撑，保障可信数字底座的底层区块链网络的安全、高效、可信运转。可信区块链管理平台提供包括监控服务、区块链网络管理、智能合约管理、运维管理等全方位服务；降低区块链应用的开发、管理、运维等方面的门槛且包含了区块链网络管理、联盟治理、区块链浏览器、智能合约管理、运维与监控、日志管理等。

2. 华为数字底座——ROMA

华为认为在企业数字化转型中，数字平台建设中 60% 的时间和支出用于集成工作，打通四个边界，实现企业"内部互通、内外互通、多云互通"。

第一是连接应用与数据，打通数据边界，包括：①基于对应用和数据的集成能力，将传统应用和新应用通过 API、数据接口、消息等方式集成起来，在不影响企业已有系统运行的基础上，为未来渐进式系统重构奠定基础；②支持异构数据源间相互同步，对软件包实现非侵入式改造。

第二是连接企业与合作伙伴，打通生态价值边界，包括：①打通地域限制，实现企业资源分布式共享；②跨网安全对接，实现企业与供应商、客户与厂商合作协同生态。

第三是连接云上云下，打通企业系统边界，包括：①无差别引入公有云服务，帮助企业应用上云、用云、跨云协同；②实现多云环境下，核心业务、SaaS、移动电商等业务无缝对接。

第四是连接 IT 与 OT，打通物理与数字边界，包括：①设备数字化，助力物联网设备智能化创新；②提供开放框架，支持多种协议，简化设备连接方式，构建智能应用。

如图 2-14 所示，其中主要应用了五项核心技术，分别是：

数据集成组件 FDI（Fast Data Integration），实现跨数据源、跨网络、跨云等快速灵活、无侵入式的数据集成。

消息集成组件 MQS（Message Queue Service），提供消息发布订阅、轨迹查询、资源统计、监控报警等一套完整的消息云服务。

应用程序编程接口 API（Application Programming Interface）集成组件，实现从 API 设计、开发、管理到发布的全生命周期管理和端到端集成。

设备集成组件 Link，基于边缘框架和安全的数据通道，实现设备快速接入、数据采集等物联网应用。

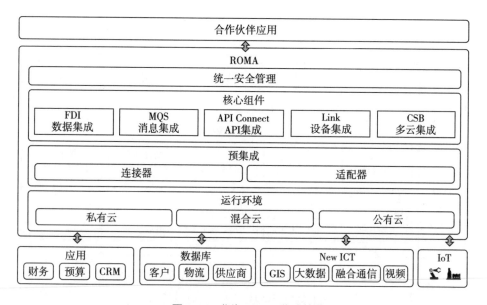

图 2-14　华为 ROMA 集成管理

资料来源：https://www.huaweicloud.com/product/roma.html。

云服务总线 CSB（Cloud Service Bus）提供多云集成能力，通过跨云调度和跨云集成能力支持企业业务应用上云和跨云集成，把内网延伸至安全的公有云。

华为通过 ROMA 融合集成平台，已可以做到 16 个流程域、2200 个以上的应用系统间协同、30000 个以上的集成功能点、2.3 亿次日均运行任务，以及 140 亿日数据流量。

在安全方面，首先，ROMA 给企业员工设置不同的访问权限，以达到不同员工之间的权限隔离，如图 2-15 所示，应用 OneAccess 统一身份认证服务（Identity and Access Management，IAM）进行精细的权限管理。该服务提供用户身份认证、权限分配、访问控制等功能，可以安全地控制资源的访问。其次，ROMA 应用了安全防护机制，提供数据安全（敏感数据加密）、系统安全、网络安全（防火墙防入侵）、业务安全（租户隔离）等多层安全防护。

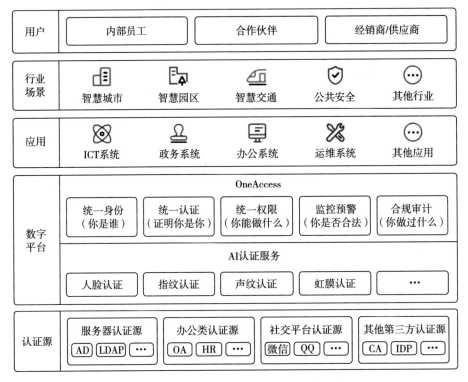

图 2-15 华为 OneAccess 统一身份与访问管理架构

资料来源：https://www.huaweicloud.com/product/oneaccess.html。

3. 对比分析

平台侧功能与商业模式有着紧密的关系，区块链技术赋能数字底座最大限度实现可视化、公平性，数据上链避免联盟内任何人作假，且实现共同治理商业生态。而 ROMA 构建开放社区，是基于对中心化企业华为的信任。技术侧所涉及的技术在前面均有涉及，不再重述。

（五）数据赋能层

数据赋能层基于丰富且可信的数据资源，通过数据共享、交易，挖掘赋能数字城市生态应用。数据赋能层面临的安全信任问题主要表现为：两方或多方数据流转场景下的信任问题，数据挖掘算法安全问题，业务应用层面的流程和数据保护安全问题。

1. 可信数字底座解决方案

可信数字底座从数据产生到传输，再到交易和共享拥有一套完整的方案。区块链技术的不可篡改、可追溯特征，从源头保证了数据的可信及安全性。在数据交易中，通过 MPC、零知识证明等加密技术为数据交易和共享提供多种合作方式，保证数据安全。

2. 华为数字底座解决方案

中心化数据可以实现数据安全性的保障，但其不具备可信证明的功能。

在安全方面，除了前面在各技术层的安全保障外，华为在安全与运维方面提出智能化安全态势感知能力，包括安全运维、定期物联网安全评估、安全报告和基于最佳实践策略自动识别安全事件。如在车联网中，采集端侧车内日志或事件，及其他系统车辆日志和安全事件，在车联网安全运营中心进行统一处理和分析，自动检测安全事件并生成告警，评估风险的严重性，并在 Dashboard 中呈现或邮件通知运营人员。

在隐私保护方面，主要的关注点是不可关联、透明性和可干预性。随着差分隐私保护技术逐渐成熟，未来一定会大面积应用在各行业用户数据的保护中，技术配合相应的安全机制也能够达到类似 GDPR 相关法律法规的要求。

3. 对比分析

除去安全角度，区块链技术的最大魅力在于其激励机制和治理，通过一套完备的激励及治理体系，引导企业、平台参与到可信数字底座的建设中来，鼓励更多参与方加入生态，实现参与方之间有效的价值流转和治理。这是去中心化方案中的天然优势，更是中心化方案无法做到的。

三、可信数字底座的商业逻辑

前面我们从技术角度讨论了可信数字底座的价值。除技术角度外，商业价值也尤为重要，尤其在传统技术已经做得不错的情况下，基于区块链技术的可信数字底座的商业价值如何体现？讨论该问题，我们需要从多中心化的维度切入。

（一）多中心化

多中心化并非是在区块链背景下提出的一个概念，早在分析公共事务时，英国哲学家迈克尔·波兰尼就在《自由的逻辑》一书中区分了社会的两种秩序，即只存在一个权威指挥的秩序和多中心的秩序。"多中心"意味着许多决策中心，它们在形式上是相互独立的，相互之间通过竞争性的关系考虑对方，开展多种契约性和合约性的事务。"多中心"理论最初是在大城市地区治理的语境下探讨的，这里的"多中心"并非多个权威中心，它们之间也并非孤立的，在处理共同的事务过程中，它们所采取的方式也并非诉诸一个拥有终极垄断地位的决策者。东南大学的王志刚（2010）认为，在每一个决策领域内存在的多中心表明，只要没有一组决策者单独能够控制所有决策结构，大城市地区的治理能够在多中心的政治体系中出现。[1]

（二）多中心相较于中心化和去中心化有什么区别

这是一个非常宽泛的问题，需要涉及社会多层面、多维度关系。由于问题复杂，我们试着用区块链底层技术做类比回答该问题。在商业范畴中，包括国际大型科技公司 IBM、苹果、亚马逊，中国的阿里、腾讯等科技龙头企业，各自底层技术的构建和规则均由平台及技术所有者自行决定，其他人较难参与到其中，这是中心化最大的特点；比特币的出现打破了这一现状，任何人都可以购买矿机参与每一次交易的验证，公链的发展也正是基于这一逻辑来实现，无须任何人的许可即可参与到治理中去，它是一种去中心化的形态。

---

[1] 王志刚.多中心治理理论的起源、发展与演变［J］.常熟理工学院学报，2010，24（3）：33-35.

（三）多中心化商业逻辑是什么

目前，多中心化联盟链在市场上并不少见，在国际上比较有影响力的分别是 Ripple 及其衍生、超级账本及其衍生、R3 及其衍生；国内有蚂蚁链、长安链、PlatONE 等。从商业逻辑看，多中心化区块链解决的不是一个集体内部的问题，而是多集体之间的协同问题。

前面我们也提到了，多中心化不仅需要依托于"中心化体系"，还需要发挥出"去中心化"带来的效率，多中心化治理归根到底是回答如何处理政府、市场和社会三者之间在不同层面的关系，包括政府和政府部门之间的协同、市场主体之间的供应链协同、政府与市场的协同、政府和社会的协同等。通过多中心化区块链，实现协同的高效化、透明化、服务化。

区块链即服务（BaaS）

一、BaaS 发展概述

区块链即服务（Blockchain As a Service，BaaS）平台，旨在提供创建、管理和维护企业级区块链网络及应用服务，能够帮助用户降低开发及使用成本。通过 BaaS 平台提供的简单易用、成熟可扩展、安全可靠、可视化运维等设计特色，区块链开发者能够满足用户快速部署、安全可靠的需求，从而为企业高效开发区块链应用。

BaaS 服务最早源于微软 Azure 与 ConsenSys 在 2015 年的合作，在其 Azure 环境里面提供 Ethereum 区块链即服务（EBaaS）；2016 年，IBM 宣布将使用超级账本（Hyperledger）提供区块链即服务；后来包括亚马逊、甲骨文等全球科技巨头公司也陆续推出 BaaS 平台。国内方面，BaaS 平台最早用于金融领域，2016 年，微众银行开发的金融业联盟链云 BaaS 发布；2017 年，百度推出区块链开放平台"BaaS"，主要是帮助企业联盟构建属于自己的区块链网络平台；其后包括阿里、京东、趣链等区块链头部企业也纷纷推出了自己的 BaaS 平台。BaaS 平台虽然在国内推行了近五年时间，但在商业方面仍属于起步阶段，不同公司当前市场发展战略也有着较大差异，本文将基于客户细分市场来描述 BaaS 平台如何创造价值和实现价值。

二、BaaS 目标客户

在研究客户细分前，我们需要先清楚"平台"的概念，由于"平台"这个词在信息技术快速发展的今天，含义非常广泛，也经常被滥用，因此清楚"平台"定义后，能够帮助我们更好地理解市场。计算机软件系统分为三种，分别是技术平台、业务平台和应用平台。其中，技术平台（体系和框架、软件设计开发工具和环境）和业务平台（业务逻辑应用和基础架构平台之间的中间层）都是在研发过程中使用的平台，而应用平台通常指企业直接为用户提供服务的平台，也就是用户可以体验各种应用的承载平台。

通过对上面三种平台的描述，我们可以很清楚地将 BaaS 平台归类为业务平台，它能够快速生成业务逻辑组件，并组织、调度业务逻辑组件所需的软件工具和由众多行业经验积累的、成熟的业务组件库。

了解 BaaS 平台的归类后，我们可以开始思考其客户群体是谁。根据平台使用目的，可以总结出四类客户群体：第一类，追求创新的政府机关、行业龙头企业、科技企业，它们看到区块链技术的众多可能性，将成为区块链技术开发和应用的先行者；第二类，公共关系（PR），目前市场上有一批企业出于品牌形象或营销手段，区块链技术仅仅是其宣传的噱头；第三类，追随区块链技术风口的企业，部分企业担心错过风口，在没有清晰目标的情况下盲目跟风投资区块链相关产品和服务；第四类，通过创新技术寻找突破口、解决问题的企业，它们在传统模式下存在追溯、融资、存证等方面的问题。

那么 BaaS 平台对这些企业的作用是什么？ BaaS 平台相当于"开发中台"，汇集着所有区块链开发过程中所需的通用数据库和组件，在部署过程中重复使用即可，能够极大节省项目从 0 到 1 开发过程中的时间并降低其难度，所以如同前面所说，业务平台一般是提供给软件开发人员的工具。换言之，BaaS 平台的目标客户必须有软件开发能力。

（一）追求创新的政府机关、行业龙头企业和科技企业

1. 政府端

普通政府机构需要创新应用平台来优化业务管理，且大多数政府机构没有应用开发能力，所以采购"业务平台"对它们意义不大，通常会选择外包给第三方来完成定制化"应用平台"的开发，或者从科技企业直接采购完整的业务解决方案。因此，政府机构不是 BaaS 平台的直接客户群体，而帮助政府开发应用平台的第三方或提供业务解决方案的企业，是 BaaS 平台的目标客户群体之一。

2. 行业龙头企业

随着中国制造业升级加速，对企业的创新力要求越来越高，龙头企业有着较大业务体量，同时拥有资金保障，一般均选择以自主研发或合作的方式进军区块链。例如，2021 年 2 月 19 日，吉利控股集团与瑞士 Concordium 基金会签署了合作协议，双方将在中国设立合资公司，通过研发区块链底层技术，开发区块链行业解决方案，提供"BaaS"服务，并专注包括数字身份、监管技术、隐私增强技术在内的前沿技术，协助客户在各个行业构建区块链应用场景和解决方案。区块链企业会尝试与各行业龙头企业寻求合作，但推行难度较大，主要原因是各行业龙头企业与区块链技术企业在市场定位上存在竞争关系，所以较难达成合作。联合开发是一个方向，但对区块链公司的品牌知名度及业务能力要求较高。

3. 科技创新企业

据不完全数据统计，当前国内市场 BaaS 平台的现有数量超过 200 个，仅成都一个城市 2020 年就有 14 个。国盛区块链研究院将开发者分为三类：第一类是BATJPH（百度、阿里/蚂蚁、腾讯、京东、平安、华为）等互联网与云服务巨头；第二类是以趣链、唯链等为代表的区块链产业"原生"机构；第三类是新晨科技、四方精创、东港股份等有"传统"产业主营业务（如银行、IT）的公司，提供的区块链服务与自身的主营业务较为相关，聚焦于细分场景。

如图 2-16 所示，科技创新企业第一梯队中包括京东、蚂蚁链、百度这些既能

够服务于自身"传统"产业主营业务，也有能力服务于外部市场的企业。通过官网数据发现，初期阶段 Baas 平台仍然服务于自身业务，例如，京东在其官方宣传中称：京东区块链技术产品将链接京东与合作伙伴。这意味着其主要服务对象仍然是京东现有生态链上的业务。另外，百度在应用场景合作商介绍中包括了百度智库、百度网盘等。第二类企业不同于第一类，没有京东、百度等公司的传统产业支撑，只能向外寻找市场。具体寻找方法要结合市场战略布局讨论，在客户细分中暂不展开讨论。第三类企业主要聚焦现有行业和业务，解决所处行业及自身现有问题，与第一类、第二类企业在某个细分行业存在一定程度的竞争关系。

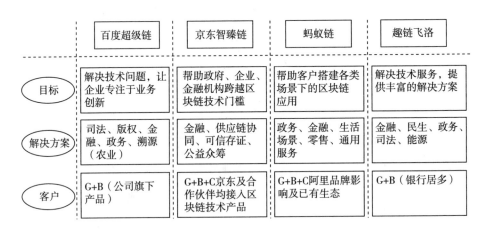

	百度超级链	京东智臻链	蚂蚁链	趣链飞洛
目标	解决技术问题，让企业专注于业务创新	帮助政府、企业、金融机构跨越区块链技术门槛	帮助客户搭建各类场景下的区块链应用	解决技术服务，提供丰富的解决方案
解决方案	司法、版权、金融、政务、溯源（农业）	金融、供应链协同、可信存证、公益众筹	政务、金融、生活场景、零售、通用服务	金融、民生、政务、司法、能源
客户	G+B（公司旗下产品）	G+B+C京东及合作伙伴均接入区块链技术产品	G+B+C阿里品牌影响及已有生态	G+B（银行居多）

图 2-16　4 家公司市场定位及业务对比

资料来源：作者自制。

（二）公共关系（PR）

PR 基本目的是人气，也就是吸引大众的注意力，最终目的是名义和金钱。随着区块链概念的火爆，企业通过各种媒体、渠道来宣传公司开展区块链业务，以此为名吸引股价抬升、投资人注资等。PR 的最佳运作是"在最短的时间内，以最佳的创意和最低的成本，最终实现最大化效应"。从长久的业务发展角度看，这类企业不应该被区块链开发企业归类于客户群体，区块链技术只是其营销手段，而非业务发展需求，区块链开发企业无法从该类企业中获取更多收益和价值。

（三）追随区块链技术风口的企业

不同于 PR 的强烈目的性，追随趋势群体仅仅是焦虑于科技的发展，想通过新技术寻求蓝海市场，在激烈竞争环境中不被淘汰。部分专家所谓的"生于互联网，死于区块链"，让互联网时代发展起来的企业相信：如果不把握区块链的新机遇，会在下一个发展浪潮中出局。这也是当前市场中大多数客户普遍的心理：想上车，但不知道车长什么样？在哪里买票？什么时候发车？目的地在哪里？但他们持有信念，起码车还在向前行驶，没有停滞或倒退。然而，没有目标、追随趋势的这部分客户反而是区块链市场中的主要客户群体，需要区块链技术企业告诉他们以上所有问题的答案，即提供专业咨询和丰富的解决方案。

追随趋势类客户不是 BaaS 平台的目标客户群体，因为这类客户群体的现状是：第一，不知道用 BaaS 来干什么；第二，很多类似企业不具备应用开发能力。区块链技术企业如果要服务这类客户，则不能简单地提供 BaaS 平台，而是要基于 BaaS 平台提供丰富的解决方案，即 BaaS 平台仅仅是工具，最后需要呈现的仍然是完整的解决方案。

相比京东、百度公司打出"技术提供者"的口号，阿里的服务对这部分客户群体更加友好，其 BaaS 平台介绍是："自主研发的具备高性能、隐私保护的区块链技术平台，致力于打造一站式应用开发平台及服务，帮助客户及合作伙伴快速轻松地搭建各类业务场景下的区块链应用，助力实体经济发展。"换句话说，BaaS 平台主要功能是支撑蚂蚁链的内部开发，缩短项目从 0 到 1 的时间，客户采购到的是嵌套了解决方案的应用平台，而非业务平台。

（四）通过创新技术寻找突破口、解决问题的企业

传统企业一直为溯源、存证、融资等老问题所困扰。以溯源为例，企业致力于使用不同方法向客户证明产品的生产信息和流通信息，从最早使用特殊包装，到

后来使用一维码、二维码、防伪码等，都无法完全杜绝供应链上各环节的作假问题，由于参与方多且作假成本低，任何环节均有可能混入残次品或仿制品。在市场端，客户尝试使用各种蛛丝马迹来识别产品的来源和质量。而区块链技术的出现，给了企业一个全新的方向，通过分布式储存、加密计算、时间戳等技术，将过程数据采集并通过时间戳技术证明，增加了供应链上的作假成本，有效解决了传统模式下的信息作假问题。用新技术解决传统模式下的老问题，当前90%以上的落地项目均围绕这些方向。

BaaS平台可以为客户提供相关数据库和组件，方便企业根据自己的业务场景开发具体的应用。在讨论第一类群体时我们提及三种目标客户，也同样适用第四类群体。第一种是有开发能力的企业客户，BaaS平台的直接客户群体，一般企业内部有IT部门的中大型公司；第二种是有技术需求但没有技术开发团队的企业客户，这类客户通常需要完整的解决方案，通常是由BaaS平台提供商附带提供，或者找外包公司完成应用开发；第三种是小型外包公司，打包采购底层链与BaaS平台，帮助中小型企业完成数据上链，缩短从0到1的成本以及降低开发难度。

三、BaaS 价值主张

区块链行业虽然是新兴市场，但各企业的布局速度已远超过互联网时代初期的速度，竞争异常激烈，截至2021年初，已有64317家企业涉及区块链业务。随着区块链技术的快速发展，市场端开始逐步暴露出若干问题，例如，产品同质化严重、难以规模化落地、与企业现有业务冲突等，我们将这些问题定义为"供给推动式"所出现的痛点，接下来将从"需求拉动式"维度为区块链企业寻找发展方向。

在前面的内容中，我们从技术驱动和问题驱动维度将客户细分为四类（见图2-17）：追求创新类（政府、行业龙头企业、科技创新企业）、PR类、追随趋势类和解决问题类。论述的结果（见表2-1）是：BaaS平台的主要客户群体是具有应用层开发能力的追求创新类和解决问题类（包括政府、行业龙头企业、中

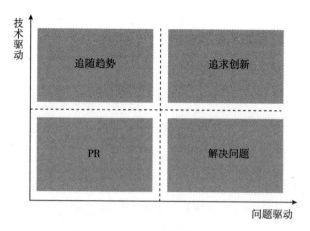

图 2-17　区块链即服务平台客户细分

资料来源：作者自制。

小科技企业），而对区块链技术应用场景不明确的追随趋势类和没有应用开发能力的解决问题类（包括政府和中小型企业），则需同时提供咨询服务和技术支持。

表 2-1　细分群体服务分类

	有应用场景	无应用场景
有应用层开发能力	大中型制造业 / 服务业	中小微科技企业、大中型制造业 / 服务业
无应用层开发能力	政府机构、中小微制造业 / 服务业	政府机构、中小微制造业 / 服务业

资料来源：作者自制。

（一）有应用场景且具备开发能力

1. 客户是谁

相比规模较小的企业，大中型企业一般均设有 IT 部门，大部分公司具备应用软件开发能力；同时，大中型企业在业务创新和优化方面的能力（管理和资金）也具有一定保障。因此，大中型企业，尤其是行业龙头企业，是热衷于区块链技术的群体之一。

2. 客户有什么问题

随着科学技术的迅猛发展和经济全球化，外部环境对大中型企业的冲击越来大，如市场竞争加剧、产品生命周期越来越短（产品迭代速度要求高）、品种数目越来越多、消费者对交货期的要求及对产品和服务质量的期望越来越高、消费者的需求日益多元化和时尚化等；任何一家企业都不可能具备它所需要的全部资源，企业的资源配置并非一个封闭的体系，而是一个将内外部资源统筹、优化的系统；根据资源基础理论，战略性资源是企业核心能力或持续竞争力形成的关键，企业要生存和发展必须积聚优势资源，形成战略优势。

当企业不能拥有其发展所需的所有资源时，就需要以某种形式与外部进行资源交易、融合和共享，进而在内部技术、知识、信息优势的基础上整合形成自身的核心能力，这就迫使核心企业与其供应商、次级供应商、客户等保持空前紧密的关系。因此，当前竞争已从企业与企业之间的竞争转变为供应链与供应链之间的竞争；然而，实际交易中供应链的失败率（未达到预期目标）达到50%~70%，其根本原因在于现实中的供应链多为利益相对独立的多个企业通过联盟或合作组成的分散式供应链，互联网时代解决了供应链信息化问题，但无法很好地帮助参与者进行价值分配。

综上所述，目前龙头企业所面临的问题是：

• 如何进一步通过新技术形成战略优势？

• 如何加强供应链协同发展（信息共享）？

• 如何做好供应链上成员之间的利益分配？

3. 区块链技术解决方案

第一，通过区块链技术实现信息共享，能够进一步加快端（供给端）到端（需求端）的信息流和实物流的流动速度，减少因个性化市场下需求捕捉不准确而导致的"牛鞭效应"，提升交易效率。

第二，通过联盟链，应用区块链技术的智能合约和积分，构筑供应链的治理边界、治理机制、治理目标和治理结构，重塑供应链治理体系框架。这一升级将改变当前的市场营商环境，减少不确定性，交易撮合及合同履约效率都将提升。

4.区块链企业能够提供什么

（1）技术合作。

目前已有市场数据可以看到，为获取更大战略资源及利益，较少有龙头企业愿意委托第三方企业帮助它们开发区块链平台，当前比较主流的合作形式是技术合作，如吉利汽车与 Concordium 合作。

（2）咨询建议。

如 IBM、微软、阿里等公司从技术和落地方面给予创新咨询建议（见图 2-18）。

客户是谁	➡	客户有什么问题	➡	产品/服务建议
大中型企业		• 进一步通过新技术形成战略优势 • 加强供应链协同发展（信息共享） • 做好供应链上成员之间的利益分配		技术合作 咨询建议

图 2-18　需求拉动式分析——有应用场景且具备开发能力

资料来源：作者自制。

（二）无应用场景但具备开发能力

1.客户是谁

第一类是中小微科技创新企业：该类企业与 BaaS 平台提供企业一样，是从技术上帮助政府、大中型制造业/服务业完成区块链应用软件落地。从政府采购网数据来看，从 2016 年至今，60% 的政府项目中标企业是中小微科技创新企业。

第二类是大中型制造业或服务业：如技术驱动的追随趋势类企业，仅了解区块链技术的基本原理，但因自身能力和资源不知道该如何使用新技术。

2.客户有什么问题

第一类，中小微科技创新企业：由于成本低、开发速度快、相比客户有更专业的技术，中小微科技创新企业广受市场青睐。但受制于现金流缺少、融资难，无法保障充足资金用于产品研发和迭代，大多数中小微企业仅有能力进行应用层开发，而较难参与到底层技术及业务层的开发。

第二类，大中型制造业/服务业：公司虽然有 IT 部门，但大多以运营维护为主，只具有基础的开发能力，因此在专业软件开发方面，专业度欠缺，且公司对业务的具体落地场景缺少清晰规划。

3.区块链技术解决方案

第一类，中小微科技创新企业：通用 BaaS 平台能够很好地满足企业底层技术开发和创新能力需求，也能够加快项目从 0 到 1 的落地速度。针对不同资金承受能力的企业提供不同服务套餐，减少资金压力，具体方案将在商业画布成本分析中具体讨论。

第二类，大中型制造业/服务业：对于该类企业，关键瓶颈技术的支撑是顾客价值主张的主要体现，这对于 BaaS 平台的专业技术研发能力要求非常高，也是在同质化产品中能够凸显优势的主要竞争力。及时且具有前瞻性的咨询服务，也能够为该类客户提供价值（见图 2-19）。

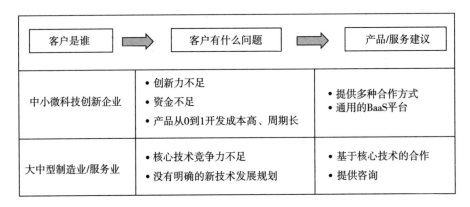

图 2-19 需求拉动式分析——无应用场景但具备开发能力

资料来源：作者自制。

（三）有应用场景但无开发能力 & 无应用场景且无开发能力

1.客户是谁

第一类，政府机构：2019 年 10 月习近平总书记在主持中共中央政治局第十八次集体学习时特别指出，全球主要国家都在发展区块链技术，我们也要利用区块链技术"为人民群众提供更加智能、更加便捷、更加优质的公共服务"。各地也随之将区块链技术发展写进政府工作报告，并从上到下进行区块链技术布局。过去五年的招标记录显示，政府企业一般均选择外包来完成系统开发，而系统的设计工作一部分是委托地方研究院完成，另一部分是通过招标打包给 BaaS 平台提供方一起完成。

第二类，中小微制造业／服务业：中小微制造业或服务业普遍不具备软件开发能力，主要依赖于标准化产品或传统人工作业方式。截至 2019 年底，中国的中小微企业近 2600 万家，占全国企业总数的 97%。2020 年，国家发展改革委等 17 部门联合发起"数字化转型伙伴行动"，助力中小微企业进行数字化转型。

2. 客户有什么问题

（1）政府机构。

2016 年，清华大学发布电子商务交易技术国家工程实验室基于区块链数据保护系统采购中标公告，这也是我国首次公开招标采购基于区块链技术的系统；2017年，有 3 项关于区块链技术相关研究及应用的采购项目，包括政务信息化分析报告、数据库加密及记录存证；2018 年，有 15 项记录，其中 5 项是高等院校关于区块链实验平台的采购项目，其他包括旅游可信平台、知识产权、普惠金融、数据共享；2019 年，有 43 项记录，除 7 项高等院校及科研机构实验平台招标外，应用场景明显更加丰富，包括公证、工业互联网（云）平台、公积金管理、电子发票、医疗数据管理、农产品溯源、智慧市场及北京首次开展大数据治理；2020 年，有 88项记录，这一年区块链技术发展突破单一场景，开始深入挖掘其在政务数字化和产业智慧化的潜能，包括工业互联网（5 项）、智慧城市（包括大数据治理、政务数字化等在内的 44 项）；截至 2021 年 3 月 23 日，已有 15 项发布招标公告，从当前已公开的招标项目显示，政府端从原来的单一场景试水，到现在从全局经济发展角度布局区块链技术，挖掘数据价值，更好地服务于社会。例如，为了避免应用软件重复开发，标准不一等导致的数据孤岛问题，通过采购业务平台（BaaS 平台）来规范政府部门区块链软件开发的标准及减少时间成本和降低开发难度，如《雄安新区自主可控区块链底层技术平台区块链底层基础平台》《北京市西城区区块链基础服务平台》《国家工业互联网大数据中心区块链 BaaS 公共服务平台系统采购项目》等项目。

（2）中小微制造业 / 服务业。

中小企业在发展中受资源、人才、业务能力等方面影响，存在以下问题：

第一，融资难。中小企业融资难是世界性难题，各国的调查普遍发现金融机构的资金不成比例地流入了大型企业，而相同的资金成本下中小企业得到的资金支持力度不足。

第二，盈利难。在很大程度上要归因于结构性因素，包括资源要素成本上升和税收负担加重。

第三，创新难。中小企业的创新难，是指在开拓新的市场、创造新的产品、推行新的管理等方面，具有较高的难度。21 世纪的企业创新，越来越依赖于巨额而密集的研发经费投入。

3. 区块链技术解决方案

（1）政府机构。

第一，深挖核心技术。除上述数据外，其他区块链项目均有一个共同特点，大型项目（1000 万元以上项目）的招标通常不会寻找一个技术提供商完成从 0 到 1 的开发，均会将标的拆分成多个采购包，让具有不同能力的企业承接擅长的板块，从而提升项目的完成质量，同时降低项目的执行风险。如雄安新区标的包括十个采购包，第 2~10 项每个供应商限制投标两项，如表 2-2 所示：

表 2-2 雄安新区区块链底层基础平台采购包及中标情况明细

序号	服务名称	中标单位
1	区块链底层基础平台	雄安新区智能城市创新联合会
2	区块链能力增强系统——高性能共识系统	北京众享比特科技有限公司
3	区块链能力增强系统——支持异构多链的跨链互操作系统	杭州趣链科技有限公司
4	区块链能力增强系统——物联网链网协同系统	东软集团股份有限公司

序号	服务名称	中标单位
5	区块链能力增强系统—区块链上/下行可信数据交换系统	工银科技有限公司
6	区块链能力增强系统—链上多维度数字身份鉴别系统	北京航空航天大学
7	区块链能力增强系统—链上数据隐私安全保护系统	北京启迪区块链科技发展有限公司
8	区块链能力增强系统—区块链可信一体机系统	北京航空航天大学
9	区块链能力增强系统—安全智能合约开发和审计系统	北京国信云服科技有限公司
10	区块链能力增强系统—链上治理和穿透监管系统	北京众享比特科技有限公司

资料来源：作者根据中国政府采购网信息自制。

这要求区块链企业在同质化竞争中有自己的特色和优势，可以是技术方面，也可以是数据处理方面，如跨链技术创新、隐私保护技术创新、数据安全技术创新等。

第二，服务区域核心行业及企业。截至 2021 年 6 月，区块链相关政府项目招标有 188 项，中标单位所属地在当地的企业高达 67.7%。

第三，应用场景发展：从点到面。2017—2020 年，政府招标项目是基于政务管理单一环节进行改革，例如，公积金管理、公证、电子发票等；而现在，从上到下开始有计划、有目标、全方位且系统性地进行政务数字化升级，围绕智慧城市、产业大脑、工业互联网开展布局。《蚂蚁链政务应用白皮书》将数字政务分为三个阶段：①数字政务 1.0 阶段：实现政务服务的电子化、信息化、互联网化；②数字政务 2.0 阶段：基于区块链技术实现跨部门数据的融合和交换；③数字政务 3.0 阶段：智慧化管理，体现前瞻性和治理能力。

中国各省由于经济水平差异，目前在数字政务发展的进度上参差不齐，如浙江、广东等省份已经开启 2.0 阶段并向 3.0 发起冲刺，而甘肃、宁夏、青海等地仍然在 1.0 阶段的初始阶段。

第四，应用覆盖范围：从上到下。当前政府部门形成国家、省、市、县等多层级，应统一部署，避免重复建设，目前主要采用"1+N"的模式，即加强顶层框架设计，在平台层建设统一的地方政务区块链平台；在应用层，则鼓励百花齐放，通过跨链技术实现链与链的互联互通。

（2）中小微制造业／服务业。

随着区块链技术的发展，在银行融资领域应用已经有多种解决方案。近年来各大银行纷纷响应国家扶持中小微企业发展号召，与区块链公司展开合作，推出如基于核心企业信用的应付账款拆转融资模式，基于实物资产数字化的采购融资模式，基于多而分散的中小微再融资模式，基于历史数据／采购招标的订单融资模式等。在业务方面，中小企业同样存在多个场景的改革需求，但受制于现金流缺少，较难承受市场上各类区块链产品的报价，目前仍需依赖政府单位从上到下的普惠政策支持（见图2-20）。

客户是谁	客户有什么问题	产品/服务建议
政府机构	• 系统集约化程度低（重复建设） • 系统开发未以用户为本 • 数据烟囱导致的数据孤岛 • 系统开发标准不一，周期长 • 开发方式和方法落后 • 数据安全无法保障	深挖核心技术 服务区域核心行业及企业 应用场景发展：从点到面 应用覆盖范围：从上到下
中小微制造业/服务业	• 融资难 • 盈利难 • 创新难	依赖政府单位从上到下的普惠政策支持多方式合作提供技术解决方案

图 2-20 需求拉动式分析——有应用场景但无开发能力 & 无应用场景且无开发能力
资料来源：作者自制。

区块链 + 工业互联网

美国国家科学技术委员会 2012 年推出的"先进制造业国家战略计划"，德国 2013 年提出的"工业 4.0"，中国提出的"中国制造 2025"等，全球展开了新一轮的科技和产业革命。但截至目前，各国在对工业互联网探索和实践中形成了不同认识。根据我国工业互联网产业联盟（AII），工业互联网平台应从宏观层面和技术层面两个维度定义：

从宏观层面看，工业互联网通过工业经济全要素、全产业链、全价值链的全面连接，支撑制造业数字化、网络化、智能化转型，不断催生新模式、新业态、新产业，重塑工业生产制造和服务体系，实现工业经济高质量发展。

从技术层面看，工业互联网是新型网络、先进计算、大数据、人工智能等新一代信息通信技术与制造技术融合的新型工业数字化系统，它广泛连接人、机、物等各类生产要素，构建支持海量工业数据管理、建模与分析的数字化平台，提供端到端的安全保障，以此驱动制造业的智能化发展，引发制造模式、服务模式与商业模式的创新变革。

相比而言，德国聚焦于制造业，通过物联网技术采集设备数据并分析数据，赋能于制造业升级；美国主张将实体制造业布局全球，依靠强大信息技术，在虚拟经济领域占领统治地位；中国最初参考德国"工业 4.0"，后期将数字化改革面向全产业链，而不局限于制造业。

一、工业互联网发展概述

（一）为什么要发展工业互联网

从宏观方面，我国工业经济正处于从数量和规模扩张向质量和效益提升转变的关键期，支撑发展的要素条件发生深刻变化，面临发达国家制造业高端回流和发展中国家中低端分流的双重挤压，迫切需要加快工业互联网创新发展步伐，推动工业经济从规模、成本优势转向质量、效益优先，促进新旧动能持续转换，快速构建我国制造业竞争优势，抢占未来发展主动权；从技术方面，传统封闭式运营技术（OT）系统通过信息和通信技术（ICT）互联，耗资较大且技术实现难度较大，通过工业互联网可以降低技术门槛。但我国发展工业互联网，仍有众多阻碍需要克服，具体如下：

第一，随着工业控制器、传感器等越来越多的设备连入云端，传统以云为中心的模式将不能满足对海量设备数据进行实时处理的要求。

第二，工业控制、工业机器人等场景对网络时延的要求极高，需要控制信令实现端到端的精确送达。只有保障 5G 网络环境下时延与时延抖动需求，才能实现上述场景中多个控制系统的协作，如机械手臂的联动、工业设备的同步加工等。

第三，数据密集型应用需要高效率地完成海量数据并发处理，单一计算架构难以满足所有业务诉求。为了能够让丰富的工业场景更经济、高效、简易地使用 ICT 技术，并对于各类典型的使用场景都能形成经济型适配的技术栈组合，使得 ICT 技术能够在工业知识的生产过程中的导入成本进一步下降，形成在设计仿真、生产制造、供应链协同、运维服务等环节适配的知识生产工具，如图像处理技术（GPU）、基于 ARM 的边缘计算、人工智能芯片的智能计算等技术不可或缺。

第四，工业企业在长期的数字化转型建设过程中，形成了大量的烟囱系统，数据孤岛林立，数据和应用没有打通并形成合力。跨部门和跨地域的协作存在大量需要人工介入的业务流断点，这些零散的业务流断点导致了工作效率的低下和知识在传递过程中的失真。同时，大量的异构数据和蜘蛛网式的集成需求使企业现有的 IT 能力难以有效应对。

第五，数据安全性难以保障。传统 OT 系统不对接互联网，形成数据物理防御屏障；未来网络对接工业 OT 系统，对接每台设备，将对数据安全性保护提出很大挑战。

第六，缺少对数据真正价值的挖掘和分析，无法有效形成核心的价值知识资产支撑决策以达到组织与产品优化、业务创新等数字化转型的目的。

第七，制造业作业过程黑箱化，机理不清，面临着环境开放、信息不完全、规则不确定等难题。

（二）工业互联网新型体系架构的关键因素

工业互联网新型体系架构的核心价值为工业企业构建新的"数据 + 行业知识"（工业 Know-How）驱动的应用架构提供了智能化数字底座。

第一，工业互联网平台的推进需要考虑既有投资和实现主业务的平滑演进。

第二，新架构需要考虑与企业存量系统（基于"ISA 95"架构，如 PLC、DCS、MES、ERP、BI 等）的无缝集成和如何过渡。目前采用"双活运行"，将存量系统的数据实时集成到工业互联网新型架构的数据湖中，未来将基于新架构建起新的数字化应用，根据需要把存量系统的应用逐步搬迁到新架构。

国际数据公司 IDC 与华为云联合发布的《工业知识与 ICT 技术深入融合——驱动产业生态重构》报告中，为实现工业互联网功能，将新型体系架构关键要素分为网络（连接设备）、平台（汇聚数据、智能生产）、安全、数字孪生、工业智能（数据价值挖掘）、应用等，通过与传统工业体系架构之间相互作用、深度融合，构成了"端—边—云"协同发展的新型工业体系架构。

1. 网络

网络是工业互联网的基础，为人、机、物全面互联提供基础设施，促使各种工业数据的充分流动和无缝集成。过去二十年时间，制造业致力于向两个方向发力，第一个是智能制造，第二个是 5G 技术。制造业经历了人工、半自动化、自动化，再到现在的智能化，此过程对网络的要求越来越高；智能制造过程中，云平台和工厂生产设施需要实时通信，海量传感器和人工智能平台的信息交互、与人机界面的高效交互，对通信网络有着多样化的需求和极为苛刻的性能要求，即低时延、高可靠、大带宽的网络支撑。如图 2-21 所示，5G 技术不同于 2G、3G、4G，不是单纯的一种技术，而是一组协议，其中包含了三类技术：第一类是增强移动宽带 eMBB，超高的无线宽带接入，峰值可以达到 4G 的 100 倍；第二类是超高可靠性、低时延通信 URLLC，这将允许更多产品进行远程操作，如无人驾驶车辆，需要实时监测车辆周边环境数据，并且回传至数据中心分析，再通过及时指令指导其安全运行，在这一过程中高可靠、低延时网络非常重要，而 3G 技术延时达到 500 毫秒，4G 技术延时为 50 毫秒，5G 技术延时则降至 5 毫秒，能够有效支撑无人驾驶车辆的运行；第三类是大规模连接物联网 mMTC，针对大规模物联网的应用，避免单位面积出现大规模网络连接时发生卡顿、延时问题。例如，德勤预测上海某全球领先的汽车配件企业，每年需要采集的工艺生产数据和过程数据达到千亿条级别，同时未来数据将不限于结构化数据，可能会出现图像、视频等非结构化数据，这些对网络的要求非常高。

5G 一般适用于手机、无人机、车联网等室外或移动应用场景；而对于光纤可达场所，如家庭、企业、医院、工厂等固定性、大宽带、低时延和高安全的场景，F5G 则更加适用。F5G 是指第五代固定网络，即光纤宽带，相比上一代通过光纤宽带连接了千家万户，这一代 F5G 将扩展到工业、农业等更多领域，能够连接到每一个工厂、每一台设备，带动整个国家产业的信息化全面升级，以 10G PON（2B 场景下对称宽带上下行速率相比 1G PON 带宽均提升 4 倍）、Wi-Fi 6、200G/400G 等技术为代表，将网络延时从原来的毫秒级降低到微秒级，能够实现更多设备的监控。

2. 平台

通过网络可以实现工业设备作业数据实时传输，但这些数据该如何使用？传统

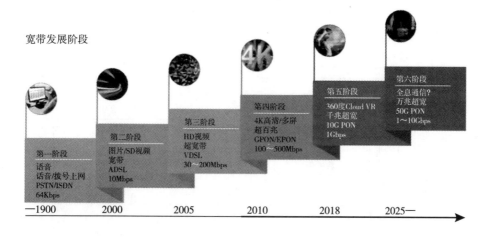

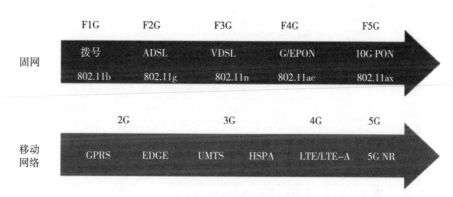

图 2-21　有线及无线网络的演进

资料来源：https：//www.sohu.com/a/412020413_121369？_trans_=000014_bdss_dkamhg。

中心化本地平台或云平台难以支撑海量数据的处理，通过线下人工分析更是难上加难。在此背景下，工业互联网平台成为核心，是构建基于工业海量数据采集、汇聚、分析并通过工业互联网平台沉淀为知识，支撑制造资源泛在连接、弹性供给、高效配置的载体。工业互联网平台是工业云平台的延伸发展，其本质是在传统云平台基础上叠加物联网、大数据、人工智能等新兴技术，构建更精准、实时、高效的数据采集体系，构建包括数据存储、集成、访问、分析、管理功能的使用平台。如图 2-22 所示，当前市场主流的工业互联网平台通常由现场设备层、网络连接层、智能边缘层、工业 IaaS 层（基础设施即服务）、工业 PaaS 层（平台层）以及工业 SaaS 层（软件即服务层）组成。

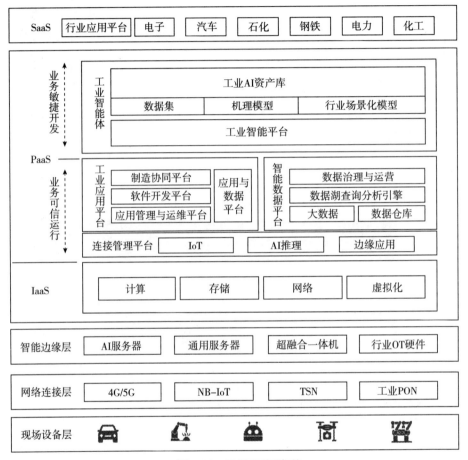

图 2-22　工业互联网架构

资料来源：IDC，华为云.工业知识与ICT技术深入融合——驱动产业生态重构［EB/OL］.（2020-11-24）［2021-07-08］.https://www.huaweicloud.com/about/techwave_industrial/whitepaper.html.

目前市场已有的工业互联网平台高达 600 多个，较为活跃的有 70 余个。 如图 2-23 所示，赛迪研究院将航天云网、树根互联和东方国信 3 家国内著名企业的工业互联网进行对比，3 家企业的架构采用了经典的"设备层 +IaaS+PaaS+SaaS"

框架，而在具体功能上存在一些区别，比如树根互联有边缘计算部署服务，其他两家暂无；IaaS 层树根互联使用了第三方的腾讯云服务，而其他两家均为自建；PaaS 层大体功能相同，东方国信的行业细分更加明显，数据分析围绕一些涉及传热流体力学的工业环境。从技术上看，国内的工业互联网平台的同质化较为严重，市场竞争则体现在数据采集层所能支持的 API 协议类型，在数据处理方面所能支持的训练模型，以及针对于中小企业标准化的工业 App，或其他增值服务和影响。

	航天云网	树根互联	东方国信
工业 App	• 智能研发 • 精益制造 • 智能服务 • 智慧企业	• 工程机械预测性维护 • 物联网金融 • 能力分享	• 横跨炼铁、能源、空压机、工业锅炉、资产管理等7个行业 • 设备安全预警、工艺优化、能源管控、设备诊断、决策支持等App
工业 PaaS	• 微服务：提供流程建模、仿真建模、人工智能建模、大数据分析算法库等微服务组件	• 微服务：机械设备模型构件微服务、机器学习算法、资产信用评估	微服务：数据挖掘和机器学习算法、反应工程学模型、传热流体力学模型、设备诊断模型等
IaaS	• 自建内蒙古、贵州两大数据中心，拥有自主可控IaaS平台	腾讯云	自建云计算中心
数据采集层	• Smart IoT系列智能网关接入产品	• 云盒：通信模组、网关、边缘模组	• BIOP-Link：支撑多系统部署、多协议解析的智能网关 • 开发监测高炉的专用传感器

图 2-23　3 家公司的工业互联网平台对比

资料来源：赛迪工业和信息化研究院．工业互联网产业大脑平台 1.0 及工业互联网大数据应用白皮书〔EB/OL〕．（2021－04－28）〔2021－04－29〕．https：//www.ccidgroup.com/info/1096/32994.htm.

除国内工业互联网对比外，如图 2-24 所示，赛迪研究院还进行了国内外工业互联网整体对标分析。总体而言，当前我国工业互联网发展仍需在自主知识产权（如协议和标准）和核心技术方面（如芯片等）方面做出进一步努力。

3. 安全

工业互联网给行业带来数据红利，与之并存的是风险。如果企业数据外泄，被竞争对手获取或被恶意攻击者获取，将会给企业带来致命性打击。Gartner 曾对

	国外现状	国内现状	对标分析
工业App	• 美、德等垄断了传统的工业软件市场 • 拥有Oracle、西门子、SAP等软件巨头 • 形成了完整的开发者社区和海量开发者 • 正在涌现出一批新型的工业App企业	• 高端工业软件主要依赖进口 • 开发了少量工业App，在数据科学研究领域有一定基础 • 缺乏工业App开发者社区	• 起步晚、认识不充分 • 开发者数量少 • 开发者社区建设经验不足
工业PaaS	• 美、德在机械、汽车、航空、船舶等行业拥有上百年的工业知识、经验、方法的积淀（工业机理+数据科学） • 具备将核心经验知识固化封装为微服务能力以及平台资源整合能力	• 工业技术知识薄弱，工业机理、工艺流程、模型方法经验和知识积累不足，算法库、模型库、知识库等微服务提供能力不足	• 整合控制系统、通信协议、生产装备、管理工具、专业软件等各类资源的能力不足集业务流程咨询、软件部署实施、平台二次开发、系统运行维护等于一体的综合能力欠缺
IaaS	• 美国主导全球IaaS生态演进，拥有亚马逊、微软、谷歌、IBM等领导厂商德国SAP	• 阿里、华为、腾讯等云计算能力居全球前列	• 同步于全球水平 • 技术实力方面中美差距不大
数据采集层	• 美、德制造企业数字化、网络化水平较高 • 垄断了全球的工控设备和通信协议 • 拥有强大的数据采集、协议转换、边缘计算能力	• 95%的中高端PLC市场、50%以上的DCS市场被跨国公司垄断 • 设备数字化率44.8%、联网率39%	• 缺乏有影响力的工控企业、通信协议 • 缺乏完整的行业数据采集方案

图 2-24 国内外工业互联网平台对标分析

资料来源：赛迪工业和信息化研究院 . 工业互联网产业大脑平台 1.0 及工业互联网大数据应用白皮书〔EB/OL〕.（2021-04-28）〔2021-04-29〕.https：//www.ccidgroup.com/info/1096/32994.htm.

全球超过 3000 位 CIO（首席信息官）做了调研，在新技术的使用中，安全因素顾虑占到了非常高的比例。解决安全问题，隐私计算是当前主要方向，其中包括三大方法：联邦学习、安全多方计算、可信计算。

（1）联邦学习。

一种分布式机器学习技术和系统，包括两个或多个参与方，参与方通过安全的算法协议进行联合机器学习，可以在各方数据不出本地的情况下联合多方数据源建模和提供模型推理与预测服务。联邦学习分为"横向联邦学习"和"纵向联邦学习"。

（2）安全多方计算（MPC）。

一种在参与方不共享各自数据且没有可信第三方的情况下安全地约定函数的技术和系统。通过安全的算法和协议，参与方将明文形式的数据加密后或转化后再提供给其他方，任一参与方都无法接触到其他方的明文形式的数据，从而保证各方数据的安全。

（3）可信计算。

借助硬件CPU芯片实现可信执行环境（TEE），从而构建一个受保护的"飞地"（Enclave），对于应用程序来说，它的Enclave是一个安全的内容容器，用于存放应用程序的敏感数据与代码，并保证它们的机密性与完整性。

（4）三种方法的主要区别。

联邦学习能够在各方数据不出本地的情况下完成模型训练，各数据库从中央服务器下载初始模型并使用本地数据对模型进行训练，训练完成的模型会被回传至中央服务器进行汇总和优化，优化完成的模型会再次被各数据库下载并对模型继续训练，多次重复上述流程直至模型梯度达到要求后才会停止训练，这个过程中数据一直储存在各方本地数据库且不会被其他合作方看到；安全多方计算是将本地数据加密或转化后，再提供给使用方进行数据学习，做到"数据可用而不可见"；可信计算是通过软硬件一体化保证数据安全，首先要做到远程可信身份和可信环境验证，其次要建立可信信道，再将数据在"飞地"中密封，该"飞地"承担着数据的密封和解封过程，如数据要离开此处，均须将数据加密。相比联邦学习和安全多方学习这两种纯软件方法，可信计算的软硬件一体化具有较高的通用性、易用性和较优性。

（5）三种方法在现实使用中存在的若干问题。

虽然联邦学习在机器领域的应用已经比较成熟，支持联邦逻辑回归、联邦XGBoost等，但在深度应用领域仍在探索中；安全多方计算现有算法需要耗用的计算和通信资源较多，当前只能支持相对简单的小规模数据量统计、查询等；可信计算的安全假设是基于对可信执行环境 TEE 的信任，也就是信任硬件 CPU 芯片厂商不会作恶，此外，侧信道攻击也成为不可忽视的攻击向量，需要关注相关漏洞和研究进展。

数据安全未来发展主流方向仍是在数据不出本地情况下，实现数据建模分析，从而减少数据在协作中的泄露风险。随着政府加强对数据采集和数据使用的监管，从技术层而言，相关企业在数据采集和使用方面需要满足数据最小化、完整性和机密性原则要求。

4. 数字孪生

数字孪生是充分利用设备模型、历史数据、实时数据，在数字空间中构建物与物、物与空间、物与人等复杂关系，从而实现在数字世界中构建与物理世界的实时同步，实现设备布局、生产效率、作业流程等精准分析，打造实时可感知的动态工业现场，激活工业数据的最大价值。

5. 工业智能（工业 AI）

工业互联网平台本身只是提供了一个软件、系统、数据的集成场所，如果没有相应的功能配套，也就缺少了平台集成的意义，其中工业智能是这些配套功能中最重要的功能之一。工业智能是将通过网络传输到平台的海量业务数据进行模拟训练，结果可赋能于研发、生产等不同环节，提升产量、优化产品，缩短研发周期，减少订单供应链前置期，更高效且低成本服务于终端市场。工业 AI 的优势体现于其根据最新数据不断迭代而完善模型结果。在企业内，可以在生产前通过数字孪生给出最优排产计划，生产过程中做到对生产线的监控及预警，生产后对模型及产品进行优化；在产业链上，打通数据孤岛，做到协同化生产、产能共享，减少供应链上、下游库存，做到供应链可视化管理，以及以客户需求为导向的产品闭环管理，生产方式更加的定制化、柔性化。

关于工业智能，由于数据隐私性要求，较多企业不愿意将数据输出本地，但边缘计算很好地帮助企业解决了这方面问题；而对于对实时性要求不高的数据，可以通过云计算进行。即云计算聚焦非实时、长周期数据的行业机理分析，支持周期性维护以及业务决策；而边缘计算聚焦实时、短周期现场数据分析，减少了到中央存储库的回程通信量。

6. 应用

对于相关方（供应链参与者、终端的政府、企业和个人客户等）而言，前5项均是隐性红利，显性红利则体现在应用层面，这是所有参与者及客户能够接触到的，是指挥参与者的工作，是增加客户体验感的主要载体。

工业应用涉及数据预处理、数据建模、模型部署和管理、模型评估等多方面技术：①传感、网络、计算技术及数字化让更多对象和问题以数据的方式呈现出来；②工业问题的抽象化，搭建了算法应用的桥梁，强化了制造企业的数据采集和处理能力、信息融合和分析能力、知识提取和洞察能力、决策自主和执行能力、价值创新和实现能力。

（三）工业互联网发展目前痛点

工业互联网的发展跟消费互联网、信息互联网有本质性区别。消费互联网，需要做好供需双方的信息对接、解决支付和物流问题，场景共性较强，一套模式可以满足整个市场需求；但在工业生产领域，很多场景都存在大量由工人长期经验积累而形成的默认知识，利用数字化将这些知识沉淀融入 AI、边缘计算，具有很大挑战。因此，在工业互联网的发展过程中，要避免过程中的惯性思维，需要分行业推进，每一个具体行业、具体企业，其专属技术特征均存在差异，进行数字化转型和改造有难度和门槛。

第一，ICT 系统存在的威胁和挑战势必会带入工业 OT 网络，如病毒攻击、非法访问、资源争夺等，使得工业互联网与传统的工控系统安全和消费互联网安全相比，面对安全挑战的任务更为艰巨，包括工业网络、工业控制、工业数据、终端接入、工业应用五个层面。

第二，当前工业互联网平台技术单一，数据分析能力薄弱，数据赋能企业发展能力有限；此外，关键核心技术受制约较多，如高端芯片等硬件设施、分析软件等专利问题。

第三，资金问题。如三一重工、海尔集团等行业龙头企业已完成自身工业互联网平台建设，且已进入功能迭代期；但中小企业目前还在着手于"哑设备"改造，且无资金及技术建设工业互联网平台，它们主要依赖于行业龙头开放工业互联网平台，将它们的 OT 集成。但这种方式不利于产业生态健康发展，有可能会助力部分龙头企业滥用自身优势地位侵害其他主体利益。

二、基于区块链的分布式认知工业互联网

社会经济分为生产和流通两个领域，中心化工业互联网平台使用数字化技术替代信息化技术解决的是生产领域问题，而基于区块链技术的分布式认知工业互联网解决的是流通领域的数据信任问题，但流通领域数据又会影响到生产领域的产品研发、产品质量管理等。

（一）降低信任成本

商业模式正在从单边（规模效应）走向双边（网络效应），进入数字化时代后走向多边平台（生态效应）。中心化方式似乎也能够解决信任问题。但中心化模式下的信任主要依靠第三方权威机构的背书，这种方式成本高、效率低。例如，国际贸易买卖双方在不信任的情况下，通过银行背书使用信用证服务解决付款问题。为满足银行要求，双方需要提供大量的证明来满足信用证条款，效率非常低下且成本高昂。但如果使用区块链技术，将真实数据从源头上链，可以保证数据安全、可信以及不可篡改。交易前，买卖双方拥有彼此过往真实的交易记录，以及产品的生产信息，这些信息是否会有助于降低交易的撮合成本？在交易过程中，通过智能合约的应用，一旦达成某个约定即可自动完成付款，这将会极大降低交易成本和交易时间。尤其进入多边平台，如果仍然使用中心化的信用证明体系，将无法构筑生态建设的护城河——信任。

（二）重新定义协作关系

供应链多方合作，中心化的共识机制和治理方案更多体现在合同层面，无法将彼此的利益真正绑定，较难促进生态的良性发展。在去中心化解决方案中，参与方将资产以积分形式置于链上，从技术上实现多方利益绑定，一旦任何一方做出有损生态建设的行为，都将会影响积分价值，这会影响联盟链上所有参与者的利益。在分布式认知工业互联网平台中，联盟中每个参与者都会积极维护生态利益，因为这也等同于维护着自己的利益。

（三）可信数据流转

在产品研发或产品全生命周期管理中，流通数据需要工业企业从下游多个合作商处获取。而传统技术下难以保证数据真实性和安全性，在分布认知工业互联网中，隐私计算能够做到多方数据可用不可见，保证数据安全及合规。此外，根据数据贡献量给予合作商积分奖励，鼓励多方数据共享及流转。未来数据交易市场可能会出现更多合规的形式，如基于区块链技术的数据信托、数据银行等模式。

（四）保证数据安全

传统模式下，工业企业依靠于物理隔离实现厂内数据与外界的隔离，但在 OT 与 IT 融合下物理隔离屏障被打破，如何保证数据出本地后的安全则需要依靠多方共同努力。在设备通信中，需要做好设备身份认证管理，防止数据被攻击，而分布式认知工业互联网平台通过设备公私钥实现匿名管理，有效降低了攻击风险。在数据存储中，采用分布式存储技术，即使单点攻击也无法让攻击者获取完整数据。

（五）赋能商业模式创新

可信数据将开启全新的商业模式创新时代，每个组织的商业角色都有可能会发生改变。传统商业模式（供给推动模式）下，信息是非常碎片化的，供应链上不同参与者都拥有一部分产品相关的碎片数据，用这些不完整的数据去做产品升级、客户服务，难以达到最佳目的。随着技术的发展，市场开始根据消费习惯、消费特征等因素挖掘每个消费者的需求，制造方式也从 M2C（生产厂家对消费者）进入 C2M（用户直连制造）时代，这些都需要有更多完整、可信、合规的数据。例如，电动汽车并不是所有人都需要 1000 千米续航的电池，通过区块链技术，用户可以将驾驶数据授权给电动汽车公司，为其配置最合适、性价比最优的电池。再如，汽车保险不再以车辆价值、出险次数等作为保险费用收取的单一指标，未来可能会基于可信里程数据进行保险费用的收取。除了商业模式的变化，每个组织的商业角色也可能会发生变化，电动汽车生产厂商的角色将从生产商转变为服务商。以蔚来汽车为例，其车电分离模式实现了以租代售，让汽车生产厂商的业务延展到产品全生命周期的管理中，这些模式创新仅仅是数字化时代的开始。

区块链 + 智慧城市

一、智慧城市发展概述

根据经济合作与发展组织（OECD）预测，到 2050 年，世界人口总数将上升至 90 亿，而其中有 70% 的人口生活在城市里。为应对由于城市人口增长而带来的交通拥堵、污染、资源稀缺、医疗不足等方面的挑战，包括中国、新加坡、迪拜、美国旧金山等国家或城市都加入到城市数字化转型大军中。我们可以用"smart""intelligent""digital""cyber""informational"等词来形容城市的未来，但是目标都是一样的，即促进效率、保持可持续性及城市竞争力，提升城市经济水平及提高居民生活质量。

（一）数字城市与智慧城市的对比

1998 年，美国副总统戈尔在加利福尼亚科学中心的开幕典礼上从地理信息角度首次提出"数字地球"概念，中国学者特别是地学界的专家们意识到"数字地球"的价值，一致认为该战略将会是推动国家信息化建设和社会经济、资源环境可持续发展的重要武器。2000 年左右，我国逐步衍生出"数字中国""数字省""数字城市""数字化行业""数字化社区"等名词。2002 年，Michael Grieve 提出"数字孪生"，这是数字城市发展的一个里程碑的时间节点，他首次指出数字孪生是数字世界对物理世界的映射[1]。除数字孪生外，2006 年，杭州推出"数字城管"项目，是我国首批数字化示范项目之一，该项目的实施有效提升了杭州市城市的管理效率。在数字化给城市生态管理带来显著提升作用后，2008 年 IBM 又提出了"智慧地球"愿景，"智慧城市"也是从中衍生而出，这是对数字城市的一次完美升华，通过对城市各项关键信息的整合，对公共安全、城市服务、工商业活动这些需求做出智慧化响应，智慧城市的提出，是实现"数字城市"里人的信息互联向"智慧城市"里人、物、机全面互联发展。

1. 数字城市

数字城市狭义上指以计算机技术、多媒体技术和大规模存储技术为基础，以宽带网络为纽带，运用遥感、全球定位系统、地理信息系统、虚拟仿真技术等，对城市进行多分辨率、多尺度、多时空和多种类的描述，即利用信息技术手段把城市的过去、现状和未来的全部内容在网络上进行数字化虚拟实现。

数字城市广义上指城市的信息化，它既是城市信息化总的概述，又是城市信息化的目标，即用数字化的手段来处理、分析和管理整个城市，促进城市运行的通畅和协调。

下面是以数字政府举例说明数字城市建设的四个阶段：

第一阶段：网络基础设施的建设阶段。这一阶段主要是完成城市网络设施的建设，以及政府和企业的门户网站建设。1998 年，我国第一个严格意义上的政府网站"青岛政府信息公开网"建立，政府网站的建设在探索中前进。

第二阶段：市政府和企业内部信息系统建设阶段。2002 年，70% 的地市级政府在网上设立了窗口，进行信息公开；2006 年，中央政府门户网站正式开通，各级政府部门自上而下的协同建设政府网站体系基本形成；2007 年，西藏自治区政府网站开通，标志着我国省级网站建设全面完成。

---

[1] Concetta S., Mario L., Herve P., Michele D., Digital twin paradigm: A systematic literature review [J].Computers in Industry, 2021, 130: 103469.

第三阶段：市政府、企业上下游借助互联网实现互联互通阶段。随着"互联网+"的发展，政务网站建设进入全新的阶段，2014年6月，浙江政务网正式开通运行，这是全国首个省、市、县一体化的网上政府服务平台。政府部门开始了网上办事服务，市民无须走出家门即可完成部分手续的办理，如开具证明、缴费、报名等。

第四阶段：网络社会、社区及数字城市形成阶段。2016年，浙江省提出"最多跑一次"的政府服务改革目标，通过"一窗受理、集成服务、一次办结"的服务模式创新，让企业和群众到政府办事实现"最多跑一次"的行政目标，通过政务云服务，能够一网通办。2017年，贵州省提出打造"数字政府"，依托"云上贵州"平台，挖掘大数据的政用价值，推行"互联网+政务服务"。

2. 智慧城市

对于智慧城市当前没有权威的定义，其概念处于摸索阶段，不同国家和地区提出了不同的发展计划。例如，香港特区政府于2017年首次发表《香港智慧城市蓝图》，目标是把中国香港建设成世界级智慧城市，发展策略涵盖了六大范畴，包括智慧经济、智慧政府、智慧出行、智慧生活、智慧环境及智慧市民。新加坡作为智慧城市建设领跑者，从2006年公布了"智能城市2015"计划，在完成相关建设目标后又于2014年发布了"智慧国家2025"计划，该计划围绕"连接""收集""理解"的3C核心理念，积极布局智慧政府基础设施。一是搭建城市数据库系统（data.gov.sg），开发包括公共数据和私人数据在内的"数据市场"，该举措有利于打破数据提供者和使用者之间的界面障碍，从而促进数据分享和多领域开发；二是构建"虚拟新加坡"平台，汇集公共部门收集的图形和数据，做出可视化仿真模型，帮助相关部门进行公共资源布局、设计、异常事件仿真等；三是广布智能传感设备，新加坡是第一个采用"传感器通信主干网"技术设计的国家，在新加坡，所有交通工具都需要安装一套政府的导航系统，这套系统可以在后台随时检测汽车的位置，并提供大量可供分析的数据，如车辆安全、交通状况、尾气排放等。

从技术角度定义，智慧城市是基于物联网、云计算等新一代信息技术以及社交网络、智能搜索、智能分析等工具和方法，实现城市信息全面透彻的感知、宽带泛在的互联以及智能融合的应用。无所不在的传感网络将实现城市部件的实时感知与自主联网，地理信息系统将水、电、气、交通、环境等基础信息与特定时空下的城市事件紧密关联、实时融合，将全面满足城市人与物的联通、管理、响应的需要。在这个环境中，各种传感器能够方便接入城市信息网络，确保来自任何空间位置的信息源，能在任何时候经过接入、关联、融合等处理后发送并服务于在任何地点且有相应权限的数据管理与更新服务器，实现人与人、人与物、物与物之间按需进行信息获取、传递、存储、认知、决策等。

2016年，在智慧城市的基础上，中国工程院院士、阿里巴巴首席技术官王坚提出"城市大脑"，且目前尚无统一定义。例如，有专家将城市大脑定义为类脑智能复杂系统或城市智慧中枢，也有专家将城市大脑视作一个综合物联网、大数据、云计算、人工智能的共性技术承载体，还有专家认为城市大脑是通过人工智能系统对城市各个部分进行管理和控制的信息系统与城市新型基础设施。但城市大脑绝不等同于智慧城市，也不是智慧城市的升级版。从应用目标、数据来源和应用领域看，"城市大脑"的主体应该仍然是智慧城市，但是整个方案突出了平台的人工智能感知、分析和决策能力建设。因此，城市大脑并没有改变智慧城市的基本架构。

3. 数字城市与智慧城市的区别

（1）数字城市强调基础、智慧城市强调应用。

智慧城市建设的基础是数据，因此，智慧城市是数字城市发展的深化，数字城市强调的是数据看得见、有得用，注重基础、以数据为主导；而智慧城市则是考虑如何将已获取的数据反向运用到城市中，用数据来驱动城市治理的现代化、产业发展的智能化和市民生活的便捷化。用视频监控举例说明两者之间的区别，在数字城市阶段，通过布局在城市各角落的摄像头，收集到不同场景数据。数据的使用被分为两个阶段：

第一个阶段是事后管理，即取证作用。通过视频记录过去一定时间段的画面，当有异常情况发生时，通过调取记录来寻找线索。这个过程以人工作业为主，效率极其低下，且视频储存量要求极大，一般会定期删除视频，时间过久则无法追溯。

第二个阶段是事中管理。将算法模型内置于终端系统，当符合模型算法场景出现时，系统会自动提醒。在这种模式下，主要依赖于系统监测模型的准确性。

而在智慧城市阶段，摄像头中均内置了 AI 芯片，通过视频结构化处理，能够实时分析视频中的内容；同时通过机器学习，对分析模型进行迭代优化，能够极大程度提升视频处理能力，精准识别目标对象轮廓、体貌特征等，用特征数据与公安系统进行匹配对照，能够有效识别个人身份。当遇到安全事件，能够通过特征数据快速识别个人信息。视频数据不只是监控本身，而是能够有效与城市其他数据库交互，实现智能性、可预见性、自我学习性。

（2）智慧城市相比数字城市具有更强智能性、可预见性、自我学习性。

相比数字城市的事后管理，智慧城市在 5G、物联网、AI 等技术的加持下，实现城市数据的实时采集传输，通过 AI 算法，能够对于未来可能出现的问题进行提前预警，同时通过数据积累，以机器学习作为技术工具，不断进行模型更新、纠错和进化，从而达到适应复杂多变的城市环境、不断提升城市治理能力的目的。

（二）智慧城市发展现状

根据雷锋网对浪潮集团、中国系统、Gartner、腾讯等多家企业及机构的访谈记录，截至 2020 年底，全国已有数百个城市宣布建设智慧城市，同时阿里、腾讯、浪潮、中国系统、华为、百度、科大讯飞等数百家科技企业宣布进军智慧城市领域。虽然都叫智慧城市，由于缺乏统一标准，每个厂商的出发点和侧重点各不一样，也就导致目前业界对智慧城市的认知众说纷纭。比如杭州以阿里的"城市大脑"为核心，主要考虑人工智能对智慧城市的影响；上海从生活、经济、政府角度出发，要实现泛在化、融合化的智慧城市；深圳市建立发展公共服务，达到绿色健康的智慧城市等。而从技术角度，各种"大脑"成为当前主流发展方向，阿里的"城市大脑"、华为的"智慧大脑"主要强调城市的数智化，挖掘数据价值并赋能于城市治理。关于各种"大脑"的定位主要来自市场，自始至终缺乏一个权威的、精确的定义，很多地方或厂商将"数据聚合展现"和"局部决策"等能力认定为"城市大脑"，造成了"此脑非彼脑"的情况。同时，由于定位不清，导致很多地方政府在治理能力现代化浪潮中普遍产生"数字化转型焦虑"，在缺乏科学顶层设计的情况下，盲目复制发达地区的数字化能力，正中市场侧业务拓展下怀，出现了很多以大屏系统为代表的"空脑"系统情况。

下面以互联网及科技龙头公司阿里和华为为例，介绍其智慧城市布局情况。

1. 阿里"城市大脑"建设

阿里是布局数字城市最早的企业之一。2006 年，阿里参与了杭州市数字城管项目，在过去的 15 年里，数字城管帮助相关部门发现城市问题 1908 万件，有效提高了城市问题发现速度及解决效率。在此基础上，阿里于 2016 年提出了"城市大脑"项目（成立了城市大脑实验室），并于 2018 年开始帮助杭州市建设"城市大脑"，其中包括了 6 个理论方向，分别是：多模态大数据感知、城市交通预测与干预、城市大规模并行异构计算、城市复杂环境感知与理解、城市视觉搜索引擎、城市市政规划和公共资源分析。经历了近三年时间，迭代出 3 个版本的城市大脑框架图，如图 2-25 所示，阿里对城市管理的定位是建设"以城市管理计算中心为基础支撑（云平台、感知、通信）、以数据资源服务中心为核心依托（数据开放平台）、以能力工具为运行支撑（动态感知平台、智能调度平台、联动处置平台等）、以试点应用为创新示范（城市管理、社会治理、社会服务、交通出行、应急管理）"的数据计算生态体系，精准对接城市管理数据计算资源的产供需各方，形成城市治理领域案件的智能识别与上报，实现多级城管联动指挥，提供智能化的分布式管理，建立以大脑为核心，以"执行端"和"指挥端"为载体的"一脑、两端"新型城市智能化、扁平化治理。

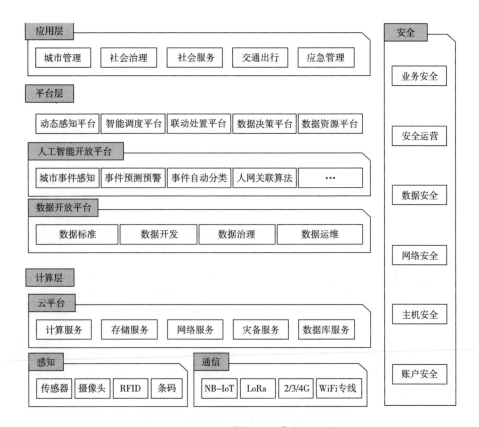

图 2-25 阿里"城市大脑"基础架构

资料来源：https://www.aliiyun.com/solution/govcloud/urbanmagsolu。

如表 2-3 所示，截至目前，开发了"城市视觉智能引擎""天擎""天曜""天机""天鹰""天镜""天谱"7 项产品及应用，围绕这些产品及应用打造了 18 个智慧解决方案服务于城市大脑项目，且项目已在北京、上海、杭州、苏州、雄安新区、郑州、成都等城市或区域落地。

表 2-3 城市大脑相关产品及应用

序号	产品及应用	介绍
1	城市视觉智能引擎	依托于阿里云分布式计算和存储平台，利用先进的视频图像、图形学处理技术和深度学习算法，建立城市级人工智能模型，通过对相应场景的分析、索引和挖掘，赋能交通、市政综治、商业、园区、电力能源、医疗教育等各个行业场景

序号	产品及应用	介绍
2	天擎	城市大脑的大规模视觉计算平台。包含视频接入系统、实时/离线计算系统与视觉搜索系统三大组件，对外提供完备的大规模视觉计算解决方案。"天擎"已实现云端快速弹性部署，是面向安防的创新产物，为客户按需提供智能分析能力，有效提升智能分析效率。"天擎"可实现视频分析千倍加速，处理16小时的视频仅用1分钟
3	天曜	全时全域交通自动巡逻报警系统。能够对城市的交通事件、事故进行全方位的实时感知，自动发现人、车、物、事件全要素的异常，自动识别交通事故、违章行为并在20秒内推送给指挥中心，准确率达95%以上。能够实现城市交通7×24小时不间断巡检，减少交警路面巡逻工作量，降低交警安全风险，并将交警从查看监控的繁重任务中解放出来，提高执法效率
4	天机	车流人流预测系统。通过区域内的历史和实时视频数据，实时准确地预测全区域未来的车流、人流情况，为道路疏导、管控决策提供参考，规避拥堵和踩踏等安全隐患问题。目前，在预测未来1小时内车流、人流方面，准确率达90%以上
5	天鹰	渐进式视频搜索引擎。基于对全局视频资源的实时搜索，快速定位特定对象，如查找失踪人口、追踪肇事逃逸车辆等，只需1~2秒的处理时间，且行人识别准确率达到96%以上
6	天镜	城市建设与精细化管理系统。为城管、安监、消防应急、住建、公安、环保等政府各职能部门提供市政事件的视频自动巡逻告警服务，辅助人工巡查，消除城市建设的隐患点，提高城市管理的智能化水平
7	天谱	通过构建城市静态三维场景，融合实时动态感知数据，实现三维空间实时感知，构建全时空的"数字平行世界"，为城市场景的精细化管理、智能化预警预测提供空间维度的支持

资料来源：作者自制。

2. 华为"智慧大脑"布局

华为提出了"智慧大脑"（又称城市运营指挥中心 IOC）的建设方案，该方案下层布局数字平台，收集各行各业数据从而形成数据湖；上层布局智慧大脑，对数据进行读取分析并给出最优决策方案。如图2-26所示的城市 IOC 解决方案架构，基于各类数据的融合构建了城市"天眼"，实现了对城市运营态势的实时监控感知和分析，具体技术包括城市运行检测仪表盘、城市业务评估与仿真、基于地理信息的检测、三维实时检测与展示；此外，通过"天眼"对城市体征做出全面体检和专项体检，做到对城市的"帷幄"，一键全局决策辅助管理，包括理论建模与模拟仿真、模型与分析引擎、专家与预案库；在事件发生时，基于沃土数字平台，做到"市—区—街道"三级一体城市立体运行联动，让事件处置和联动指挥更加高效和顺畅。华为企业 BG 全球智慧城市业务部总裁郑志彬强调：华为数字城市的强大并不是数字平台有多强大，而是在于基于这个数字平台之上，将各种应用的功能用于用户赋能；对于用户而言，对底层技术没有感知，只有上层应用才能将数据归类并功能性地呈现出来从而发挥其价值。

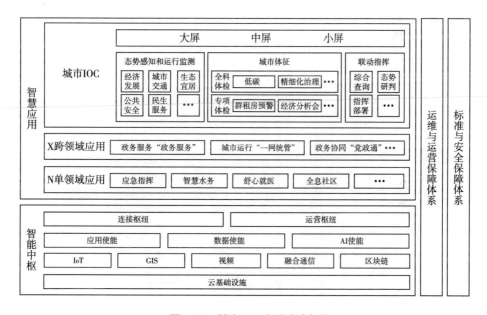

图 2-26　城市 IOC 解决方案架构

资料来源：httos：//www.huaweicloud.com/soluton/smsrtcity/ioc.html。

华为主要负责技术方面的研发及更新，如沃土数字平台的建设及维护，上层应用则主要依赖于华为云生态合作伙伴及其他开发者的共同建设。

二、区块链赋能智慧城市

（一）区块链赋能智慧城市建设

随着数字化转型的深入，无论人、生活，还是城市都会产生大量的数据，相应出现的是数据安全性和真实性问题。综观当前市场，中心化数据管理模式下的数据泄露事件频发，数据管理及使用合规成本高，数据价值难以真正发挥。因此，如何低成本解决数据真实性和安全性问题，成为当下迫切的需要。

区块链作为一种新兴技术，用密码技术将共识确认的区块按顺序追加形成的分布式账本，实现数据的不可篡改。如图 2-27 所示，区块链在城市数字化转型中，形成一个金字塔模型。通过区块链保障数据的真实性和安全性，同时助力数据价值的发挥，进一步赋能城市经济创新。

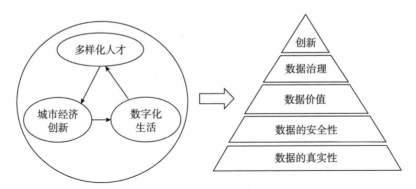

图 2-27　区块链赋能数字化转型模型

资料来源：作者自制。

1. 数据真实性

关于数据真实性，既要保证数字世界各节点数据的一致性，又要保证物理世界和数字世界的一致性。从供应链角度，数据真实性又分为两部分：第一部分是源头数据的真实性，包括数据主体的生产时间、地点、质量等；第二部分是流通阶段数据的真实性，主要包括交易信息、物流信息等。基于区块链技术的源头数据真实性，主要通过物联网可信设备实现数据自动收集及上云上链，减少人为干预；此外，配合人工智能、大数据分析等技术对数据进行实时感知，发现终端数据异常，及时预警或应急处理。对于流通阶段数据，可以通过两种方式保证数据真实性：第一种是事前预防法，即在物理世界里通过第三方权威机构进行背书，数据需要在第三方机构的监督下完成上传，区块链的作用是对数据上传人和第三方权威机构行为的共同监督；第二种是区块链本身的特性，即所有流通数据上链存储，保证不可篡改，且每一环节数据可以做到来可追溯、去可追踪，如有作假，很容易在流程任意环节被发现，因此这种方式是通过提高作假风险来避免作假的动机。

2. 数据安全性

数据安全性包括数据存储的安全性和数据交换的安全性。

（1）数据存储的安全性。

工业场景下物联网终端设备信息的安全性，或商业场景下用户个人信息的安全性问题。通过分布式数字身份技术 DID，实现数字身份的通用性，减少由于个人信息在不同平台的重复填写而导致的信息泄露风险，如图 2-28 所示。在 DID 体系下，第三方仅可验证数据真实性，保证具体业务流程的顺利进行，但无法读取到目标对象的具体信息。

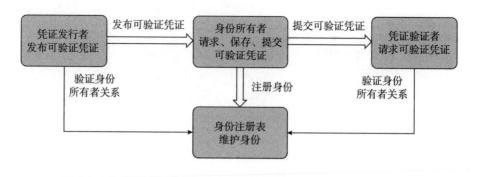

图 2-28　分布式数字身份架构

资料来源：W3C.Verifiable Credentials Data Model v1.0［EB/OL］.（2019-11-19）［2021-06-10］.https：//www.w3.org/TR/vc-data-model/.

此外，信息存储的安全性，在区块链技术下，采用分布式存储技术，即使单点攻击也无法使攻击者获取完整数据。

（2）数据交换的安全性。

数据开放才能最大限度发挥数据价值，然而在传统市场，数据持有者无法控制数据在公开、共享、交换过程中的安全性，极大影响了数据交换的动机和意愿。隐私计算成为当下备受关注的技术，能够实现数据可用不可见，包括三大方法：联邦学习、安全多方计算、可信计算，同时结合区块链技术，可以做到数据使用过程的记录，在很大程度上降低了数据外泄的风险。

3. 数据价值

在数字化时代，真实的数据就是原油，它不仅能推动经济发展，还是实现信息技术突破的重要燃料，而区块链技术在数据市场最基本的使命是保证数据的真实性，同时保证数据存储及流通的安全性。在解决了数据真实性和安全性问题的基础上，可以挖掘数据的价值。根据中国信通院在《数据价值化和数据要素市场发展报告（2021）》中提出的数据价值化"三化"框架（见图2-29），首先需要将数据资源化，使无序、混乱的原始数据成为有序、有价值的数据资源；其次是将数据资产化形成数据交换价值，即数据通过市场流通交易给数据所有者或控制者带来经济利益；最后是将数据资本化，实现数据要素社会化配置的过程。

图 2-29 数据价值化"三化"框架

资料来源：作者自制。

4. 数据治理

基于区块链技术的城市数据治理会随着区块链生态的建设而不断多样化。在数据治理初期，基于数据的真实性、安全性和数据价值，形成城市公共数据多方共享，让政务数据、企业数据、个人数据实现跨地域、跨领域的共享，发挥数据的最大价值。此外，基于底层联盟链的区块链生态不同于公有链生态，如何应用合法化的技术手段，如积分等，让城市中的组织、机构和个人都能意识到，城市建设和维护并不是政府一方面的工作，而是关系到城市中每一个人的利益，以此鼓励更多人自愿加入到城市治理中，让城市生态向着更加积极的方向前行。

5. 创新

前面所提到的区块链各种功能，仅仅是"＋区块链"形式，也就是使用存证功能解决传统行业存在的各种信任问题，在这种模式下区块链仅仅是一种"技术"。实际上，区块链并不只是一种"技术"，更应该被看作是一种"思维"。通过技术解决信任问题，重塑各种"关系"的信任机制，区块链让很多在传统模式下做不到的事情变成可能。在这种思维下，会有很多"区块链＋"的新兴生态出现。例如NFT项目，使用区块链技术保护数字知识产权，鼓励更多人加入到知识、艺术的创作中去。我们正处于"区块链＋"的概念提出阶段，未来更加广阔的蓝海等待发现。

（二）"区块链＋智慧城市"落地项目

综观当前市场上宣传的"区块链＋智慧城市"项目，能够真正被市场接受且大规模推广的并不多。根据市场数据来看，当前市场推广较好的项目包括"区块链＋电子发票""区块链＋不动产登记"等。

1. 区块链＋电子发票

区块链电子发票是指发票的整个流转环节都是在区块链这个分布式计算处理载体下运行的。发票的申领、开具、查验、入账等流程均实现链上储存、流转、报销。区块链电子发票具有全流程完整追溯、信息不可篡改等特征，与发票逻辑吻合，能够有效规避假发票，完善发票监管流程。2021年4月，深圳市税务局主导推进的《基于区块链技术的电子发票应用推荐规程》国际标准正式经 IEEE-SA（电气电子工程师协会标准协会）确认发布，成为全球首个基于区块链的电子发票应用的国际标准。

2018 年 8 月，由高灯科技（腾讯发起成立的公司）负责技术支持的全国首张区块链电子发票落地深圳市宝安区沃尔玛金海路分店；截至 2021 年 3 月 30 日，深圳共开具区块链电子发票 4700 万张，总开票金额超 600 亿元，日均开票量突破 12 万张。在技术方面主要借助区块链底层技术并结合移动支付及新型报销模式，腾讯电子发票平台的区块链电子发票实现全流程线上自助操作，消费者可以在微信上一键开具电子发票并查验真伪，实现快速报销，商家则免去了烦琐的发票保管、分票、盘点、统计等纸质发票的管理工作，节省了人力成本，减少了发票管理出错的概率。

深圳市在"区块链 + 电子发票"应用方面走在国家前列，深圳市税务局目前已建成税务链，进一步扩围"区块链 + 税务"的应用场景，相继上线"深圳四部门信息情报交换平台""自然人信息共享智慧平台""税务—产业联盟链"和"区块链破产实务办理联动云平台"，推动了税收管理服务质量和效率的双提升。除深圳之外，广州、福建、云南也纷纷加入试点，北京也于 2020 年 3 月开始了区块链电子发票试点。

在"区块链 + 电子发票"市场方面，腾讯投资的高灯科技处于绝对领先地位，其服务的企业用户已达到 19 万家。另外，包括大象慧云、百望云也有着不错的市场份额。

2. 区块链 + 不动产登记

2019 年国务院办公厅印发《关于压缩不动产登记办理时间的通知》（国办发〔2019〕8 号）文件，要求推进不动产登记信息共享集成和"互联网 + 不动产登记"。此前，由于不动产电子证照的可信性难以保证，应用模式一直在探索中，大多政府"互联网 + 不动产登记"仅限于提供线上预约、网上查询等简单服务，存在部门信息共享不到位、网上办事能力不足等问题。为解决电子证照可信问题，2020 年以来全国多地政府探索"区块链 + 不动产登记"，在不动产的确权、流转、查询等方面的应用，减少了由于人为因素影响而出现的信息登记差错和纠纷。在不动产登记方面，涉及税务、登记、交易等多个部门的信息流通，部门间存在信息孤岛，且在信息的传递过程中出现伪造材料的情况难以被发现。区块链技术的应用，能够有效解决其中一部分问题。通过数据上链，可以实现不动产数据交易、税款缴纳、司法判决等各个部门数据共享的及时性、可追溯性、权威性，解决"数据黑箱"造成的信息不对称问题。

例如，在 2020 年 12 月初，湖南省娄底市全面正式启动区块链不动产登记电子牌照；截至 2021 年 4 月，共享平台已实现对市不动产登记中心、房产局、公积金中心、银行等多个机构数据共享，全市 30 万套房屋、36 万笔登记业务成功上链，银行办理不动产抵押业务时间从过去的 5 天缩短到 6 小时。此外，北京市也是国内最早启动"区块链＋不动产登记"试点的城市之一，北京于 2019 年开展试点并在 2020 年 1 月 1 日全面启动使用，市民可登录北京通 App 申请电子牌照；2021 年 4 月，宁波市和武汉市（链税通）也分别尝试区块链技术在不动产登记方面的应用。

3. 区块链＋知识产权

版权是数字内容产业的重要基石。如果没有可靠的版权保护手段，原创作品很容易在线上被盗用；而传统的版权保护方法受制于多重因素影响，在出现版权争议时，取证难度非常大、诉讼周期长，影响原创者的积极性。最早在 2019 年 11 月，阿里上线了"蚂蚁链版权平台"（2021 年 4 月更改为"鹊凿数字版权服务平台"），用于防止其电商平台上的原创图片被其他卖家盗用，该平台通过将数字内容上链存证，且获取唯一的"电子身份证"，为商家提供电子数据存证、侵权取证和电子数据证据核验等一站式线上自助服务，相关的证据可以直接被司法机构采纳。目前，阿里鹊凿已与中国科学院国家授时中心、鹭江公证、字节跳动、视觉中国、图虫、新华智云等多家公司合作，服务原创者超百万人及保护内容产品超 5000 万件。

4. 波兰 SmartKey 及其他

前面三个项目是应用区块链技术将资产数字化或实现数字资产确权，波兰 Organge 最近推出一个项目以解决物理世界和数字世界的连接安全问题，他们的设计是：将家庭、楼宇、停车场等的智能门锁与以太坊连接，用户在进出某个场所时，通过手机上的 App 打开已接入以太坊的锁。在紧急救援时，救援团队可以在区块链见证者的同意下获取打开道路上所有锁的权限，能够争取到足够救援时间。据了解，SmartKey 项目目前还未真正落地，仍处于概念验证阶段。此外，由戴姆勒移动出行公司（Daimler Mobility AG）孵化的去中心化移动出行平台 Bloxmove，于 2021 年底与摩联科技 AITOS 签署了一项意向合作协议，共同开发一款名为"Access Token"的"区块链＋物联网"可信设备，用于对车辆的所属权、使用权、使用期限等的管理。在租车场景中，通过"Access Token"能够让整个生态以低成本及更高效的方式实现对车辆的去中心化管理。

区块链在碳排放权交易市场中的应用

2020年9月，习近平总书记在第75届联合国大会上庄严承诺："中国力争2030年前实现碳达峰，努力在2060年前实现碳中和。"业内称之为"30·60"的气候目标，把实现低碳发展上升为国家战略。在所有减少碳排放的方案中，碳排放权交易是最有效的市场化方式，而碳税与补贴发挥作用的前提是将市场化交易形成合适的碳排放权价格作为参考。碳排放权交易将引导与碳达峰和碳中和有关的研发和中长期投资。

我国自2011年起，在北京、上海、天津、重庆、广东、湖北和深圳等地试点碳排放权交易，但试点中出现了市场规则不统一、政府干预程度不一，以及碳配额价格差异较大等问题。2021年6月，全国碳排放权交易市场在上海启动，纳入全国碳排放权交易市场的重点排放单位，不再参与地方碳排放权交易试点市场。位于湖北的全国碳交易注册登记系统（中碳登）为首批2225家履约企业办理开户手续，这些企业均为发电行业的重点碳排放单位。

现阶段，全国碳排放权交易市场的交易产品主要是分配给重点排放单位在规定时间内的碳排放额度。中华人民共和国生态环境部根据国家温室气体排放总量控制及阶段目标制定配额总量和分配方案，报国务院批准后公布。省级环境厅向辖区内重点排放单位分配年度配额。初始以免费分配为主，根据国家要求适时引入有偿分配，并逐步扩大有偿分配比例。在碳排放配额背景下，企业可以采用更先进的低排放设备或对现有设备进行低排放改造，也可以从碳排放配额富余的企业购买碳排放配额。

碳排放权作为一种温室气体排放的权利凭证，是为满足减排目标而新创设出的一种资产。这种资产具有鲜明的金融属性，包括同质化、可分割、可登记托管，以及可进行现货和期货交易。理论上，在不同国家和地区，同等当量的温室气体排放对大气温度的影响是一样的，因此不同国家和地区创设的碳排放权应该是相互等价的。总的来说，碳排放权作为人类社会针对经济生态发展需要，根据经济学理论而创设出的一种新资产类型，在金融发展上具有划时代的意义。

与我国从多个地方碳排放权交易试点市场走向全国碳排放权交易市场的逻辑一样，不同国家和地区的碳排放权交易市场的互联互通而形成的全球统一的碳排放权交易市场会更有效率，更能实现合理定价，最终促使不同国家和区域的碳排放权价格趋于一致。在这种机制下，碳排放配额比较高的地区相当于对碳排放配额价格比较低的地区给予资金支持。实际上，我国已经有小规模的负值碳排放配额被拿到欧洲碳排放权交易市场上出售，起到了对我国碳减排、碳沉降以及碳存储方面的鼓励作用，也给予了资金方面的支持。但各国碳排放权交易市场在设计上差异很大。例如，欧洲碳排放交易体系（EU-ETS）从 2005 年起运行，而美国没有联邦层面的碳排放权交易市场，以覆盖东北部十个州的区域温室气体减排行动（RGGI）和加州碳排放上限与交易制度最具规模和影响力。在这种情况下，不同国家和区域的碳排放权交易市场应该如何走向互联互通？

碳排放权交易市场的另一个重要问题是参与主体。理论上，除了重点排放单位以外，也可以吸收机构投资者和个人投资者参与碳排放权交易市场。参与者可能是看中了碳资产保值增值的价值，也可能是出于责任感。参与者的多样化，有助于提高碳排放权交易市场的价格发现效率，从而促进市场的健康发展。此外，还有大量的机构和个人，尽管不会直接参与碳排放权交易市场，但也愿意为绿色发展出力。如何针对这些机构和个人设计激励机制，使碳排放权交易市场能发挥更大的社会效力呢？

接下来，针对上述两个问题，讨论区块链在碳排放权交易市场中的应用。

一、基于区块链的碳排放权交易市场互联互通机制

（一）互联互通机制的参与者

互联互通机制有两类参与者。

第一，在不同国家和地区，与碳排放权交易市场相对应的，都有一个碳排放权注册登记系统，承担碳排放权的确权登记、交易结算和分配履约等业务，相当于证券市场的中央证券存管机构（CSD）和证券结算系统（SSS）。碳排放权注册登记系统，一方面与排放报送系统对接，获取辖区内企业排放以及核查数据，为碳配额分配、履约提供支持；另一方面与碳排放权交易系统及清算银行对接，提供碳资产的交易变更确权及资金的清结算服务。

第二，在不同国家和地区，选择碳排放权交易市场的一定数量的重要参与主体（比如重点排放单位），允许它们可以与境外交易对手买卖碳排放配额。这类参与者相当于碳排放权的进出口商。

（二）互联互通网络

互联互通机制的核心是一个联盟链，称为"互联互通网络"。联盟链节点由参与互联互通机制的碳排放权注册登记系统来运行。

碳排放权在互联互通网络上体现为数字凭证。在每个参与互联互通机制的国家和地区，如果该国参与机构向本国碳排放权注册登记系统提出申请，碳排放权注册登记系统每销毁一单位碳排放权，就在联盟链上生成一单位数字凭证（即数字凭证发行）；反之，如果该国参与机构在联盟链上每销毁一单位数字凭证，碳排放权注册登记系统就生成一单位碳排放权（即数字凭证赎回）。这是为了维护碳排放权交易市场的纪律和完整性，杜绝虚增碳排放权或数字凭证的情况。

根据前文分析，不同国家和地区创设的碳排放权相互等价，不同碳排放权注册

登记系统生成的数字凭证也是相互等价的，在同一时间应该具有同一价格。这样就为数字凭证的跨国交易提供了基础。

互联互通网络上的数字凭证交易，可以用美元结算。如果引入美元稳定币，结算效率会更高，可以通过智能合约实现 DvP（银货对付）。除此之外，不同国家和地区的参与者之间，也可以自行约定使用其他结算货币。

互联互通机制的参与者相互之间进行碳排放权数字凭证的交易。假设一个参与者通过买卖共获得 n 个数字凭证，并向所在国的碳排放权注册登记系统赎回，那么碳排放权注册登记系统将生成 n 个碳排放权并授予该参与者。这 n 个碳排放权就可以进入该国的碳排放权交易市场流通，并出售给境内的其他机构。

"互联互通网络"除了便利碳排放权的跨国交易以外，既能通过联盟链的增信功能提高不同国家和地区碳排放权注册登记系统之间的互信，也能兼容不同国家和地区在碳排放权交易市场上的差异（比如使用的系统不一样、交易时间不一样，以及价格标识方法不一样等）。

（三）互联互通限额

如果在互联互通网络上可以生成和交易的碳排放权数字凭证的数量不受限制，那么在套利机制的趋势下，不同国家和地区的碳排放权价格将趋于一致。但在互联互通机制发展早期，为避免对各国和地区的碳排放权交易市场形成较大冲击（特别是很多国家的碳排放权交易市场发展还不够成熟），应对互联互通网络上生成和交易碳排放权数字凭证的数量予以限制。总的原则是，允许发展中国家每年有一定数量的负值碳配额通过互联互通机制卖到发达国家，以促进发展中国家的绿色转型和发展。

互联互通限额应该可以根据需要动态调整，而联盟链和智能合约为此提供了便利。总的来说，限额越高，互联互通机制"拉平"不同国家和地区的碳排放权价格的作用越明显。

二、基于区块链的碳积分机制

一般机构和个人如何参与碳排放权交易市场？如果允许他们直接入场交易，需要考虑三个问题：第一，碳排放权定价对专业知识要求较高，一般机构和个人在不具备相关知识的情况下，可能助长市场投机。第二，在碳排放权交易市场发展早期，碳排放权价格不会很高，小额交易手续费过高。第三，会增加碳排放权交易市场的管理难度。

借鉴我国 A 股市场的做法，碳排放权交易市场采取会员制，主要面向机构参与者，但参与者主体要在目前的基础上多元化，比如将银行、证券公司和保险公司等金融机构纳入进来，使碳排放权交易市场成为金融市场的一个有机组成部分。一般机构和个人可以通过碳排放权交易市场的一些特殊会员（这些会员相当于碳排放权交易市场的证券公司），在全国碳交易注册登记系统实名开立账户，并通过这些特殊会员下单交易。换言之，碳排放权交易市场采取直接持有模式。一般机构和个人所持碳排放权由这些特殊会员代为托管，特殊会员本身持有及代客户持有的碳排放权均存记于全国碳交易注册登记系统。

在上述制度安排下，碳排放权将真正成为一个可以由大众来拥有的主流资产类型。可以设想，在每个人的金融类 App 中，将来除了显示有多少存款、股票、基金和理财产品等，也将显示有多少碳排放权。

一般机构和个人除了购买碳排放权作为投资产品以外，还可以通过购买负值碳配额为碳达峰、碳中和做出自己的贡献。这就和国家核证自愿减排量（CCER）有关，即对我国境内可再生能源、林业碳汇、甲烷利用等项目的温室气体减排效果进行量化核证，并在国家自愿减排交易注册登记系统中登记温室气体减排量。目前，已经有很多 App 能实现针对一般机构和个人评估其碳足迹。例如，一次境内旅游会产生多少碳排放，个人可以根据评估结果通过碳排放权交易市场的特殊会员购买负值碳配额作为对冲。随着全社会绿色发展的意识越来越强烈，这类应用将会有越来越大的应用场景。

为更好发挥一般机构和个人对碳减排努力的"聚少成多"效应，使碳减排深入社会生活的方方面面，一个值得尝试的做法是建立基于区块链的碳积分制：

第一，碳积分联盟由一些在社会生活中扮演重要角色的机构组成，比如电网、燃气网络、公共交通网络、家电公司、汽车公司、商场、餐厅以及其他消费场所等。

第二，联盟成员机构运行联盟链，并在联盟链上生成和向自己的用户发放碳积分。碳积分除了兑换为碳排放权以外没有其他用途，特别是不能直接用法定货币买卖。

第三，联盟成员机构根据自己的用户在相关场景中的行为，参考碳足迹评估结果，授予反映用户碳减排努力的碳积分。同一联盟成员机构发放的碳积分是通用的，但不同联盟成员机构发放的碳积分不是通用的。一些场景可能涉及多家联盟成员机构，它们在智能合约的协助下，可以相互不冲突地向用户发放自己的碳积分。通过智能合约，一个用户可以方便地管理自己持有的来自多家联盟成员机构的碳积分。

第四，将每个联盟成员机构对用户发放的碳积分累积起来，就反映了该机构在自己的应用生态中推行碳减排的力度，经过量化核证后，就可以与 CCER 机制联系起来，联盟成员机构由此可以获得碳配额。

第五，联盟成员机构根据用户持有碳积分的情况，将获得碳配额的一定比例兑换、奖励给用户。兑换规则可以由联盟成员机构自行制定。用户通过不同联盟成员机构获得碳配额汇集到一起（碳配额是通用的），就能实现"聚少成多"效应，让用户更有动力参与碳减排。换言之，"勿以善小而不为"需要以经济激励作为支撑。

在基于区块链的碳积分制中，区块链起到了在不同联盟成员机构之间建立互信的作用。一方面，智能合约帮助不同结构并行不悖地运行自己的碳积分体系；另一方面，智能合约也帮助用户更好地管理自己的多样化碳积分资产。尽管碳排放权不会在区块链上运行，但碳积分确实是区块链的一个非常好的应用场景。

区块链应用逻辑

一、基于 KANO 模型的区块链需求分析

比特币白皮书发布至今已经过去 14 年，人们一直处在持续理解区块链、定义区块链、迭代区块链以及实现区块链应用落地的进程中。相关产品从加密资产拓展至供应链金融、政务管理、供应链追溯和数据存证等领域。虽然落地项目越来越多，但除金融领域外，区块链在实体产业到底能发挥什么样的价值？2020 年上市公司上半年年报显示，区块链概念股有 262 只，其中仅中国平安、易见股份、东软集团、安妮股份等 23 家拥有实际落地项目，主要集中在政务、教育、供应链金融、医疗、版权等领域。其他公司均未在年报中提及"区块链"一词，大多避而不谈或一笔带过，而披露区块链具体收入的公司只有远光软件一家。由此看来，聚焦区块链的上市公司要想实现从"概念股"到"价值股"的嬗变，仍有很长的路要走。

对这个现象，现有研究从多方面进行了解释，主要包括：第一，目前技术还无法稳定支撑商业应用。例如，缺少高可用、高性能、高可拓展、安全隐私的关键技术。第二，配套设施支撑不足，导致没有数据可用。例如，大多中小型企业正在进行哑设备改造，缺少可用数据。第三，区块链带给企业的价值暂时无法与投入相匹配，目前主要项目围绕存证、追溯等数据上链服务。第四，企业缺乏区块链技术的基础原理认知，因此市场会出现供需矛盾：技术提供商疑惑需求方有什么问题需要使用区块链技术来解决，而需求方疑惑区块链能干什么，中间又缺少服务

商。第五，区块链主战场——数据交易市场的合规性仍在探索中。

为回答以上疑问，重新审视区块链的市场需求，我们将应用 KANO 模型，结合客户痛点、痒点、爽点，分析区块链市场的各种需求类型，为企业在战略制定方面起到参考作用。

（一）KANO 模型

KANO 模型是东京理工大学教授 Noriaki Kano 发明的对用户需求分类和优先排序的有效工具，把用户需求进行优先级排序，分为基础需求、期望需求、兴奋需求和反向需求。

1. 基础需求

基础需求也称必备型需求，是客户认为服务、产品"必须有"的属性或功能。对于需求端，没有该属性或功能则不是需求方所需的产品或服务；对于这个产品来说，没有这个属性或功能，可能需要重新定义这个产品。

我们以制造业为例，讨论企业的基础需求。对于企业，盈利是基本任务之一，运用各种生产要素（劳动、土地、资本、信息、技术、数据），向市场提供商品或服务。为了获得更多盈利，企业需做到全方位开源节流，主要包括以下几种方式：

在生产力相对落后、社会产品处于供不应求的历史阶段，由于市场商品匮乏，制造企业无论生产多少产品都能销售出去。于是企业大力进行设备更新改造、扩大生产能力、降低生产成本，以此来创造企业剩余价值，产生了所谓的"第一利润源泉"。

当产品极大丰富，市场产品供过于求时，商品的销售就产生了极大的阻碍。这时企业逐渐将管理的重心转移到了依靠科技进步，提高劳动生产率，降低消耗，从而降低成本，增加利润。降低人力资源成本是企业的"第二利润源泉"。

在市场激烈竞争情况下，除第一、第二利润源泉外，高昂的物流成本成为阻碍商业发展的重要影响因素，当市场加工制造成本竞争力不明显时，降低物流成本成为市场价格竞争中的关键。因此，在此背景下提出"第三利润源泉"。

随着信息化发展，企业也逐步探索"第四利润源泉"，即依赖供应链上企业间信息的集成与共享、建立商业伙伴关系、业务外包、流程的整合和再造，充分利用高新技术、供应链系统的设计与管理、社会流通系统的资源整合等手段，实现企业利润的快速增长。

以上四个利润源泉，生产要素在每一阶段的体现会有所不同，而不同发展速度的企业对生产要素的配置也有区别。如"第一、第二利润源泉"阶段，企业的基础需求包括劳动、土地、资本、技术，通过更低的劳动力、更高的产能和更优的效率来生产更低成本的产品而获取利润；进入"第三、第四利润源泉"阶段，降低物流成本和增强供应链协作成为主要竞争方向，区别于制造加工过程，物流管理是从时间效用和空间效用两个维度去创造价值，对信息的要求会更高，信息化系统和技术随之诞生，如为方便数据记录和管理普遍应用的 Warehouse Management System（WMS）、Transportation Management System（TMS）等系统，为数据识别而发展起来的条码技术、RFID 技术和数据交互系统 EDI 技术等。

2. 期望需求

期望需求又称意愿需求，是指顾客的满意状况与需求满足程度的关系。如果此类需求能够得到满足，客户满意度会显著增加。当企业提供的产品和服务水平超出顾客期望越多，顾客满意度越高。如果此类需求得不到满足，客户的不满程度也会显著增加。

在第一利润源泉竞争阶段，企业更加关注原材料成本和燃料成本，这一阶段研发出各种合成材料来替代原有材料，使其成本更低且性能更好；在第二利润源泉竞争阶段，通过对机械设备的改造来改善生产效率，人类经历了从人工作业、半自动化设备作业、自动化设备作业，到现在的智能化设备作业，通过耗能更低、作业速度更快、稳定性更高的设备来提升生产效率。

3. 兴奋需求

相比基础需求和期望需求，兴奋需求更多是一种锦上添花，需要跳出用户的需求描述，站在用户满足需求、解决问题的整件事情及整个流程中，从全局的角度去思考。在用户对一些产品或服务没有表达出明确的需求时，如果企业能够提供一些出乎意料的产品或服务行为，会让用户感到惊喜，从而提高顾客的忠诚度。这类需求往往是代表用户的潜在需求，企业的做法就是去寻找、发掘这样的需求，并领先对手。例如，在所有竞争对手将注意力放在第一利润源，即提供低成本原材料和能源给用户时，一些企业已经开始从第二利润源挖掘用户的新需求，提供产能更高的设备，满足用户的兴奋需求并在市场竞争中占有先机。

4. 反向需求

一项技术的提出没有给企业带来正面影响，反而使业务效率下降、成本增加，这就是反向需求。在互联网发展史中，有一批这样的应用，例如 ERP 技术，以标准化、功能完整、信息化强著称，几乎每家企业都在使用 ERP 软件。通过市场使用反馈发现，有相当一部分公司因为现有业务流程与 ERP 内置业务流程存在冲突，导致工作效率低下，所以信息化下的标准化系统并非对每家企业都有正面影响和改善，还是要结合企业现状和需求分析。

（二）客户需求分类分析

在市场营销中，经常提到客户需求分为三种诱因，即客户的痛点、痒点和爽点。只有精准定位客户的需求类型，并结合不同营销策略，才能避免走冤枉路。

1. 痛点

痛点是客户在满足基本需求过程中遇到的问题、困扰、纠结等，这些问题、困扰、纠结必须要解决，如果未得到有效解决，将会影响业务的正常展开。

2. 痒点

如果说痛点是客户必须解决的问题，那么痒点则是激发客户产生进一步消费欲望的关键。当市场上出现该类产品，会立刻引起客户的注意与兴趣。客户使用该类产品，并不是为了刻意去解决什么问题，而更多是为了达成目标的形象或状态，通常属于期望需求。

3. 爽点

与痛点和痒点不同，爽点更多强调的是结果，即在使用某样产品或技术后，达到一些超预期的效果，通常属于兴奋需求。

当前客户需求主流发展是用痛点引流，痒点增加客户黏度，爽点增加产品口碑。换句话说：做到戳到痛点，挠到痒点，并且提炼出令客户能马上行动下单的爽点。

（三）区块链的市场化定位

区块链现有定义版本非常多，本文引用《信息技术区块链和分布式账本技术参考架构》中的定义：区块链是用密码技术将共识确认的区块按顺序追加形成的分布式账本。目前很多学者将区块链定义为一种技术，而技术的目的更多是解决具体的问题。从区块链定义中可以罗列出它包含多项技术，其中有密码学、共识算法、分布式技术等。因此，我们更倾向于将区块链定义为一种思维，思维应该构建的是一种新的场景和生态（区块链＋），而并非是一种工具去解决特定问题（＋区块链）。

1. "＋区块链"现状

除加密资产外，其他市场已有的项目大多属于"＋区块链"模式，即企业将业务数据通过哈希算法进行上链存储，保证数据的真实性和不可篡改。在"＋区块链"模式下，企业原有端到端的业务模式不受影响，区块链被当作一种技术工具去解决业务中的具体问题。我们以"溯源"为例，围绕下面三个问题来具体探讨。

第一个问题，溯源是否属于企业的基础需求？在回答该问题之前，我们需要明确为什么要溯源。对于生产企业自身，需要通过溯源信息了解产品的流通情况，用于产品的升级、生产计划调整等；对于客户，需要参考产品基本信息（包括产地、生产信息等）做出购买决策；对于第三方（监管机构、银行等），需要通过溯源信息进行监管和融资等。

我们再结合第二个问题"溯源能否通过中心化手段实现"来继续讨论第一个问题。在中心化方式下，每个参与者仅持有供应链上的某一阶段数据，于是形成了一座座数据孤岛。出于对商业数据安全性的顾虑，传统环境下公司之间一般不会将数据共享出来，也很少有公司能够获得供应链上的完整数据，这就导致供应链信息流无法实现真正的闭环。在第四利润源泉的供应链管理阶段，受制于技术及安全顾虑，打通供应链上数据孤岛成为企业的期望需求。然而，进入第五利润源泉的数字化转型阶段，期望需求将逐渐变为基础需求。在此背景下，打通供应链数据孤岛获得全周期数据成为商业发展的基础需求，而打通数据孤岛后的数据安全将成为企业痛点。

为满足基础需求并解决痛点，目前有三种解决方案：第一种是围绕供应链中的核心企业搭建工业互联网平台，通过工业互联网平台实现 IT 与 OT 的融合，打破数据孤岛，同时结合隐私计算实现数据的隐私保护。这种方式下，数据安全性主要依赖于对平台所有者信用的背书，即相信平台所有者能够妥善保管数据并不会在未授权的情况下随意使用数据。第二种是"工业互联网 + 区块链技术"，将"关键数据"加密上链，实现对数据真实性和安全性的保证、对产品质量的证明以及满足第三方机构的监管和管理要求。第三种是"区块链 + 工业互联网"，如万向区块链的分布式认知工业互联网，源头数据加密上链，不依赖于中心化机构管理，通过技术来解决数据孤岛问题并解决数据共享过程中的安全性问题，做到全流程数据的可控、可用。

第三个问题，企业为了溯源是否值得投资区块链？溯源本身无法实现盈利，只能作为一种保障性功能，即发生应急事件时，有助于快速定位问题并解决问题。中心化方式下的真实数据可以用于企业内部决策及产品优化，但对企业外部市场（包括客户、合作伙伴、监管机构及金融机构等），中心化平台提供的数据缺乏说服力。同时，为了证明"真实数据"的真实性需要耗费大量的时间、精力和成本，建立信任的成本非常高昂，这种情况下区块链能够帮助企业解决后顾之忧。回到问题本身，企业为了溯源是否值得投资区块链？这个问题可以换一种提问方式，即企业是否需要向外部市场以低成本的方式证明数据的真实性？这需要根据企业的类型以及战略发展定位来回答。

基于以上分析，企业需要清楚投资一项技术或工具的目的是什么？如果为了溯源而溯源，这不属于企业的基础需求；如果是外部机构的需要，溯源将有可能是企业的基础需求。以银行融资贷款为例，市场上有一些盈利能力很强的轻资产企业，在业务扩张时对资金需求量大（基础需求），却因无抵押物而难以从银行获得融资贷款（痛点）。在这种情况下，区块链平台可以发挥重要作用，帮助企业锁定经营性现金流数据，使用可信数据从银行获取融资从而解决企业痛点，该场景属于"+区块链"典型应用场景。

2."区块链+"发展

在前面提到，我们倾向于将区块链定位为一种思维，而非技术工具。如同互联网思维的发展，企业可以基于区块链构建一种新的商业场景或生态，来满足客户的爽点。例如汽车厂商的发展，传统模式下，汽车生产商完成一辆汽车的销售后，只能依赖于4S店，通过车辆保养信息获取车辆生命周期的片段数据，无法做到车辆全生命周期管理。车辆行驶了多少公里？驾驶最长时间多少？车辆油耗是否正常？这些只能依赖于样本数据做出判断，无法准确获取每一辆车的状况，导致车企无法有效做好车辆的质量优化，也无法更好服务于客户。在过去几十年的发展中，这个问题不痛不痒，但随着经济和科技发展，市场上出现更多商业模式，客户更加需要定制化和个性化的服务，不痛不痒不影响这些车企发展的问题逐步会显性化，变成痛点。"区块链+车辆服务"可以帮助企业寻找新的发展方向，并非每一环节都需要区块链技术，但区块链技术能够让整个新流程合法且安全地运转起来，包括奥迪、宝马公司都在向这个方向努力。

（1）生产方式和数据管理。

不同于传统流水线生产方式，为满足定制化、个性化、柔性化的生产模式，未来车辆生产没有生产线的概念，更多是模块化生产，即将复杂的生产进行多块的简单化分解，再由分解后的各个模块集成生产的动态模型。客户根据个人喜好，在线选择车身造型、颜色、发动机类型、座椅等，系统接收到客户订单后，使用数字孪生技术对生产过程进行仿真优化，再将结果发送至智能生产车间并自动执行、相关生产任务。在生产过程中，数字孪生技术会同步跟踪生产线动态并做出及时预警，对生产计划进行动态调整，以及对设备故障做到事前预警。车辆的每一个零部件拥有独一无二的数字标识，不可篡改，用于售后使用环节车辆状况监控。

（2）售后。

第一，保险。传统保险收费是根据车辆价值和车龄来计算价格，这种计算方式并不合理，因为车辆价值和车龄均无法判断客户发生事故的概率，最理想的方式是根据客户驾驶里程计费，即行驶路程越长，发生事故的概率越大。在传统模式下，车辆里程有作假机会，数据不可信；在区块链技术背景下，能够将里程信息同步上链，提供可信数据，允许保险公司设计更合理的计费方式。

第二，售后维修。车辆的每个零部件均安装传感器，允许车辆企业同步跟踪零部件状况，当发现数据偏离，能够提前介入，提醒乘客维修保养，减少事故率。区块链技术能够保证车辆可信数据的收集，同时保证客户隐私，车辆企业只能看到事故车辆加密数字身份，但无法得知客户具体信息。维护保养时，如发生零部件更换，车企能够同步跟踪，避免劣质零部件以次充好安装进入车辆。

第三，车辆充电。车辆充电缴费，采用分布式计费，除了能够收集到电池情况，也能够使用数字货币进行点对点支付，同时能够统计每个充电桩的使用情况，并合理规划充电桩的配置地点和配置数量。

第四，逆向回收。当车辆生命周期终止，零部件回收是目前的瓶颈。如果无法有效处理，将对环境造成很大影响。由于所涉及零部件种类繁多，数据难以统计，很多情况下无法识别零部件供应商，导致无法回收和二次利用。通过区块链技术，能够有效确定电池回收责任，生产多少电池回收多少，有利于帮助监管部门进行数据统计，督促车辆企业做到绿色回收，为国家碳达标、碳中和做好保障。

第五，数据回收。区块链能够有效地保障客户个人隐私，同时能够让车企在产品迭代时有数据可用。除此之外，车辆原材料供应商也能够根据客户使用数据分析原材料质量，同时也能够了解市场需求、实现信息共享，从而有效减小"牛鞭效应"。

第六，客户购买新车辆。基于区块链数据，客户授权车辆使用数据给车辆生产企业，可以帮助客户推荐更适合其驾驶习惯的配置及服务。

以上仅是"区块链+"举例场景，能够做到供应链信息闭环。这个假设模式不是为了解决某项具体问题，而是通过可信数据和合规方法赋能于车企，重塑一个车辆供应服务生态，满足客户爽点。未来会有两股力量促进"区块链+"落地发展：第一股力量是来自大企业的创新，类似奥迪、宝马，甚至国产蔚来汽车，建立新公司、应用新技术重新构建创新商业模式；第二股力量来自越来越多的创业公司，基于区块链技术提供新的商业服务。

二、区块链应用：从技术工具到创新思维

前文使用 KANO 模型引出了"+区块链"和"区块链+"两种路径，接下来将从技术工具和创新思维继续探讨区块链的价值。

"+区块链"是把区块链定义为一种技术工具，在不需要改变企业原有业务模式的情况下使用区块链工具解决企业内具体的业务问题。受传统技术及工具使用的思维惯性影响，客户更加偏爱标准化平台及产品，不同企业需要解决的问题均有差别。因此，在"+区块链"方式下，建议为客户多提供过往案例作为参考，帮助客户快速找准需求定位。

不同于"+区块链"中的工具功能，"区块链+"倡导的是一种思维，而非单纯的工具和技术。"区块链+"思维要求大家不能站在基础需求和期望需求的立场思考区块链能做什么。"区块链+"的使命是基于可信数据的商业模式重塑，是对传统商业模式的颠覆，通过创新和迭代满足社会的新需求。"区块链+"下的商业生态具体会呈现出什么样的效果？目前没有标准答案，无论是政府、研究机构还是行业都在进一步理解和创新中，下面我们参考公链上的项目及当前行业讨论热点来简单分析。

（一）生态治理

传统商业生态的构建，更多依赖于政府和头部企业的力量。从利益最大化角度看，生态中各参与者分别抱有不同的目标，经常会出现商业生态发展方向与机构

自身的利益目标相违背的情况。在这种情况下，大多机构通常会选择维护自身利益，导致商业生态发展停滞不前甚至倒退。在"区块链 +"构建的联盟链生态中，各参与方成为利益相关者。联盟链生态不仅绑定参与者的利益，也绑定参与者之间的利益关系。换句话说，当生态利益受损失时，参与者利益也会随之受损。正是这种利益绑定，让每个参与者都能积极加入到生态的治理中。未来，商业将不再是供应链与供应链的竞争，而是生态与生态的竞争，应用区块链将在生态建设中博取更大的商业机会。因此，在"区块链 +"模式下，将改变生态治理的方式，改变多方协作的关系。

（二）数据流转

在我们的生活中，逐渐形成了一个与现实物理世界相平行的数字世界。数字世界里的元素——数据，产生的经济价值能够映射到物理世界并产生更大的价值。在这一过程中，我们需要制定完整的数据管理规则（存储规则、交易规则等）以及解决数据流转中的安全性问题。"区块链 +"模式下的生态构建，能够实现数据确权、数据流转规则和数据安全性保障，并随之出现一些新的角色，如数据银行、数据信托等，构建一个更加完整的数字世界。

（三）商业创新

区块链最根本的意义是降低信任成本，这能给我们带来很多的遐想，包括支付方式、交易方式、生活方式以及生态构建方式。例如，NFT 具有不可分割、不可替代、独一无二等特点，能够帮助我们确立数字世界的物权关系。NFT 的文字、图片、视频相当于在数字世界有了唯一的身份识别，无论这些信息被复制多少份，带有 NFT 身份标识的才是原件，保护了原创者的知识产权。NFT 在商品和服务领域广泛的应用，将可能实现互联网从"信息互联网"向"价值互联网"的迈进。

第三部分

THREE

区块链在文化产业方面的应用

PART THREE

本部分从四个方面讨论区块链在文化产业方面的应用。

第一，从艺术品市场变迁看区块链应用前景。通过梳理艺术品市场的主要结构、运营模式、艺术品类和客户群特征，以及 2020 年新型冠状病毒肺炎疫情（以下简称"疫情"）影响下艺术品市场推出的一些应变措施，来观察数字收藏品"营销实验"背后的驱动力，从而思考区块链技术可以在哪些方向为艺术品市场的发展带来更多助力。通过从艺术品市场运营模式变迁的视角，对区块链应用于艺术品领域存在的市场需求进行的溯因分析可以看出，区块链支撑的数字收藏品是帮助艺术品市场在经济增速下行、疫情等大环境影响下脱离地理局限的运营模式并向大众消费市场拓展的重要探索方向之一。

第二，区块链＋艺术品市场。20 世纪 70 年代，英国经济萧条，几个摇滚青年用音乐掀起伦敦朋克运动；半个世纪后，几个技术极客用代码创建的 1 万枚朋克风像素头像 NFT 售价高达 7 万～750 多万美元。2021 年 3 月 11 日，以 6934 万美元在知名拍卖行佳士得成交的数码艺术品 EVERYDAYS: THE FIRST 5000 DAYS 让 NFT 概念迅速出圈；两个月后，9 枚 CryptoPunks 又以 1696 万美元在佳士得拍卖成交。基于区块链技术的 NFT 在数字收藏品拍卖中成功获得圈外人士的广泛关注，数字收藏品的交易过程中也呈现新的产权特征和交易机制。NFT 成功的商业模式为市场提供了一种和数字资产进行互动的新方式，对数据要素市场的构建也有一定借鉴意义，但同时也存在诸多问题需要解决。

第三，区块链＋创作者经济。互联网为创作者和潜在的受众群体提供了便利的匹配功能，使新媒体、短视频、博客和知识付费等业务蓬勃发展，推动文化产业经济的飞速发展。创作者经济则作为一种新业态正在尝试激活文化产业里的利基市场。区块链和 NFT 为其提供了一些好处和新的探索方向。例如，去中心化的激励机制能够降低获客成本，创作者可以更有效地提高用户黏性，甚至将版权的一部分收益权分配到社区，推动社区共创模式。市场透明度可以赋予创作者调控利基市场的能力，让他们从依赖平台驱动的版权变现模式真正过渡到自己主导的变现模式。未来创作作品也可能成为社交入口，且在生命周期的不同阶段展现多功能属性。

第四，元宇宙。区块链在文化产业的应用有着更长远的发展前景，作为元宇宙的基础设施之一在价值流通、游戏和社交等方面为用户提供全新的体验。区块链上的数字凭证已经在丰富的应用场景里落地，是实现可编程价值、构建元宇宙不可或缺的基本组件之一。这些数字凭证的可编程性的迭代是发展相关业务的一个重要方向。元宇宙概念的区块链游戏是目前市场规模最大、关注度最多的一个领域，以NFT代表的虚拟资产和权限为不同游戏场景带来真实的联结，让用户在虚拟世界拥有相比互联网游戏更大的主控感和真实感。经济系统是元宇宙的核心要素之一，具备稀缺性的区块链数字凭证为元宇宙引入可交易的价值，并且能基于原有的经济学原理运转。元宇宙的价值来源于比特世界和原子世界的融合，有信息基础设施、互操作系统、内容生产系统和价值结算系统这四类基础设施。元宇宙中，身份、应用、激励机制和治理机制这四种核心要素密不可分，将会出现一些新型经济活动。

从艺术品市场变迁看区块链应用前景

一、艺术品市场结构

艺术品市场在欧美发达国家发展较为成熟，形成了以艺术画廊为主的一级市场和以拍卖为主的二级市场，一二级市场的职能有比较明确的划分，形成分层经营、有机结合的市场主体，并具备建设多年的诚信机制、定价机制、退出机制和配套的鉴定、评估等服务功能。

（一）一级市场以艺术画廊为主

艺术画廊作为文化产业的重要中介，担当艺术品市场的"伯乐"，负责挑选、培养签约的艺术家，为其打造艺术风格；借助画展、艺术博览会等渠道宣传推广艺术品；维护高净值客户关系、培育收藏圈。通过收集、陈列艺术品为具备收藏投资实力的客户提供经纪中介服务从而获得经营收入。一般经过多年的打造才将一些精品投放到二级市场去拍卖。

艺术画廊目前已经形成几大超级画廊分庭抗礼的格局，众多中小画廊相对超级画廊竞争力不足，均另辟蹊径谋求出路。高古轩、佩斯等超级画廊就像跨国企业，在全球多个城市拥有固定场所，旗下签约的艺术家大都已在全球知名，画廊无须再承担培育年轻艺术家的风险。这些知名艺术家才是艺术品市场货真价实的稀缺资源，拥有这些稀缺资源的画廊以其长期信誉、交易的可靠性和直接性占据欧美艺术品市场的主要份额。年轻艺术家的培育责任和成本则转移到了难以招揽或留住知名艺术家的中小画廊头上。

艺术画廊的传统经营模式具有回本周期长、收益结构难以稳定预测的特点，在经济不景气、疫情等外部因素联动影响下存在对金融服务的需求，特别是中小画廊在市场动荡环境下容易受到资金压力。

（二）二级市场以拍卖为主

二级市场作为一级市场的下游，为一级市场参与者提供退出渠道，也为更多用户群体提供艺术品交易平台。目前，全球艺术品二级市场由佳士得、苏富比等资金雄厚的知名拍卖行主导，为艺术品的流通提供主要场所。拍卖也是国内艺术品投资者、收藏家首选的退出渠道[1]。

（三）艺术品类及客户群特征

传统艺术品市场交易的艺术品类以绘画（包括书画和油画）为主，雕塑、素描其次，摄影类、版画类艺术品逐渐开始占据市场。传统艺术品市场的客户以高净值个人和机构为主，满足其收藏、投资、消费需求。据 Art Basel（巴塞尔艺术展）和 UBS（瑞银集团）共同出版的 2021 年《艺术市场报告》中的调研统计估算，艺术画廊等经纪商一年服务的客户群规模均在百位数以下，拍卖行一年的买家规模在千位数级别，充分说明这是典型的小众高端市场。在过去三年，这类群体的首选购买渠道都是通过艺术画廊，其次是拍卖行。

但从交易量和交易额来看，艺术品市场呈两极分化趋势，5 万美元以下的艺术品占交易量的 92%，而 5 万美元以上的艺术品贡献了 87% 的交易额。说明低价艺术品主导大众消费市场，高价艺术品主导小众高端市场（见图 3-1）。

---

[1] Wu K J.Chinese Art Market Report 2019.TEFAF [R/OL] . (2019) [2022-01-30] . https: //2019.amr.tefaf.com/.

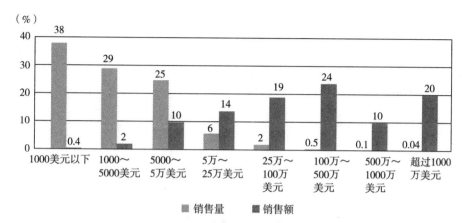

图 3-1　2020 年艺术品交易量和交易额按不同价位的分布

资料来源：作者自制，数据引自：McAndrew C.The Art Market 2021.Art Basel & UBS［R/OL］.（2021-03-05）［2022-01-30］.https：//d2u3kfwd92fzu7.cloudfront.net/The-Art-Market_2021.pdf.

（四）中国艺术品市场特征

随着国民经济不断增长，中国艺术品市场也逐渐发展壮大，占据了前三的全球艺术品市场份额。虽然也有画廊和拍卖行两大市场角色，但画廊在长期利益驱动下为艺术品市场输送高价值作品的市场功能尚未有良好的施展空间，存在艺术家忽视画廊职能直接与二级市场对接赚取快钱的现象。

与欧美艺术品市场截然不同的特征是，国内艺术品二级拍卖市场占主导，如图 3-2 所示。主要原因是虽然国民的购买力提高了，但由于客户群的需求结构不同、艺术教育滞后，导致国内艺术品市场以投机、消费为主。辩证地看待这一现象，说明国内艺术品市场的消费需求侧有广阔的发展空间，应更多关注大众消费者追求个性化、时尚化、便捷化的文化取向，与注重长期升值空间的收藏投资需求有所区分。从这一角度看，蚂蚁链粉丝粒推出的敦煌皮肤是一个成功的营销案例。

基于大众品鉴、大众消费的服务导向，国内画廊的两个盈利模式来自品牌商和装饰品代理商[1]。品牌商通过与画廊开展合作，开发联名产品，将艺术品内容元

---

[1]　头豹研究院.2019 年中国画廊行业市场研究.［R/OL］.（2020）［2022-01-30］.http：//pdf.dfcfw.com/pdf/H3_AP202008281403371148_1.pdf.

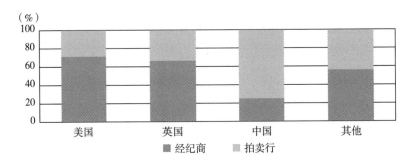

图 3-2　2020 年艺术品一二级市场销售额比例

资料来源：作者自制，数据引自：McAndrew C.The Art Market 2021.Art Basel & UBS［R/OL］.（2021-03-05）［2022-01-30］.https：//d2u3kfwd92fzu7.cloudfront.net/The-Art-Market_2021.pdf.

素与商业产品相融合，借助画廊提供的艺术价值为商品增强客户黏性和捕获新客户，画廊也通过品牌商客户群提升影响力，实现双赢。艺术装饰品代理商则从画廊获得复制艺术品内容的代理授权，通过复制装裱具有装饰功能的画作满足大众鉴赏需求，这一购买力也将刺激收藏家购买艺术原作来获得潜在的所有权变现价值。

二、疫情对艺术品市场的影响

2020 年新冠肺炎疫情对艺术品市场销售额造成了自 2009 年全球金融危机以来最大的年度跌幅。2020 年全球艺术品和古董销售额估计在 501 亿美元，较 2019 年下跌 22%[1]。其中美国、英国、中国占据了 82% 的艺术品销售市场份额。

（一）经纪商缩减运营成本

以画廊为主的经济商运营模式成本很高，其中场地租金或房贷、工资、艺术博览会支出占大头（见图 3-3）。2020 年通过经纪商销售的艺术品销售额估计为 293

---

［1］ McAndrew C.The Art Market 2021.Art Basel & UBS［R/OL］.（2021-03-05）［2022-01-30］.https：//d2u3kfwd92fzu7.cloudfront.net/The-Art-Market_2021.pdf.

亿美元，下滑 20%。只有不到一半的经纪商通过缩减运营成本在 2020 年还能保持盈利，68% 的经纪商寄希望于政府贷款或其他信用贷款。由于疫情引发的经济下滑，经纪商服务的客户基数也从 2019 年的平均 64 位缩减到 55 位。这使经纪商在 2021 年的优先期望是维护客户关系、通过在线销售和艺术博览会扩大宣传。

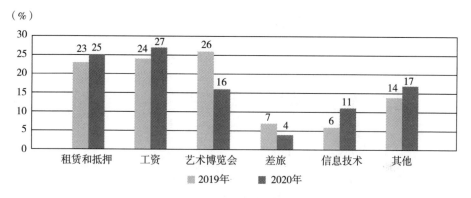

图 3-3　经纪商运营成本分布

资料来源：作者自制，数据引自：McAndrew C.The Art Market 2021.Art Basel & UBS［R/OL］.（2021-03-05）［2022-01-30］.https：//d 2u 3kfwd 92fzu 7.cloudfront.net/The-Art-Market_ 2021.pdf.

（二）中国跃居二级拍卖市场份额榜首

2020 年全球艺术品二级拍卖市场销售额为 208 亿美元，其中公开拍卖销售额为 176 亿美元，较 2019 年下跌 30%；私人拍卖销售额为 32 亿美元，较 2019 年上升 36%。中国、美国和英国占艺术品公开拍卖市场 81% 的份额，中国超越美国占据份额榜首。58% 的线下艺术品公开拍卖销售额是由 100 万美元以上拍品贡献的，而线上拍卖市场中，67% 的销售额的拍卖价格在 5000 美元至 25 万美元，说明线上销售以面向大众消费者为主。

（三）线上销售额翻倍

虽然疫情对艺术品市场整体销售额造成大幅冲击，但刺激了线上销售板块大幅增长，2020 年线上销售额较 2019 年翻倍，占据整体销售额的 25%。高净值收藏家最常用的在线购买艺术品渠道是线上拍卖，其次是网上展厅及网上艺术博览会。线上销售渠道也为艺术品市场引入了一些新买家，但如何提高网站流量吸引更多用户关注仍然是开启线上销售的经济商和拍卖行需要解决的关键问题。

采用线上销售渠道的买家会优先选择经济风险最小、物流费适中、到货质量和线上展示差别不会太大的拍品。摄影类和版画类艺术品成为最适应线上销售的艺术品类也就在情理之中，这两类艺术品在 2020 年的销售量甚至有所上涨[1]。

三、艺术品市场运营模式创新

（一）快闪画廊和移动画廊

面对超级画廊和大型艺术经销商们强大的市场竞争力，中小规模艺术品经销商们开始思考用另辟蹊径的运营模式来谋求生存空间。比较有代表性的是快闪画廊（Pop-up Galleries）和移动画廊（Mobile Galleries）。

快闪画廊最早出现于 2008 年金融危机之后，经济衰退导致大量商业租赁场地空闲，运营者尝试在没有固定地理场所的情况下运营画廊，通过为短租场地精心设计展览空间、提升艺术品文化影响力来吸引人们主动前来寻求艺术品。移动画廊的运营之道与快闪画廊异曲同工——利用一辆汽车的内部空间打造移动的艺术空间。

（二）艺术品电商

经纪商在疫情影响下也转向借助网上展厅（OVRs）的数字化技术向客户呈现艺术品，客户基于与经纪商长期合作积累下来的信任进行交易。二级市场线上拍卖、直播模式也跨越了疫情的阻碍，展开得如火如荼。

---

[1]　AMMA. 2020 年度艺术市场报告 ［R/OL］.（2021）［2022-02-07］.https: //imgpublic. artprice.com/pdf/the-art-market-in-2020.pdf.

（三）艺术品 NFT

从上述几个案例不难看出，包括经纪商、拍卖行在内的传统艺术品市场主体在物理空间推广文化价值比较艰难的情况下，探索脱离固定地理局限，寻求更加灵活、阻力更小的传播空间。艺术品 NFT 或许只是其中的一种探索方向而已。艺术品 NFT 背后的另一股驱动力反映了艺术品市场从小众高端市场向大众消费市场扩展的趋势，面对新生代人群的艺术品位和社交习惯，向他们提供可在数字世界展示的艺术价值，例如具有稀缺性的付款码皮肤，可能是一个长期导向。

四、区块链在艺术品市场的应用前景

前文已指出，传统艺术品市场由画廊和拍卖行分别主导一级和二级市场，面向高净值客户形成小众高端市场。在经济萧条、疫情等大环境影响下，艺术品市场向大众消费市场扩展，探索脱离地理局限的运营模式，基于区块链的艺术品 NFT 是探索方向之一。

艺术品 NFT 作为一种无版权的复制品，面向大众消费市场较为合理，而非看重长期升值空间的高净值收藏家或投资者。因此，讨论艺术品 NFT 本身的原创价值可能没有多大意义，它提供的是满足大众品鉴的装饰功能。

艺术品市场的线上销售之路目前存在的瓶颈至少有两个：一是如何为网站获取更多流量。传统艺术品市场经纪商、拍卖行年度服务的客户规模在千位数级别，蹭 NFT 的热点对于他们而言是不错的选择。二是如何打击线上销售仿品，保护原创版权。目前 NFT 并不能解决实体艺术品的假冒问题。

艺术品市场中，中小型画廊或经纪商在寻求金融服务方面或具有比较强烈的需求和困难。现在 NFT 市场出现了许多 DAO（分布式自治组织）这类带公益性质的组织，支持艺术家或中小型画廊克服早期创造和推广艺术价值的资金短缺问题，不失为一种值得探索的实验方向。

区块链 + 艺术品市场

一、应用形式和市场概览

通过调研 60 个 30 天交易额超过 1 万美元的 NFT 应用项目，我们可以总结出 5 种主要的 NFT 应用形式，如表 3-1 所示。

表 3-1 NFT 应用形式及市场份额

NFT 应用形式	近 30 天交易额前两名	交易额占比（$365M）	用户量占比（558K）
收藏品	Rarible（以太坊）46%，地基（以太坊）24%	15.0%	4.7%
卡牌	加密朋克（以太坊）42%，NBA 精彩进球（福洛）26%	69.6%	51.3%
元宇宙资产	Axie Infinity（以太坊）25%，沙盒（以太坊）23%	12.0%	42.0%
特色	Alchemy DAO（以太坊）50%，Aavegotchi（Polygon）30%	3.2%	0.8%
域名	以太坊域名服务（以太坊）	0.2%	1.2%

注：交易额总量（365009165 美元）与用户量总数（558487）的计算方法：从 2021 年 5 月 10 日 dappradar.com 及 nonfungible.com 网站上列出 NFT 产品按近 30 日交易额大于 10000 美元的条件筛选，余 60 个 NFT 产品，将其 30 日交易额和 30 日用户数加总。同时，将筛选所得 NFT 产品按应用形式分类，统计每种形式所占比例。对于表中所列前两名代表产品，计算其 30 日交易额占所属分类的比例。

资料来源：作者根据 DappRadar 和 NonFungible.com 网站（截至 2021 年 5 月 10 日）数据自制。

收藏品、卡牌、元宇宙资产并没有明确的区分，这里我们将数码艺术品或 IP 联名纪念品归类至收藏品 NFT；而通过多维度属性构建的具备不同稀缺度的系列产品归类至卡牌 NFT，这类 NFT 内容素材可以来自加密原生或主流社会知名 IP；

元宇宙资产指已经可在某款元宇宙概念游戏里挖掘、使用、交易的 NFT，包括虚拟地块、人物形象、武器装备、场景装饰、域名等。在某些元宇宙场景中，第三方卡牌、收藏品 NFT 也可作为资产导入，展现出了较高的互操作性。

从交易额和交易用户量看，卡牌 NFT 占市场份额过半，收藏品 NFT 相对小众，元宇宙资产已经吸引了近半数的交易用户量，但交易额相对较少，主要原因是 96% 的元宇宙资产交易用户来自 WAX 区块链上的 Alien Worlds 游戏玩家，进行均价 10 美元的游戏资产交易（以太坊生态游戏资产交易均价是其 400 倍）。

除了这三种主流 NFT 应用形式，市场还尝试推出了一些票据 NFT、出席证明 NFT、基于 NFT 的合成资产等。这些 NFT 形式多样、有声有色，从 2D 平面图到 3D 动态影像都有，有些还配以 VR/AR 辅助展示功能，来增强交互体验。以 ENS 为代表的域名 NFT 是去中心化生态的一种基础功能型代币，但尚未实现大规模应用。

二、新的产权特征和交易机制

NFT 具备的非同质化特征能将某个具体的收藏品或游戏道具映射为区块链上的一个 Token，并将有关信息锁定在 Token 合约内；区块链保证该信息难以被篡改，并通过非对称加密对其认证及确权。上述技术为虚拟商品容易被复制、产权难以溯源等问题提供了一条解题思路，故而能把传统商业圈的艺术家、体育明星、IP 运营商、收藏家们吸引过来也可想而知。但区块链和 NFT 技术真的把问题解决了吗？我们不妨从 Beeple 天价画作的整个交易过程一窥究竟。

• 2021 年 2 月 16 日，Beeple 通过 NFT 发行与交易平台 Makersplace 调用智能合约创建 NFT，通过设定总量为 1、发行量为 1，限定了该 NFT 只代表唯一一件收藏品。Beeple 将存有收藏品相关信息元数据的路径以数字摘要的形式上传至区块链。而这幅 319MB 的巨型拼贴作品实际上是以 Jpeg 的格式保存在了去中心化存储系统 IPFS 中，只将访问该作品的路径同样以数字摘要形式存储在元数据中。

•2021 年 3 月 11 日，该作品在佳士得完成拍卖，这是佳士得第一次挂拍 NFT 作品，也是第一次接收以太币支付。根据佳士得官网信息，该平台对买家收取落槌价 14.5%~30.5% 不等的佣金，对卖家也会按比例收取一定手续费。表面上佳士得接受以太币支付，但对参与竞拍的买家设置了门槛，要求买家提前注册并只能采用经 Coinbase、Fidelity、Gemini、Paxos 旗下托管公司认证的地址进行以太币支付，以应对合规要求。

•2021 年 3 月 13 日，Beeple 通过 Makersplace 平台调用智能合约将 NFT 转至买家以太坊地址。

Makersplace 是支持收藏品 NFT 的发行及点对点交易的平台之一，Beeple 在该平台发行过 119 枚名为 MP-BEEPLE 的专属系列 NFT 并出售给 109 个买家。从佳士得的这次拍卖事件可见，区块链能够赋予艺术品新的产权特征，帮助艺术品市场探索一些新的交易机制，但仍存在如下问题有待明确。

（一）利益分配规则设计有待完善

在传统商业模式下，数字版权的收益由创作者、发行方、中介分摊，创作者最终能拿到的部分很少。Makersplace 利用 NFT 智能合约简化了发行环节（Beeple 发行其天价画作时花费 131 美元用于支付以太坊手续费，这是可以在技术层面降低的），但仍然是以中介平台的方式在运营，对一级拍卖买家收取 15% 的手续费；而对于 NFT 的二级市场交易，大部分 NFT 点对点交易平台采用回扣机制（Royalty）来增加创作者收入并收取额外的手续费。例如，Makersplace 对每一笔二级市场交易收取 12.5% 的手续费，将其中的 10% 作为回扣支付给创作者。

Rarible（RARI）"生态化"的机制设计使之成为交易额最大的收藏品 NFT 发行及交易市场。创作者可以按自己设定的回扣比例获得全部收益，而平台创建者通过发行的治理代币 RARI 获得收入，平台参与者都可通过发行、交易 NFT 等行为获得 RARI 空投，但这种设计使其曾陷入交易清洗（Wash Trading）丑闻，RARI 代币是否会被列为证券也尚不明晰。针对版权问题，Rarible 提供了对收藏品的验证和举报渠道。Rarible 也在努力打通 Opensea 等其他二级市场来完善对 NFT 的交易链条的追踪和回扣机制。

（二）NFT 锚定物的永久性

区块链能记录的数据有限，高清数字收藏品需借助第三方设施存储，大多数 NFT 保证的是持有人对指向该收藏品路径及作品发布方签名信息的所有权，需要有人保存收藏品并维护路径。目前大部分收藏品 NFT 采用的是 IPFS（星际文件系统）分布式存储方案，已基本满足当前市场需求，当然也有一些强调数据永久性的项目（如 Autoglyphs、Avastars）推出及有关程序化生成技术（Procedural Generation）的讨论。

（三）NFT 锚定物的版权

NFT 通过创作者签名可防止被仿冒，其不可分割的特性也能保证同一个 NFT 不能在不同市场复制出售，但 NFT 锚定物的数字版权归属目前并没有在 NFT 合约里限定并形成共识。虽然多数 NFT 点对点拍卖市场在用户条款中指出数字版权归创作者所有，收藏品 NFT 交易者购买的只是艺术家原作副本的所有权，不能用于商业用途，但对数字版权的认证保护仍然需要依赖监管方。这使 NFT 点对点交易市场支持的交易内容比较局限。所有权认证问题也是实物资产映射成 NFT 进行交易的一大阻碍，需要实现所有权认证随 NFT 同时转移的功能，例如，用另外一个认证 NFT 代表所有权归属，这需要引入具有公信力的认证机构。同时，跨平台版权检验、纠纷解决机制也有待设计。

（四）NFT 发行与交易的合规性

收藏品 NFT 的发行一般基于某个具体的艺术作品，创作者可以限定发行数量并记录在 NFT 中，在拍卖平台以固定价格、限时拍卖、不限时拍卖等形式出售；卡牌和元宇宙资产 NFT 由运营方创建，以空投、固定价格售卖、分批递增价格售卖、游戏奖励等方式发行，在卡牌游戏中也可能存在配对已有卡牌生成新卡牌的方式发行。这些 NFT 均可在发行平台或 OpenSea 等二级市场以点对点拍卖的方式流通。NFT 点对点交易容易出现左右手倒卖、洗钱等问题，增加了交易平台运营方的合规成本。

大部分 NFT 的发行过程有对应的锚定物，并不存在融资属性，但不乏一些激进的尝试。例如，Niftex 提供了抵押 NFT、拆分创建同质化代币来提高 NFT 资产流动性和金融属性的服务，根据美国证券交易委员会委员 Hester Peirce 的观点，一些可拆分的 NFT 在某些情况下可能被视为未注册的证券，那么 Niftex 的业务模式可能会面临较大的监管压力。

对于国内监管环境而言，根据国发〔2011〕38 号文和国办发〔2012〕37 号文，权益类交易需持牌经营，NFT 交易在国内可能会面临很高的合规门槛。

三、对数据要素市场的启发

NFT 成功的商业模式为市场提供了一种和数字资产进行互动的新方式：数字资产作为数据要素的一类，通过 ERC721 等智能合约标准被标准化为通证，并赋予可编程的金融或商业运营属性，使其在以开放社区为主的圈子里以透明可追踪、可去中心化认证的形式流动起来，为数据要素市场的构建提供了一定的借鉴。

（一）NFT 将数据冶炼成资源

围绕数据要素市场的探索离不开对数据要素特征、价值和配置机制的思考。数据要素的特征之一是非同质化比较普遍，数据要素涵盖的范围、分类并不像其他要素一样达成了明确的共识，在未形成分类标准情况下的微观市场结构更加多样，大多借助类似于金融衍生品场外交易的形式开展交易。

数据要素的另一个特征是数字化特性。数据要素不像土地、劳动力和物理资源那样在物理空间具有微观原子构成的唯一性和迁移阻力。数字化特性使其极易被篡改或复制，在生产和交易过程中容易被攻击破坏从而侵害数据要素本身的价值，对本来就不如场内交易规范的场外交易市场带来更多障碍。

一方面，NFT 实现了为一部分数字资产构建标准化合约，将其映射为区块链上的非同质化通证，并可依赖区块链构建信息相对更加透明、可追溯的点对点交易市场。另一方面，NFT 使数字资产具备一定的类物理属性：在数字世界，NFT 无法被复制，未经发行方认证的 NFT 会被迅速识别，其转移是原子性的，而非中心化服务器里的复制粘贴。因此，NFT 有望应用于将数据要素"冶炼"成数字世界的资源，来对其价值加强保护，并推动标准化的落实。

但基于现有区块链平台的 NFT 还无法真正实现这一点，其中一个最大的问题是区块链上的数据存储成本非常高，目前只是把指向中心化服务器或分布式存储 IPFS 上某文件的链接哈希上链。虽然 IPFS 在 BitTorrent（比特流）的技术方案中通过路径优化提高了搜索经分布式存储的内容碎片（chunk）的性能，但两个缺点的存在导致它不能作为最终方案：①它与记录 NFT 交易路径的区块链是两个孤立的系统，这种第三方依赖给 NFT 的持久性带来风险；②它缺乏良好的激励机制来保证分布式存储节点持续共享资源。针对第二个问题，基于区块链的、引入经济激励机制的分布式存储解决方案正在作为 IPFS 的替代方案进行技术迭代，针对第一个问题，有可能通过桥接其他有存储优势的区块链寻求向外扩容。提出递归 ZKSNARK 的轻量级区块链协议 Mina 在和以太坊基金会联合寻求第三方团队在以太坊上探索 SNARK 应用。

（二）NFT 价值捕获形式的启示

从数据要素所处产品生命周期角度去区分，一部分数据要素可直接作为最终产品，为购买者带来使用或服务价值，如数字艺术品、影音文件等；一部分数据要素作为中间产品可经过加工提炼出非噪声信息。按照 DIKW 模型（数据、信息、知识、智慧）提供的分析框架，基于一些数据，人们可依次提取出信息、知识和智慧等更高阶的数据要素，而这些提取过程和应用场景紧密结合。

NFT 二级交易市场 OpenSea 上的产品类别包括艺术品、音乐、虚拟世界资产、交易卡牌、收藏品、域名等，在上述按价值属性分类框架下，目前 NFT 的几种主流应用形式以输出最终产品为主，以满足购买者的娱乐、投机等需求，需求群体相对小众，并存在难以形成公允定价、流动性差等问题。

从价值捕获方面看，对于铸造 NFT 的发行方，例如数字艺术的创作者，他们实际上是在拥有原创数字版权的基础上，以 NFT 的形式推行复制品，实现版权价值变现；另一部分价值通过构建起的项目、平台、生态长期发展捕获。对于 NFT 购买方，其价值来源于 NFT 本身赋予他的使用或服务价值，或炒作 NFT 带来的预期收益。从这个角度来看，提高 NFT 市场流动性的一个可能的努力方向是使 NFT 输出更多高阶数据要素价值，扩大需求方规模。

（三）NFT 的互操作性的启示

从经济学特征角度去区分，可根据竞争性和排他性将产品分为四种，如表 3-2 所示。

表 3-2　按经济学特征对产品分类

	排他性的	非排他性的
竞争的	私人产品	公共资源
非竞争的	俱乐部产品	公共产品

资料来源：作者自制。

在 NFT 市场中，我们可以观察到的一个现象是一部分俱乐部产品转变成了私人产品。例如，一个爆款游戏要给 100 万用户每人赠送一种虚拟游戏道具。在传统业务模式下，将某个中心化数据库中对应该虚拟游戏道具的数据要素以记录账本的形式与 100 万个游戏 ID 关联，这个数据要素可被不同人在同一时间使用，重复使用也不会使其产生损耗，是非竞争性的。而在 NFT 的实现方案中，游戏资产可以通过 NFT 的形式具象化，分配给每个用户独立拥有，使其获得绝对控制权；这些 NFT 可在用户的控制下，开始不同的生命周期捕获差异化价值，并能在一些二级交易市场自由出售。通过私钥签名认证进一步确保了产品的排他性。一些创意作品的复制品，在购买者的运作下（如绑定 Twitter 评论、与其他 NFT 合成等）可能具备不相等的价值，体现出不同的影响力增值。

而 NFT 提供的这种"私有化""定制化"功能又使数据要素流通更加自由，使其更容易在多个自组织的社交文化圈实现互操作，且成本边际递减；与之形成对照的，在多个不同的中心化服务器维护的数据要素产品之间构建互操作性要困难得多。

（四）NFT 可编程特性的启示

智能合约的可编程特性使得 NFT 市场交易机制具备更多灵活性，交易过程中的利益分配可以按编写的程序自动触发执行，帮助版权拥有方获得长期被动收入。在交易撮合方面，智能合约也可以实现多种 NFT 的自动化做市机制，来应对长尾资产流动性差的问题。数据要素市场也可借鉴这种可编程性赋予配置机制更多灵活性。

区块链 + 创作者经济

一、创新方向

创作者经济是区块链可以结合应用的一个新兴方向。创作者经济描绘的是一种让创作者在获取劳动所得及与用户互动过程中占有主导权的新市场。与创作者经济相对的原有模式是创作者依靠经纪商或网络媒体、科技公司提供的分发平台与用户对接。经纪商或分发平台利用其在推广创作作品和获取用户流量方面的优势，对作品资源和用户流量的分配和获益方式实际上拥有主控权，并通过插入一些算法推荐等广告业务为其带来更多收益，甚至让广告成为主营业务，以至于并不需要关心创作者是否能捕获忠实付费粉丝。这在一定程度上会削弱创作者作品价值的有效传播能力，创作者的实际收益也因为中介寻租成本变得很少，大部分利润被中介获取。由于平台同时掌握大量用户隐私数据，个人隐私泄露已是被摆到台面上急需关注和解决的问题。

在这样的背景下，互联网领域已有一些主打创作者经济概念的项目推出。例如：为创作者服务的众筹平台 Kickstarter；为内容创作者提供杜绝广告推送、一对多邮箱订阅博客内容、内容创作者可带走订阅用户邮箱列表的写作平台 Substack。在 NFT 逐渐被大众了解后，结合 NFT 和社交代币的创作者经济模式成为一个新探索方向。

（一）去中心化的激励机制降低获客成本

基于区块链发行的通证，不管是同质化的还是非同质化的，都具有两个最显著的特征：基于密码学的可验证性和基于共识机制的可审计性。通证能将指定对象及对权属的声明保存在区块链上，并不需要依靠可信的第三方进行转移流通，所以配以合适的激励机制就可以替代一些依赖中介的应用场景。比特币本身就是一个可以用来佐证的落地案例。通过比特币白皮书所呈现的技术创新性、挖矿奖励、信仰者的口口相传、社区组建的水龙头网站激励等，基于算法发行的数字货币逐渐拥有交易市场和交易价格。

凯文·凯利的《一千个忠实粉丝》观点指出，创作者实际上只需要依赖一小部分忠实的付费粉丝就可维持经营。在创作者经济模式中引入社交代币后，创作者可以通过向忠实粉丝发行社交代币的激励方式提高用户黏性，忠实粉丝在社交代币的经济激励下可能有动力主动帮创作者推广其作品，形成共创模式，即将版权的一部分收益权分配到社区。于是有人提出"点对点"营销（peer-to-peer marketing）的概念，但是点对点营销和传销的边界很模糊，推广作品的动力来自于对作品的真实喜爱还是对新引入的社交代币增值的期望很难说清楚。

（二）市场透明度赋予创作者调控利基市场能力

在主流模式下，创作者的运营能力非常有限，如果由他们自己承担大部分工序不大现实。而互联网创作者经济模式下的平台偏向于一种 SaaS 服务，为创作者提供生产运营过程中的必要工具，让创作者对自己作品的生产、销售、售后过程有主控权，从平台驱动版权变现模式过渡成创作者主导版权变现模式。但互联网模式下很多信息对创作者而言是不透明的，当然有些平台会提供一些数据服务工具，帮助其调整自己的运营策略。

区块链为创作者提供了更前沿的开源基础设施和 BaaS 服务，且不论这类 BaaS 服务目前是否具备产品级性能，单从功能创新角度去观察，市场透明度可赋予创作者调控利基市场能力。

从本质上讲，我们现在观察的是一个由小众用户支撑起来的利基市场，创作者的作品依靠独特性和创意价值触达并满足一小部分受众的需求。而创作者对这类长尾市场里的需求程度并不明确，往往很难为自己的作品确定合适的价格和数量，对于一些在意收入的创作者来说，可能会发现很多利润反而被炒作的"黄牛"赚取了。通过将作品的兑换权铸造成 NFT，并在基于区块链的市场里流通，创作者能比较方便地获取市场交易定价信息并通过调整供应量来调整市场价格，同时也能迅速识别他的潜在忠实客户，而这些过程不需要经过中介。

（三）创作作品成为社交入口且具有生命周期

试想某创作者创造了一个二次元形象，并发行了该形象的限量版数码艺术 NFT，忠实粉丝买入收藏，创作者不定时举办社区线下会议（Meetup），持有 NFT 的粉丝可报名参加，NFT 就具备了门票功能；再过几年这个形象变成了有名的 IP，与某游戏公司达成合作并引入到游戏中，该 NFT 又具备了游戏准入权限和作为元宇宙里的虚拟人物形象的功能。上述场景描述有赖于 NFT 可编程性和便携性特征，目前还没有在已有落地案例中得到充分的展现。未来用户可能携带代表各种权益的 NFT 进入不同的场景，开发者可能要考虑面向这些 NFT 开发服务设施、进行机制设计，而不是面向一个个孤立的应用场景开发。

二、现实障碍

然而，以上的试想在实践中无疑会碰到诸多障碍。虽然很多 NFT 已经在市场上流通了，但 NFT 本质上代表的权利约束还很少有人去辨析。这在讨论创作者经济应用模型的背景下尤为重要，因为创作者经济输送的核心价值就是利基市场里较为稀缺的创意文化价值，这种价值是属于精神世界的，不管有没有实体物质作为载体，都存在被剽窃、盗版的可能，靠简单锚定某个元数据的 NFT 不能抵御这种攻击，存在被复制、修改、删除的可能，这就成为它的一大弱点。

创作者保有对其原作品的版权或者说著作权。如果把创作品作为原创品的复制品进行传播，在创作者进行版权变现过程中，通过铸造 NFT 的形式流转给买方，那具体将什么权利转移给买方了呢？这在现有的大部分交易平台和拍卖市场中并没有得到明确。而这里涉及的权利和约束可以是非常细化的，例如，NFT 艺术品大部分是对原作的复制品，这牵扯到发行方是否有复制权，而买家买到这一 NFT 后，一般用来展示或交易，那么买家是否具有对艺术复制品的展示权、交易权以及是否限定在哪些场合展示、交易呢？如果这些权利约定不明确，就表明 NFT 的价值来源不明确，会给市场带来潜在风险。这也会影响到基于 NFT 的抵押借贷等金融服务的立足点，如展示权之类的权利声明似乎难以形成市场公允价格，而投机炒作预期收益则更加不适合作为一种估值来源了。

如果把创作品视为文娱消费品输送给用户，即用户并不在意附属的权利，只在意是否满足当时的消费需求。比如听一场脱口秀，看一篇醍醐灌顶的解读，可能很多用户不是在意接收到的内容是不是原创，而是在意内容好不好笑、有没有道理，更不会去追问自己有什么权利。这就可能导致出现柠檬市场效应，让高质量原创者被迫降低利润。当创作者作品的原创性产生纠纷时，维权取证和界定过程都很难，通常需要引入第三方专业机构。如果这一点无法规范，就可能会影响通过创作者经济模式形成高质量文创社区的初衷。

为了避免一些侵权纠纷、洗钱、恐怖主义融资、传播非法内容等法律责任，OpenSea 要求创作者和用户申请账户并按客户条款自觉履行相关法律义务，OpenSea 保留对 NFT 作品进行直接销毁的权利。由此可见，现在仍然得依靠一个中介平台来处理潜在的纠纷和法律冲突，而平台和账户体系的存在，意味着如何保护个人隐私依然是这种模式下的痛点。

元宇宙

一、可编程的区块链凭证

NFT 作为区块链凭证的一种，相较同质化凭证具备更丰富的应用场景，是构建元宇宙不可或缺的基本组件之一。目前市场上大部分 NFT 是根据以太坊 ERC-721 或 ERC-1155 标准铸造的。这些 NFT 虽然具备了若干内禀属性，如唯一 ID 标识、可验证、可审计、不可分割、便携性等，但尚未充分体现区块链系统在塑造 NFT 功能特性方面的潜力，在实现可编程性、互操作性、可交互性、可组合性等功能维度上还有很大的改进空间。

而可编程性在这几个特性中处于基石地位，其他特性的发挥有赖于可编程性的实现程度。如果把具备可编程性的区块链凭证抽象成一个函数，互操作性、可交互性、可组合性就类似于对函数进行传参、迭代、联立计算等数学操作。对函数的定义将影响到这套模型的计算能力，对可编程逻辑的定义将影响到区块链凭证可实现的应用功能。

可编程性在传统金融系统中已实现，体现为"货币可编程性"。例如：零售端的微信红包将社交需求巧妙地结合到支付工具中，内嵌了一对多派发逻辑和随机算法；企业端也可利用软件自动定期向关联企业、员工和税务机关付款，免除烦琐的纸质人工作业；疫情期间，韩国发放了一种限定使用范围和期限的补贴来刺激经济，体现了政府层面货币可编程性的实际应用。

那么基于区块链和智能合约实现的可编程性与传统账户系统基于信息化手段实现的货币可编程性有何区别？前者的意义在于什么？本书第四部分中的"货币可编程性"将对此做很好的辨析，提出关于货币可编程性的含义、依托技术、实现功能、遵循原则四个关键问题。此处，我们不妨将可编程货币的技术模块抽象为由价值载体和编程逻辑这两个组件构成。内生可编程性强调这两个组件不可分割地存储于同一个地方且存在内生关联，例如内嵌签名脚本的 UTXO（未花费的交易输出）、加载智能合约的数字资产。而传统账户系统提供的自动化金融程序属于外生可编程性，一般通过 API（应用编程接口）关联两个孤立存储的组件实现一定的互操作。这两种模型的对比如图 3-4 所示。

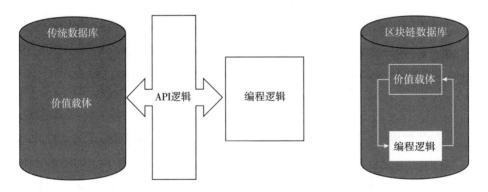

图 3-4 外生可编程性（左）与内生可编程性（右）

资料来源：作者改编自：Alexander Lee.What is Programmable Money？ FEDS Notes.Washington：Board of Governors of the Federal Reserve System［EB/OL］.（2021-06-23）［2022-02-07］.https：//www.federalreserve.gov/econres/notes/feds-notes/what-is-programmable-money-20210623.htm.

不管依托什么技术，可能还需要辅以经济、政治、声誉等层面的激励手段来获得"一致性保证"（Coherence Guarantee），确保技术模块按照可编程性的设计目标运转。例如，在区块链系统中需要对拥有交易排序权的矿工或区块提议者进行恰当的激励来避免恶意攻击或 MEV（最大可提取价值）的攫取。

在上述对比之下，区块链系统实现可编程性的意义在于：①编程逻辑的去中心化；②业务方对接金融服务的非许可化；③业务逻辑的整合优化。

如图 3-5 所示，编程逻辑的去中心化可避免业务运营方的信用风险，由 App 演变为 DAPP，保证产品和服务的可得性；同时非许可的区块链环境也允许开发者自主创造编程逻辑，并无缝对接到区块链平台的开放金融服务，降低基础设施获取门槛和成本，有助于丰富业务内容和提高产品竞争力。这样不仅打破了靠 API 连接各类基础设施服务孤岛的状况，而且还能让区块链这一提供去中心化存储和计算的基础设施下沉，让开发者专注于 DAPP 业务层的开发；而价值载体也不再局限于货币，可扩展为数字资产、数字身份、数字权限等对象，编程逻辑也可用于满足支付、金融、商业、社交等多方面需求，并有望将不同需求的编程逻辑进一步整合优化，消除中间的摩擦或壁垒，优化业务流程和用户体验。

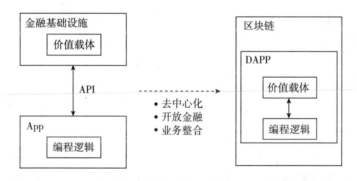

图 3-5　可编程性的抽象表达及区块链系统实现可编程性的意义
资料来源：作者自制。

在上述意义下，进一步探讨区块链凭证的可编程性显得更有方向感。有别于基于同质化代币实现的简单转账、互换、借贷等功能，NFT 应用理论上可以开始探索更加复杂的业务逻辑。不管是 Uniswap V3 的流动性代币，还是代表 Jpeg 所有权的艺术品 NFT，NFT 具备的功能取决于账本模型和智能合约标准的定义。账本模型定义了价值载体的存储结构及其与编程逻辑的关联关系，而智能合约标准通过定义方法、构建函数来实现模块化的编程逻辑。可见，编程逻辑的迭代是发展 NFT 相关业务的一个重要方向。

二、元宇宙的概念和发展前景

元宇宙为我们畅想了一个集合 VR、AR、3D 技术的虚拟世界，愿景是让玩家沉浸在一个由 AI 驱动、多人协作涌现前所未有交互体验的心流网络。元宇宙需要引人入胜的故事内容和创意体验来吸引用户，需要设计自组织的社会经济学实验激励多人协作沉淀精神价值，NFT 代表的虚拟资产和权限为不同游戏场景带来真实的联结，让用户在虚拟世界中拥有相比互联网游戏更大的主控感和真实感。

"当我意识到一些孩子能够从虚拟世界中，例如游戏、电影中发现美时，我意识到了时下价值观的真实变化。"[1] 日本当代艺术家村上隆在和一群小孩玩疫情期间风靡一时的 Switch 游戏《动物森友会》时获得启发，加入数码艺术家行列，并将其像素艺术 NFT 在 OpenSea 上拍卖。

如果说元宇宙的未来是一片想象力变现、注意力争夺的市场，从卡牌 NFT 和元宇宙资产 NFT 所占的市场份额，我们也隐隐察觉到用 NFT 勾勒的元宇宙雏形正在迅速捕获先行者的注意力。

（一）卡牌 NFT 正在向游戏和商业场景寻求外延价值

卡牌 NFT 已经塑造出了多种具有不同风格和文化背景的角色系列，以多维度特征组合构成具有不同稀缺度的 NFT。用稀缺度来支撑 NFT 的价值，这点有沿袭比特币的创建思路为加密原生非同质化资产赋值的意思，以现象级游戏迷恋猫（CryptoKitties）为鼻祖，已经有四年的发展史。但仅仅基于稀缺度，卡牌 NFT 价值的增长并不具备可持续性，它仍然需要寻求外延价值来支撑。

目前，可以观察到卡牌 NFT 正在通过结合游戏体验和附加权限来捕获更多价值。例如，以太坊上一款名为无聊猿游艇俱乐部（Bored Ape Yacht Club）的卡牌 NFT 将解谜游戏与盲盒结合，第一步随机出售不同稀缺度的猩猩卡牌，该卡牌同

---

[1] https://www.instagram.com/p/CNBz4Dll89x/？utm_source=ig_web_copy_link。

时是进入下一轮游戏的凭证；第二步陆续推出场景式解谜游戏，胜利者获得 ETH 或典藏级猩猩卡牌奖励。又如，热度仅次于 NBA Top Shot 的体育卡牌 Sorare 将足球明星卡牌的收藏价值与对真实足球赛事结果的竞猜活动结合，玩家集齐 5 张职业球员卡牌可参与竞猜，根据职业球员的真实比赛积分排名，获胜者赢得相关奖励。Gods Unchained Cards 则比较完整地将互联网流行的回合制竞争卡牌游戏在以太坊上得以实现。此外，NFT 交易平台 Ether Cards 发行了一种不同等级的会员卡 NFT，使得持卡艺术家、收藏家具备额外收益或折扣特权。

（二）元宇宙游戏的发展不容小觑

目前已经有多款元宇宙游戏在区块链上推出，并开设元宇宙资产 NFT 的交易。不同于早些年以 Fomo（Fear of Missing Out）、博彩为主的游戏应用，现在的区块链游戏项目已经具备互联网游戏拥有的主题场景和情节交互体验。

元宇宙资产 NFT 的流行来自两股驱动力：一股是专门构建链上原生元宇宙游戏的开发者，如 Axie Infinity、The Sandbox、Decentraland；另一股是迫于传统商业模式压力的游戏资产交易运营方，如 Enjin、WAX。Enjin 是 2009 年推出的在线游戏社区创作平台，孵化了大量游戏社区并支持社区商店销售虚拟商品，2017 年开始转型为基于以太坊的游戏社区生态，支持开发者基于区块链开发元宇宙游戏及 NFT 的点对点交易。

NFT 为游戏资产的交易带来了便利，其不可分割、不可复制的特性也使虚拟世界的资产不再是一串简单的信息，而变得具象化、可度量，有点物理世界实物资产的感觉，其代表的资产属性和权限更是为不同游戏场景带来真实可控的联结，让用户在虚拟世界拥有相比于互联网游戏更大的主控感和真实感。

三、元宇宙经济学

近期关于元宇宙有很多讨论。尽管对元宇宙的形态和演进路径仍有很多不同意见，但一个普遍共识是，经济系统是元宇宙的核心要素之一。那么，该如何理解元宇宙经济学？这就是接下来要探讨的问题，主要分成四个层次进行：一是稀缺性与可交易的价值；二是比特世界与原子世界的融合；三是可编程价值；四是分布式架构与自发秩序。

（一）稀缺性与可交易的价值

在元宇宙中，价值是如何实现的？价值既来自原子世界，更来自比特世界。价值无处不在，我们先专注可交易的价值，也就是能参与经济活动的价值。可交易的价值的前提是具有稀缺性。稀缺性的含义是，不是所有想要的人都能获得，因此需要一套资源配置机制。举个例子，阳光普照大地，价值巨大，但不可交易，通过太阳能电池转为电能后才成为可交易的价值。

在我们熟悉的原子世界，稀缺性是怎么产生的？第一，自然要素禀赋有限、能量和物质守恒约束等造成的稀缺性。例如，在工业生产中，给定资本、劳动等要素投入以及生产可能性边界等的条件下，产出总是有限的，很难无成本地复制原子世界的产品。第二，政治制度和法律规制造成的稀缺性。一个典型例子是货币。货币供给一方面要匹配经济增长，另一方面又不能增长过快，以免推高通货膨胀。历史上，货币曾通过直接使用或挂钩贵金属来保障稀缺性；在信用货币时代，货币的稀缺性则是通过中央银行制度来保障的。另一个典型例子是碳排放权。碳排放权作为一种温室气体排放的权利凭证，是人类社会为满足减排目标，根据经济学理论而创设出的一种新资产类型，在金融发展上具有划时代的意义。

在多数情况下，原子世界的产品有清晰的产权，交易体现为所有权变更。卖家在出售产品后，一般不再保留追索权（见图3-6）。

与原子世界相比，比特世界的经济规律有一定特殊性。首先需要澄清的是，比特世界不等于虚拟世界。与原子世界一样，比特世界也凝聚着人类的思考和劳动，也满足着真实的人类需求，从娱乐的需求、社会交往的需求，到学习的需求、工作的需求。这些需求都是真实存在的，与人类在原子世界满足的需求并无二致。

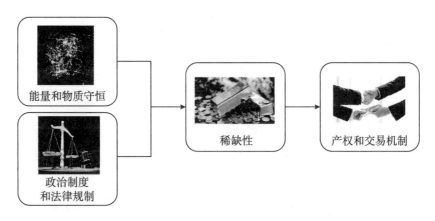

图 3-6　原子世界的稀缺性

资料来源：作者自制。

美国印第安纳大学的爱德华·卡斯特罗诺瓦（Edward Castronova）教授是对游戏中经济活动进行严肃分析的专家。他的核心结论是，游戏中的经济活动，与现实经济活动遵循相同规律。卡斯特罗诺瓦教授在 2001 年就发现，如果将 MMO 游戏《无尽任务》中的 Norrath 视为一个国家，其人均 GDP 介于俄罗斯和保加利亚之间。对这方面问题感兴趣的读者，可以阅读卡斯特罗诺瓦教授与合作者于 2014 年通过麻省理工出版社出版的《虚拟经济：设计与分析》（*Virtual Economies：Design and Analysis*）一书。

人类为什么需要比特世界，而且需要的程度越来越高？这主要有两方面原因。第一，人作为生命体，需要不断摄入负熵，才能维持生命秩序，而负熵有两种主要形态：一是以食物代表的能量；二是比特世界的信息。第二，人类突破原子世界的需要。不管在时间上，还是在空间上，人都是有限的存在。比特世界给予人类超越原子世界规则的体验，摆脱了物理意义的时空观，让现实生活中的时间与地点对人类活动的限制大大削弱。

人生中有很多选择是不可逆的。我们经常思考，如果在过去某个时点，做了另一种选择，今天面临的局面是否不一样。罗伯特·弗罗斯特在一首著名的诗中写道："一片树林里分出两条路，而我选了人迹更少的一条，从此决定了我一生的道路。"这首诗的标题是《未选择的路》(*The Road Not Taken*)。显然，这个标题在内涵上与 Second Life、Metaverse 有相通之处。人生无法做受控实验。对这类问题，我们只能从比特世界中寻找答案。

与原子世界不同，比特世界的产品不太受到自然要素禀赋或生产函数的限制，不属于能量和物质守恒定律讨论的对象。理论上，比特世界的边界由人类的想象力决定，有无限可能，会永远拓展。原子世界的产品一般有磨损和折旧，但比特世界的产品几乎不会灭失。原子世界的产品很难被复制，但比特世界的产品很容易被复制。

在这种情况下，如何让比特具有稀缺性？目前主要有三种方法：第一，信息防扩散技术，以信息隐藏技术（"数字水印"）和数字权利管理（DRM）等为代表；第二，以安全多方技术（MPC）、同态加密等为代表的隐私计算技术，让数据"可用不可见"；第三，区块链技术，体现为同质化和非同质化 Token（以下分别简称为 FT 和 NFT）。区块链的不可篡改、不能"双花"和交易可审计等特征，让 FT 和 NFT 等数字符号具备了稀缺性。

经济学对产品分类主要看两个维度。第一，非竞争性。当一个人消费某种产品时，不会减少其他人对该产品的消费。比特世界的很多产品可以被重复使用，重复使用不会降低产品的数量或质量，并且可以被不同人在同一时间使用，因此具有非竞争性。第二，非排他性。当某人在付费消费某种产品时，不能排除其他没有付费的人消费该产品，或者排除的成本很高。让比特具有稀缺性的技术和制度，本质上就是让之前的公共产品、公共资源和俱乐部产品，变为在原子世界中常见的私人产品。

（二）比特世界与原子世界的融合

肖风博士在 2021 年 7 月关于元宇宙的一次演讲中将人类社会的数字化迁徙分为三个层次：数字孪生、数字原生、虚实相生。沿着他的思路，我们可以看出比特世界与原子世界正在从六个层次趋向高度融合（见图 3-7）。

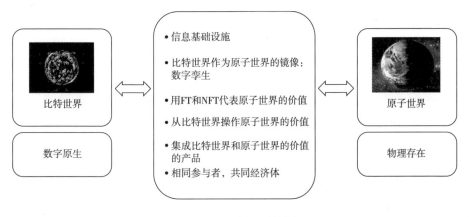

图 3-7 两个世界的融合

资料来源：作者自制。

第一，信息基础设施。比特世界运行在原子世界提供的一系列信息基础设施上，比如计算、存储、网络带宽等。这些信息基础设施都有一定的物理形态。

第二，比特世界作为原子世界的镜像，记录原子世界的人、事物和发生的事情等。这方面最受关注的进展就是数字孪生（Digital Twin）。

第三，用 FT 和 NFT 代表原子世界的价值，也就是在比特世界具有稀缺性的 FT 和 NFT 与原子世界具有稀缺性的产品之间建立起映射关系。央行数字货币、稳定币、区块链应用于证券市场，以及最近很受关注的 NFT 应用于文娱产业，都属于这个层次。

第四，从比特世界操作原子世界的价值。如对一辆车，通过 NFT 技术进行分时租赁。

第五，集成比特世界和原子世界的价值的产品。各种人机交互技术，比如 AR、VR 眼镜，都属于该层次。它们提供了从原子世界到比特世界的接口。

第六，相同参与者，共同经济体。人类社会的数字化大迁徙，本质上就是大量的人类活动、时间和注意力等从原子世界迁移到比特世界，两个世界的互联互通程度不断加深，在价值流通上逐渐融为一体，成为共同经济体。我们可以设想人类投入比特世界的时间和注意力超过原子世界的那一天。

正因为这六个层次的高度融合，我们不能再将比特世界视为虚拟世界。在这些融合中，身份层面的融合具有特殊意义，因为身份背后是元宇宙的各类参与者，如内容创作者、用户和技术开发者等，而身份网络中蕴含的社会关系，在元宇宙中具有重要地位。以 Facebook 为代表的社交网络向元宇宙转型，正是基于这一点。

比特世界的身份与原子世界的身份之间存在丰富多样的映射关系。映射是高中数学的一个基础概念，也是理解元宇宙中很多问题的关键。具体到两个世界之间的身份映射上，主要存在三种情况（见图 3-8）。

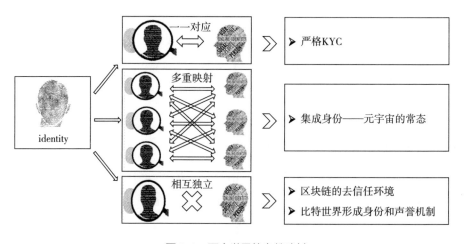

图 3-8　两个世界的身份映射

资料来源：作者自制。

1. 一一对应

这体现为央行数字货币和稳定币等合规金融应用中的严格 KYC 要求，目的是让比特世界的身份严格挂钩原子世界的身份。但如果央行数字货币和稳定币支持可控匿名性（这将是通行做法），就不属于一一对应。

2. 相互独立

在区块链的去信任环境中，地址与用户在原子世界的身份是完全脱钩的，这就是去中心化借贷需要超额抵押的原因。但随着比特世界活动的发展，为降低交易成本，比特世界会形成自己的身份和声誉机制，如地址画像。

3. 多重映射

多重映射造就的集成身份，这将是元宇宙的常态。每个人除了在原子世界中有一系列身份标识（如身份证件、生物特征和社会关系等）以外，在比特世界还将有自己的数字分身（Avatar），并且这两类身份之间将相互影响。例如，很多人在微信上使用 NFT 头像，就是将比特世界的属性带到原子世界中。

（三）可编程价值

可编程价值（Programmable Value）将是元宇宙中的一个重要概念。可编程价值是经济和技术发展的产物，其驱动力是人类随时、随地、随心，特别是以智能化方式处置自己拥有的产权。

在不同经济和技术条件下，可编程价值的实现方式有很大差异，但价值载体主要分成以下五类：①货币。②资产。③身份。为什么身份是一种价值？如一些名人通过"刷脸"就能获得很高广告收入或大额融资，就体现了其身份的价值。再如，在区块链中，身份对应着私钥，而私钥对应着资产，与价值的联系更直接。④权限。在其他条件一样的情况下，能获得别人没有的信息，见别人见不到的人，做别人没法做的事情，就是价值。⑤社会关系。马克思曾深刻指出："人的本质是一切社会关系的总和。"我们在社会和经济活动中积累下的口碑、风评、声誉等社会资本，就蕴含在社会关系中，具有巨大的价值。一些人因为违背公序良俗而"社会性死亡"后，能从事的经济活动，能获得的经济价值，就会受到很大限制。

以上对五类价值载体的讨论，既针对原子世界，也针对比特世界。对比特世界的货币和资产，已有很多讨论；比特世界的身份、权限和社会关系，将越来越受关注。

在以银行、证券和保险等为代表的传统价值结算系统中，价值载体并不是天然具有可编程性的，需要通过应用编程接口（API）来引入编程逻辑。这个过程离不开中心化机构的审核、认证和执行。

在元宇宙价值结算系统中，价值载体和编程逻辑将可以融为一体。大家只要看看智能合约的实现方法和功能，就能明白其中的道理。在这种情况下，"代码即价值"，可以用代码来刻画丰富多样的价值特征和交易机制。在元宇宙价值结算系统中，可编程性将可以通过去中心化、非许可化和智能化的方式来进行，以更好地支持人类随时、随地、随心处置自己拥有的产权，赋予个人在自己权利范围内不受他人限制的自主权，并且能进行复杂的价值操作。

不仅如此，可编程性也将带来互操作性、可交互性、可组合性。这有助于从一些小而简单的功能模块出发构建一套大而复杂的元宇宙价值结算系统。

可编程性对个人的赋能，需要低代码化的配合。将来，代码的使用门槛将降低到人人都可用的程度，就像现在人人都可以操作智能手机一样。通过代码来处置自己拥有的产权，将成为个人权利的重要组成部分。

在传统价值结算系统中，产权往往是清晰的，交易往往对应着所有权的转移。在元宇宙价值结算系统的支撑下，将出现哪些新的产权和交易机制？从如下一些变化可看到端倪。

第一，比特世界产权和交易本身就具多样性、多维度。如从专业生产内容（PGC）到用户生产内容（UGC）和人工智能生产内容（AIGC）。再如，一些游戏采取"边玩边赚"方式，把用户的使用和反馈作为系统升级、完善的基础进行奖励。

比特世界产权和交易的多样性、多维度在数据要素市场体现得最为充分。个人数据的这些特殊性会影响数据要素市场的形式。例如，北京、深圳和上海都在发展数据交易场所，欧盟和英国很重视数据信托，而开放银行是全球银行业的大趋势，中国香港和新加坡都推出了相关试点。

第二，原子世界产权融入比特世界后具有新特征。交易不一定是买断卖断式的，可以只出让部分产权。例如，在艺术品市场，通过 NFT、智能合约自动分配交易收益，让版权方拥有长期被动收入。这种交易方式没有原子世界与比特世界的融合是无法实现的。

第三，可编程性带来细颗粒度权限控制，这对应着一系列相互补充且可以组合的协议。

第四，产权和交易机制多样化，与之对应的金融活动形态也将是多样化的。

（四）分布式架构与自发秩序

很多研究者给出了对元宇宙组成部分和内部层次的理解。从经济学角度看，元宇宙存在如下结构（见图3-9）：

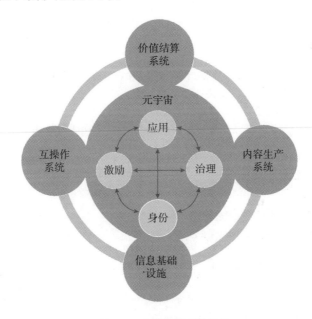

图 3-9　元宇宙的主体结构

资料来源：作者自制。

1. 元宇宙的四类基础设施

（1）信息基础设施。

信息基础设施包括计算、存储、网络带宽等。很大一部分信息基础设施将是分布式的。

（2）互操作系统。

互操作系统的目标是让元宇宙的参与者在原子世界和比特世界之间自由切换，价值在两个世界之间自由流转，将主要体现在以下方面：①两个世界之间的接口，如 AR、VR、XR 等，人机交互体验将接近真人水平；②两个世界之间的身份交互，如 DID；③原子世界内可以有不同平台，不同平台之间在身份和价值上的互操作性。

（3）内容生产系统。

内容生产系统包括图形引擎、游戏引擎、虚幻引擎、UGC（将用户从体验者转变为内容的生产者）以及 AIGC（人工智能生产内容）等。

（4）价值结算系统。

在元宇宙中，原子世界和比特世界将在价值层面融为一体。

2. 元宇宙的四类核心

元宇宙的四类核心是：①身份，既代表用户，也代表创作者和开发者。②经济激励。③治理机制。④应用。在元宇宙发展前期，应用将主要包括游戏、社交和艺术品等。这四类核心之间是相互影响、密不可分的。

（五）元宇宙中经济活动的新特点

1. 个人自主权利的崛起，可编程性赋能

创作者经济和影响力经济正在重组创作者 / 关键意见领袖（KOL）、分发平台和用户之间的互动方式和利益分配，总的趋势是分发平台地位下降。例如，用户在 App Store 上的消费的 30% 归于苹果公司，这构成苹果公司的主要利润来源之一，相当于 App 开发者向苹果公司缴纳 30% 的税。尽管 Google 近期准备把 Play Store 的分成比例降到 15%，但这对 App 开发者仍然不低。如果创作者能降低对分发平台的依赖，将能更直接地联系用户，获得更多利益份额。

2. 市场和社区的自组织力量将超越中心化企业组织

内生的、社区式投融资模式的生命力和效力将超过互联网平台的"烧钱"模

式。这将在一定程度上印证哈耶克的自发秩序理论。

3. 元宇宙中即使存在一些中心化节点，经济活动在总体上也将遵循分布式商业原则

分布式商业的核心特点是，没有股东概念，所有参与者都是利益相关者（中国香港称之为"持份者"）。元宇宙的利益相关者经济将是共创共建，逐渐发展成形的。需要看到的是，利益相关者经济是一个重要的全球趋势。现在各国和地区对ESG（环境、社会和治理）的强调，本质上就是突出利益相关者在经济活动中的地位。

第四部分 FOUR

区块链在货币和金融领域的应用

PART FOUR

区块链在货币和金融领域的应用一直备受关注。本部分共讨论六个行业前沿问题。

第一，货币可编程性。这是新技术条件下货币经济学中的一个新课题，需要讨论的问题包括：①货币可编程性的含义是什么？②货币可编程性依托什么技术？特别地，是不是一定需要能加载智能合约的数字货币？③货币可编程性能实现什么功能？④货币可编程性应该遵循什么原则才能不影响货币的基本功能（记账单位、交易媒介和价值储藏）？

第二，数字人民币。2021年7月，中国人民银行（以下简称"人民银行"）发布《中国数字人民币的研发进展白皮书》，该白皮书系统介绍了数字人民币（e-CNY）的研发背景、定义和目标愿景、设计框架、对货币政策和金融稳定的影响以及工作进展。白皮书指出，e-CNY以广义账户体系为基础，广义账户体系是理解e-CNY支付即结算、可控匿名、安全性、可编程性、支持离线交易以及具备跨境使用的技术条件等特征的关键，但白皮书没有详细阐述e-CNY的广义账户体系。如何理解e-CNY的广义账户体系？广义账户体系如何支持e-CNY的身份管理和隐私保护？

第三，数字货币在跨境支付中的应用。数字货币在跨境支付中的应用是当前国际金融领域非常受关注的问题，也是G20议程中的一项重要议题。在跨境支付中，数字货币指有稳定价值、能有效履行货币基本职能（记账单位、交易媒介和价值储藏）的央行数字货币和全球稳定币。如何理解央行数字货币和全球稳定币？它们为什么可以用于改进跨境支付？它们应用于跨境支付应遵循什么样的监管原则和推行策略？

第四，多边央行数字货币桥在跨境支付中的应用。多边央行数字货币桥源自香港金融管理局和泰国中央银行针对批发型央行数字货币开展的跨境同步交收试验，2021年以来得到了国际清算银行（BIS）的很大重视。2021年2月，香港金融管理局、泰国中央银行、阿联酋中央银行及中国人民银行数字货币研究所宣布联合发起多边央行数字货币桥研究项目，旨在探索多边央行数字货币桥在跨境支付中的应用，该项目得到了国际清算银行香港创新中心的支持。什么是多边央行数字货币桥？它如何应用在跨境支付中？它对全球央行数字货币生态有什么影响？

第五，央行数字货币时代的特别提款权（SDR）创新。2021 年 8 月，IMF 实施了历史上第四次也是最大一次的 SDR 分配，共新增 6500 亿美元的 SDR。历史上，关于如何改进 SDR 的创设和分配机制以及拓宽 SDR 的使用范围有很多讨论。2009年 3 月 23 日，时任中国人民银行行长周小川发表《关于改革国际货币体系的思考》，引起了国内外的普遍关注和讨论。近两年，一些学者已注意到央行数字货币与 SDR 创新之间的关系，但没有深入阐述。那么，在央行数字货币时代，该如何推进 SDR 创新？能否在新技术条件下实现周小川行长在 2009 年提出的改革建议？

第六，区块链在股票市场的应用。2021 年有两个事件让金融市场对这个问题引起重视。一是在 2021 年前两个月广受关注的 GameStop 逼空事件中，Robinhood在美国证券存托与清算公司（DTCC）的压力下，在 4 天内紧急融资 34 亿美元以满足交易保证金要求。此事件凸显了在"T+2"结算周期中，股票波动性和交易量激增对经纪商的风险。二是 2021 年 4 月，瑞士信贷和野村证券下属经纪商 Instinet通过 Paxos 结算服务在区块链上完成了针对美国上市股票的"T+0"结算和券款对付（DvP）。第一个事件为什么会发生？美国股票交易、清算和结算流程中存在什么问题？区块链能为该问题提供解决方案吗？

货币可编程性

中国人民银行在《中国数字人民币的研发进展白皮书》中指出，数字人民币通过加载不影响货币功能的智能合约实现可编程性，使数字人民币在确保安全与合规的前提下，可根据交易双方商定的条件、规则进行自动支付交易，促进业务模式创新。在一些城市的数字人民币试点中，数字人民币红包有一定使用有效期，过期无效。这就是数字人民币可编程性的一个具体体现。

DeFi（去中心化金融）的发展已充分展现可编程金融的应用前景，尽管 DeFi 操作对象是加密资产，而非法定货币或以法定货币计价的金融资产。随着央行数字货币和稳定币的研究、试验在全球铺开，货币可编程性开始受到中央银行界的关注。根据数字人民币白皮书的表述，货币可编程性的含义是"可根据交易双方商定的条件、规则进行自动支付交易"。2021 年 6 月，美联储纽约分行 Alexander Lee 发表《什么是可编程货币？》[1]，提出了可编程货币的"一致性保证"机制（Coherence Guarantee）。Alexander Lee 认为，不管可编程货币依托什么技术，都应该具备一组不可分割的功能模块。

---

［1］ Alexander Lee.What is Programmable Money？ FEDS Notes.Washington： Board of Governors of the Federal Reserve System ［EB/OL］.（2021-06-23）［2022-02-07］.https：//www.federalreserve.gov/econres/notes/feds-notes/what-is-programmable-money-20210623.htm.

一、货币可编程性的含义

在正式讨论之前，需要先界定货币的范围。随着现代货币和支付体系的发展，特别是非银行支付的发展，这并不是一个显而易见的问题。需要理解的关键问题是，货币不包括商业机构发行的稳定币和非银行支付账户的余额。

商业机构对外发行稳定币的主流模式是与单一货币挂钩的，基于 100% 准备金发行，并且准备金托管在中央银行或商业银行。在这个模式中，稳定币的发行伴随着同等数量的准备金被冻结，不会有货币创造。因此，稳定币应该被视为一种新的货币流通方式，而非新的货币形态。

这个逻辑在加密资产领域也适用。例如，通过中心化交易所账户体系交易的比特币、闪电网络支付通道中流通的比特币和从比特币区块链 1 ：1 映射到以太坊的 WBTC，分别代表了在中心化、去中心化和跨链三种场景下的比特币流通方式，但都不会创造出新的比特币。

对非银行支付，中国人民银行《非银行支付机构条例》（征求意见稿）按照资金和信息两个维度，根据是否开立账户（提供预付价值）、是否具备存款类机构特征，将支付业务重新划分为储值账户运营业务和支付交易处理业务两类。支付账户是指根据自然人（含个体工商户）真实意愿为其开立的，凭以发起支付指令、用于记录预付交易资金余额、反映交易明细的电子簿记。储值账户运营和支付交易处理都是根据收款人或者付款人提交的电子支付指令，转移货币资金的行为，但前者通过开立支付账户或者提供预付价值，后者不需要开立支付账户或者提供预付价值。在储值账户运营中，非银行支付机构为办理用户委托的支付业务而收到预收待付货币资金称为备付金。备付金不属于非银行支付机构的自由财产，需要集中存放在中央银行。

综合以上分析，货币是指中央银行货币和商业银行存款货币，支付是指通过转移货币价值来清偿社会经济活动中形成的债权债务关系。支付主要包括以下方式：

①现金的换手；②中央银行账本（含央行数字货币账本）的调整；③商业银行账户的调整；④稳定币账本的调整；⑤非银行支付账户的调整。除了现金换手以外，其余四种支付方式都可以根据交易双方商定的条件、规则进行自动支付交易。因此，货币可编程性的核心是支付条件、规则的可自动化处理，不存在可编程货币和可编程支付的分别。

二、货币可编程性的技术条件

货币可编程性有两种实现方式：第一种是数字货币加载智能合约，主要针对央行数字货币和稳定币。数字货币与智能合约之间有密不可分的关系：数字货币的发行和流转规则由智能合约定义，而智能合约操作的对象是数字货币，智能合约执行结果是数字货币的发行和流转。因此，这种方式可以称为内生的可编程性。数字货币的可编程性在实现方式上，取决于数字货币是采取类似比特币的 UTXO 模式（以货币为中心构建），还是类似以太坊的余额模式（以用户为中心构建）（见图4-1）。

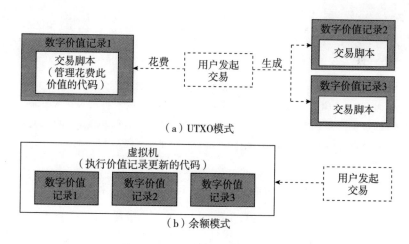

图 4-1　数字货币可编程性的两种情况

资料来源：作者改编自：Alexander Lee.What is Programmable Money？FEDS Notes.Washington：Board of Governors of the Federal Reserve System［EB/OL］.（2021-06-23）［2022-02-07］.https：//www.federalreserve.gov/econres/notes/feds-notes/what-is-programmable-money-20210623.htm.

第二种则是通过 API 技术操作中央银行账户、商业银行账户和非银行支付机构账户。中央银行账户、商业银行账户和非银行支付机构账户一般采取关系数据库架构，不是天然就具备可编程性，是通过以 API 为代表的技术来实现可编程性。因此，这种方式可以称为外生的可编程性。

综上所述，"传统账户体系 +API" 和 "数字货币 + 智能合约" 都能实现货币可编程性，核心区别是前者是外生的可编程性，后者是内生的可编程性。关系型数据库能用于一般目的，不一定局限于金融账户体系，而数字货币系统为特定目的而设计、构建，要确保数字货币具有可控匿名、不可伪造和不可双花等特征。实际上，内生的可编程性正是数字货币的核心特征之一。图 4-2 显示了这种区别。

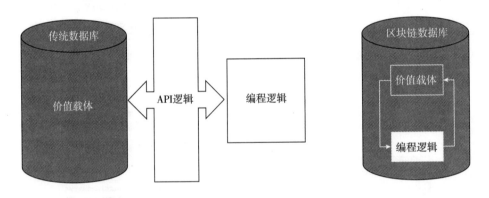

图 4-2　货币可编程性的两种实现方式

资料来源：作者改编自：Alexander Lee.What is Programmable Money？ FEDS Notes.Washington：Board of Governors of the Federal Reserve System［EB/OL］.（2021-06-23）［2022-02-07］.https：//www.federalreserve.gov/econres/notes/feds-notes/what-is-programmable-money-20210623.htm.

此外，在"数字货币 + 智能合约"中，可编程性可以由用户来设置，去中心化程度更好，能赋予用户更大的自主权利；而在"传统账户体系 +API"中，可编程性的设置需要账户管理机构的审核，中心化色彩非常明显，不一定能"无缝"适应用户的需求。如果再考虑数字货币账本的开放性和跨境特性，"数字货币 + 智能合约"有助于将货币的可编程性应用拓展到非人格化支付和跨境支付等场景。

三、货币可编程性的功能

通过"传统账户体系 +API"方式实现可编程性，在日常生活中已有很多应用，如定期转账和还款等。英国诺森比亚大学的 Elsden 等（2019）以英国线上银行 Monzo 为例分析了这类应用（见图 4-3），他们认为货币可编程性有两个组成部分，即触发（Trigger）和行动（Action），并从货币和信息两个维度进行详细划分。

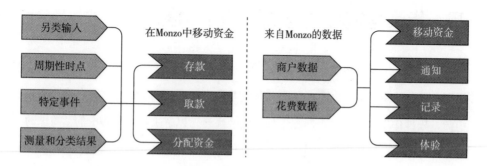

图 4-3　Monzo 的可编程应用

资料来源：作者改编自：Chris Elsden，Tom Feltwell，Shaun Lawson，John Vines.Recipes for Programmable Money ［R］.CHI 2019 Paper，2019.

Elsden 等（2019）认为，触发包括：①另类输入，如文字和语音指令；②周期性时点，如每周、每月；③特定事件；④测量和分类结果。行动包括：①移动资金，如存款、取款和分配资金；②通知或提供信息；③记录；④体验。这些触发和行动既可以针对 Monzo，也可以针对 Monzo 以外的应用和程序，从而形成不同搭配，"触发—行动"的各种组合都可以概括为"If-Then"条件逻辑。

Monzo 的可编程应用主要实现的功能包括：①自动储蓄；②管理支出；③账户管理；④构建创新型金融应用，特别是与社会交往和个人行为有关的。需要指出的是，"传统账户体系 +API"方式也可以在开放银行的框架下理解。

与"传统账户体系 +API"方式相比，通过"数字货币 + 智能合约"实现可编程性还处于发展早期阶段，但可以从 DeFi 中窥见应用逻辑和大规模应用后的价值。这类应用首先需要建立数字货币钱包与其他应用和程序之间的信息交流和互操作性。比如，通过扫描二维码来发起数字货币支付，通过 API 读取现实世界信息并触发数字货币支付（不一定采取预言机方式），以及其他应用和程序从数字货币钱包读取信息，等等。不管智能合约采取何种实现方式，都可以概括为"If-Then"条件逻辑。

四、货币可编程性与货币基本功能

货币有三个基本功能：记账单位、交易媒介和价值储藏。这三个基本功能之间存在复杂关系，至今也没有定论。传统货币理论强调交易媒介功能在货币演进中的基础性作用：原始货币起源于物物交换媒介，以解决物物交换中的"需求的双重巧合"问题，然后沿着交易成本最小化的方向，先演变为金属铸币，再演变为金、银本位纸币，直到今天以信用货币为主的形态。与传统货币理论相对的另一派观点认为，货币从一开始就与信用不可分割。货币最初并非充当一般等价物，而是某种类型的借据，承担记账单位和债务清偿手段等功能，而交易媒介仅是其初始功能的延伸。本文主要站在传统货币理论的立场阐述。

货币可编程性为用户带来更多、更精细的控制权力，更能适应用户在特定场景下的需求。用户可以根据自己的需要，利用可编程性，对所持货币的流通特点进行重新设置（Configuration）。只要这些设置体现的是用户对自己财产的处置权，而非被外部强加，货币可编程性就不会损害货币的交易媒介功能。相反，货币可编程性让货币的交易媒介功能有新的、丰富的表现形式，特别是可以在支付链路中嵌入其他功能，如微信红包代表的社交功能。因此，货币可编程性不改变甚至可以加强货币的交易媒介功能，而货币的价值储藏功能源自交易媒介功能，也不会受到货币可编程性的显著影响。最后，货币可编程性只会改变部分货币的流通特点，而不会影响记账单位这一货币整体层面的功能。

货币可编程性不影响货币的基本功能的另一个条件是可编程性的执行者保持利益中立地位，按事先确定的规则不偏不倚地处理可编程性有关的支付条件和规则，而非试图改变用户之间的利益关系，甚至追求自己的私利。例如，只要用户同意或有充分授权，商业银行和非银行支付机构就不应屏蔽对自己不利的可编程性条款；稳定币账本的验证节点按算法规则运行共识算法，而不会出现类似以太坊的MEV市场。

总的来说，通过以上分析，本文得到了关于货币可编程性的以下结论：

第一，货币可编程性的核心是支付条件、规则的可自动化处理，不存在可编程货币和可编程支付的分别。其中，商业机构发行的稳定币和非银行支付账户的余额应视为新的货币流通方式，而非新的货币形态。

第二，"传统账户体系+API"和"数字货币+智能合约"都能实现货币可编程性，核心区别是，前者是外生的可编程性，后者是内生的可编程性。"数字货币+智能合约"的去中心化程度更好，能赋予用户更大的自主权利。"数字货币+智能合约"还有助于将货币的可编程性应用拓展到非人格化支付和跨境支付等场景。

第三，不管是"传统账户体系+API"，还是"数字货币+智能合约"，货币的可编程性都可以概括为"If-Then"条件逻辑，主要实现的功能包括：①自动储蓄；②管理支出；③账户管理；④构建创新型金融应用，特别是与社会交往和个人行为有关的。货币可编程性使得可以在支付链路中嵌入其他功能。

第四，货币的可编程性不改变货币的基本功能（特别是交易媒介功能）要满足两个条件：①可编程性设置体现的是用户对自己财产的处置权，而非被外部强加；②可编程性的执行者保持利益中立地位，按事先确定的规则不偏不倚地处理可编程性有关的支付条件和规则，而非试图改变用户之间的利益关系，甚至追求自己的私利。

数字人民币（e-CNY）白皮书分析

2021 年 7 月 16 日，中国人民银行发布《中国数字人民币的研发进展白皮书》，系统介绍了数字人民币（e-CNY）的研发背景、定义和目标愿景、设计框架、对货币政策和金融稳定的影响以及工作进展。白皮书指出，e-CNY 以广义账户体系为基础，与银行账户松耦合，兼具账户和价值特征，兼容基于账户（account-based）、基于准账户（quasi-account-based）和基于价值（value-based）三种方式。

e-CNY 的广义账户体系是理解 e-CNY 支付即结算、可控匿名、安全性、可编程性、支持离线交易以及具备跨境使用的技术条件等特征的关键，但白皮书没有详细阐述 e-CNY 的广义账户体系。本文先从对 e-CNY 的广义账户体系进行推测，再据此讨论数字货币的身份管理和隐私保护。

一、e-CNY 的广义账户体系

从白皮书对货币经济学设计的介绍看，e-CNY 属于零售型央行数字货币，是人民币的数字形式，与实物人民币具有同等的法律地位和经济价值，不计付利息（"M0 定位"）。e-CNY 是人民银行对公众的负债，以国家信用为支撑，基于作为指定运营机构的商业银行在人民银行的（超额）准备金发行（"100% 准备金发行"）。e-CNY 采取中心化管理、双层运营。人民银行向指定运营机构发行 e-CNY 并进行全生命周期管理，包括发行、注销、跨机构互联互通和钱包生态管理。指定运营机构向公众提供 e-CNY 兑换服务，并与相关商业机构一起承担 e-CNY 流通服务。

从白皮书对技术设计的介绍看，e-CNY 采用可变面额，以加密币串形式实现价值转移。数字钱包是 e-CNY 的载体和触达用户的媒介。钱包按照用户身份识别强度分为不同等级并对应不同的交易金额和钱包余额上限；按照开立主体分为个人钱包和对公钱包；按照载体分为软钱包和硬钱包；按照权限归属分为母钱包和子钱包。因为 e-CNY 是人民银行对用户的直接负债，用户钱包中的 e-CNY 在指定运营机构的资产负债表之外。e-CNY 交易（包含跨指定运营机构的 e-CNY 交易）均直接通过央行端进行价值转移，相当于人民银行通过 e-CNY 向公众提供实时全额结算服务。这是 e-CNY "交易即结算" 的基础，使 e-CNY 价值转移可以不依赖银行账户，并具有很好的结算最终性。跨指定运营机构的 e-CNY 交易除了涉及指定运营机构之间的对账以外，不会为清算和结算带来额外工作量。

从数字钱包的使用情况看，e-CNY 体现为一个个独立的加密币串。首先，加密币串与 "充钱包" 操作（用户用银行存款向指定运营机构兑换 e-CNY）有关，每次兑换都会生成一个新的加密币串。其次，加密币串与支付和 "存银行" 操作（用户向指定运营机构兑回 e-CNY）有关，每次支付和 "存银行" 都会按生成时间从新向旧花费加密币串（"后进先出"）。最后，如果花费的加密币串只被部分花费，那么就生成一个对应找零金额的新的加密币串。因此，加密币串在生成和花费的特征上，类似于 UTXO（未花费的交易输出）。

从安全性上看，e-CNY 使用数字证书体系、数字签名和安全加密存储等技术，具有不可重复花费、不可非法复制伪造、交易不可篡改及抗抵赖等特性。尽管 e-CNY 在核心的发行系统上没有使用分布式账本技术，但 e-CNY 加密币串本质上是 Token 模式。要理解广义账户体系与 Token 模式之间的关系，必须先理解 Token 模式与账户模式之间的区别。

Token 模式与账户模式是支付系统的两种代表性模式。接下来聚焦于它们在身份管理上的差异。在 Token 模式中，仅当收款人确认待转移的价值是真实而非虚假时，支付才可能有效。而在账户模式中，针对付款人的身份管理是关键。银行和其他支付服务商等账户管理机构要核实：付款人是否具有真实的身份？其是否为账户的所有者？此外，在 Token 模式下，用户资产可以体现为多个不同的 Token（e-CNY 就是如此），特别在使用 UTXO 形式时；在账户模式下，用户在同一账户管理机构的资产一般被归总到一个账户中。

综合以上分析，对 e-CNY 广义账户体系可以做出如下推测：第一，e-CNY 加密币串本质上是 UTXO 形式的 Token，这是 e-CNY 可控匿名的基础。在实际操作中，用户使用手机号，可以在不提供身份信息的情况下开立数字钱包。尽管我国手机号是实名制的，但相关身份信息由电信运营商管理，与人民银行之间存在信息隔离。因此，在默认情况下开立的是最低权限的匿名钱包，是可控匿名中"匿名"的体现。这类钱包中的 e-CNY 是单纯的 Token，也就是白皮书中指出的基于价值的方式。没有银行账户的公众可以通过这类钱包享受基础金融服务。短期来华的境外居民可在不开立中国内地银行账户的情况下开立这类钱包，满足其在华日常支付需求。

第二，用户根据需要，通过绑定银行卡的方式，升级为高权限的实名钱包。因为引入了身份管理要求，这对应着白皮书中指出的基于账户和基于准账户方式。用户提供的身份信息越多，钱包等级越高，交易和余额限额越高，这是可控匿名中"可控"的体现。

第三，e-CNY 加载智能合约时，商定自动支付交易的条件和规则的权利下放给交易双方。这样，数字货币的可编程性就能以去中心化、自组织的方式来实施，能更好地支持业务模式创新以及与应用场景的融合。账户模式尽管在理论上也能支持可编程性（如信用卡自动还款），但离不开账户管理机构的参与，中心化色彩明显。此外，在 Token 模式下，交易双方决定是否以及如何加载智能合约，这种分散而非集中、自愿而非强制的加载方式，是智能合约不影响货币功能的重要保障。

二、e-CNY 的身份管理和隐私保护

前文已介绍 e-CNY 的身份管理：用户通过手机号开立数字钱包，在默认情况

下是匿名的；用户如果要升级钱包权限，就需要通过绑定银行卡等方式提供身份信息，使钱包升级成为实名钱包。

根据白皮书，e-CNY 采取了以下多层次的隐私保护机制：第一，最低权限的钱包是匿名的，以满足公众对小额匿名支付服务的需求。

第二，用户可以在母钱包下开设若干子钱包。个人可以通过子钱包实现限额支付、条件支付和个人隐私保护等功能。

第三，负责兑换流通的指定运营机构和其他商业机构承担反洗钱义务，包括用户尽职调查、客户身份资料和交易记录保存、大额及可疑交易报告等，同时依法保护商业秘密、个人隐私及个人信息，不得泄露用户身份信息和交易记录。

第四，使用哈希摘要替代交易敏感信息，利用哈希摘要的不可逆实现不同指定运营机构之间的数据隔离。

第五，e-CNY 体系收集的交易信息少于传统电子支付，且除法律法规有明确规定外，不提供给第三方或其他政府部门。人民银行内部对 e-CNY 相关信息设置"防火墙"，建立 e-CNY 大数据分析和风险监测预警框架。

上述五个层次的隐私保护机制中，针对的目标对象不同：第一层针对小额匿名支付；第二层针对用户与交易对手；第三层针对指定运营机构和其他商业机构；第四层针对不同指定运营机构之间；第五层针对人民银行。其中，第三层和第五层涉及隐私保护与反洗钱、反恐怖融资等监管之间的平衡。

为更好理解 e-CNY 的身份管理和隐私保护，最好比较非银行支付的身份管理和隐私保护。支付账户是支付机构在为客户办理网络支付业务时，为了记录预付交易资金余额、方便客户发起支付指令、反映客户交易明细信息而开立的电子账户。支付账户分为个人支付账户和单位支付账户，普通消费者的支付账户都属于个人支付账户，下面重点关注个人支付账户。

个人支付账户细分为 I 类、II 类和 III 类，三种支付账户在余额付款功能、余额付款限额方面有所区别，在开立时的用户身份核实方式也不同。开立 I 类支付账户时，支付机构只需要通过一个外部渠道验证客户身份。开立 II 类、III 类支付账户时，支付机构既可以采用面对面方式审核客户身份，也可以采用非面对面方式核实客户身份。如果采用非面对面方式核实客户身份，Ⅱ类、Ⅲ类支付账户分别需要通过三五个外部渠道验证客户身份。总的来说，开立实名制支付账户，需要结合一个或多个外部渠道进行身份管理，非银行支付机构要防止匿名、假名、冒名开立支付账户。

非银行支付的隐私保护责任主要由非银行支付机构承担，集中体现为《非银行支付机构条例》（征求意见稿）第三十四和第三十五条，包括：①不得收集与其提供的服务无关的用户信息；②不得泄露、篡改、损毁用户信息；③不得出售或非法向其他组织或者个人提供用户信息；④不得将用户授权或者同意其将用户信息用于营销、对外提供等作为与用户建立业务关系的先决条件；⑤用户有权要求非银行支付机构删除其个人信息或更正错误的信息；⑥非银行支付机构与其关联公司在共享用户信息时，应当确保依法合规、风险可控，并经用户明示同意；⑦非银行支付机构被认定为关键信息基础设施的，其在中国境内收集和产生的用户信息的储存、处理和分析应当在境内进行。

非银行支付机构通过与 e-CNY 五个层次的隐私保护机制相比较，可以看出：第一，非银行支付不可能支持小额匿名支付，目前公众在这方面的需求主要通过现金来满足；第二，用户使用非银行支付时，不可能完全将个人信息与商户屏蔽开；第三，非银行支付涉及的机构和环节更多，包括非银行支付机构、清算机构和银行等，隐私保护的难度更大；第四，目前不同的非银行支付机构之间不能互联互通，不需要对账，也就不存在数据隔离的需要；第五，非银行支付机构与其关联公司共享用户信息是一个普遍现象，而 e-CNY 在数据隔离上有望做得更好。

需要说明的是，支付领域中的支付标记化技术，与用户隐私保护容易引起混淆。支付标记化指用特定的支付标记（Payment Token）替代银行卡号和非银行支付机构支付账户等支付要素，并对标记的应用范围加以限定，降低在商户和受理机构侧发生银行账户和支付账户信息泄露的风险，减少交易欺诈，保障用户交易安全。支付标记与银行账户、支付账户之间有映射关系，这个映射关系由标记服务提供方通过支付标记化和去标记化两个过程来管理。支付标记化是数字支付的基础核心要素。例如，在移动支付中，用户使用 Token 号作为存储在手机等移动设备中的设备卡号，可以在线下 POS 机、ATM 等终端机上用移动设备做非接触式近场支付；也可以在手机客户端中直接发起远程支付。因此，支付标记化主要是保障账户信息不被泄露，其目标是支付安全，而非用户隐私保护。

三、对广义账户体系下身份管理和隐私保护的评论

在 e-CNY 的广义账户体系下，e-CNY 加密币串本质上是 UTXO 形式的 Token，这是 e-CNY 可控匿名的基础。在默认情况下开立的是最低权限的匿名钱包，满足公众对小额匿名支付的需求，这对应着基于价值的方式。权限更高的钱包是实名制的，并且身份识别强度越高，钱包权限越高，这对应着基于账户和准账户的方式。因此，在 e-CNY 可控匿名中，是先有匿名，再有可控；在广义账户体系中，是先有基于价值的方式，再有基于账户和准账户的方式。

广义账户体系能较好地平衡反洗钱、反恐怖融资等监管与用户隐私保护之间的关系。首先，广义账户体系收集的交易信息少于传统的基于账户体系的电子支付。其次，在数字货币、数字钱包和指定运营机构等层面，还可以引入配套的隐私保护机制，使用户可以在小额支付中不披露隐私信息，在一定程度上将个人信息与商户（或交易对手）屏蔽开，以及在跨机构互联互通的情况下实现不同指定运营机构之间的数据隔离。

在广义账户体系下，通过加载智能合约实现数字货币的可编程性，可以采取去中心化、自组织的方式来实施。一方面，能更好地支持数字货币支付业务模式创新以及数字货币与应用场景的融合；另一方面，这种分散而非集中、自愿而非强制的加载方式是智能合约不影响货币功能的重要保障。

总的来说，广义账户体系能支持灵活、分等级的身份管理机制；能支持多层次

的隐私保护机制；能更好兼容智能合约的可编程性。 相比而言，在传统账户体系下，从实名制出发实现可控匿名的难度较大；涉及的机构和环节更多，隐私保护的难度更大；可编程性离不开账户管理机构的参与，中心化色彩明显。 这体现了广义账户体系的优越性。

数字货币在跨境支付中的应用

　　数字货币在跨境支付中的应用是当前国际金融领域非常受关注的问题之一。2020 年 7 月，国际清算银行（BIS）支付与市场基础设施委员会（CPMI）在给 G20 关于改进跨境支付的报告中，梳理出 5 方面共 19 项工作，其中第 18 和第 19 项与新的支付基础设施和安排有关：提高全球稳定币安排的稳健性和将国际维度纳入央行数字货币设计。2020 年 10 月，金融稳定理事会（FSB）在支付与市场基础设施委员会报告的基础上，提出了改进跨境支付的路线图，并发布对全球稳定币监管的最终建议报告。2021 年 4 月，G20 财政部长和央行行长视频会议强调："落实关于完善跨境支付体系的路线图，要求全球稳定币满足相关监管规定。"

　　在跨境支付中，数字货币指有稳定价值、能有效履行货币基本职能（交易媒介、记账单位和价值储藏）的央行数字货币和全球稳定币，而非以比特币为代表的加密资产，后者主要是作为投机型资产存在。那么，如何理解央行数字货币和全球稳定币？它们为什么可以用于改进跨境支付？它们应用于跨境支付应遵循什么样的监管原则和推行策略？本文接下来依次讨论这三个问题，最后给出针对我国的政策建议。

一、数字货币与支付现代化

　　可以从多个角度理解央行数字货币和全球稳定币，包括货币形态演变的角度、货币竞争的角度，以及哈耶克曾经提出的货币非国家化的角度。最接近本质的是支付现代化的角度，理解这一点需要先了解央行数字货币和全球稳定币的多种设计方案。

央行数字货币有批发型和零售型之分，批发型央行数字货币只面向金融机构使用，零售型央行数字货币面向公众使用。央行数字货币可以是央行的直接负债，也可以采取合成形式，也就是由市场化机构（主要是商业银行和支付公司）基于在央行的准备金发行。央行数字货币可以采取传统的账户模式，也可以借鉴分布式账本特点，采取代币模式（也被称为价值模式），无论采取何种方案，主流的央行数字货币都遵循"基于100%准备金按需兑换"的发行原则，发行和赎回不会造成央行资产负债表的扩张和收缩。

全球稳定币由市场化机构采取代币模式发行，主要有三类方案：

第一，与单一货币挂钩，并且有足额货币储备。这将是全球稳定币的主流，也是接下来的聚焦对象。

第二，与单一货币挂钩，但只有部分货币储备。这类全球稳定币成立的基础是大数定律——在常态情况下，只有一部分用户有赎回需求，所以部分货币储备能应付赎回。其弊端有两方面：一是由市场化机构"凭空"创造货币，不利于维护一国货币主权和实施货币调控；二是有内在不稳定性，难以应对极端情况下的集中、大额赎回，既不利于保护用户权益，也可能引发并扩散金融风险。理论上，对这类全球稳定币应予禁止，但主要储备货币发行国家采取了过于宽松的监管态度。

第三，与一篮子货币挂钩，但有足额货币储备。这是 Libra 项目（现已更名为 Diem）2019 年方案，相当于创造一种超主权货币。但这类全球稳定币不管从理论上看，还是从 Libra/Diem 项目的实践看，在价格稳定机制、储备资产管理、用户习惯培养以及货币主权保护等方面面临不少挑战，推行难度很大。

央行数字货币与合规的单一货币稳定币都是基于100%货币储备发行，体现的不是新的货币创造方式，而是支付现代化（即新的货币流通方式），是用借鉴了分布式账本核心特征的数字凭证代替货币进行流通。这种数字凭证在中心化程度、身份管理方式、实名制要求以及交易和清结算安排等方面与传统的账户模式存在若干关键技术差异，而这些技术差异在金融普惠、隐私保护、资金可追溯和跨境支付等方面有丰富的政策含义。概括而言，央行数字货币与合规的单一货币稳定币的开放性更好，支持可控匿名，可以直接点对点交易，交易即结算，并且交易天然是跨境。

这就是央行数字货币与合规的单一货币稳定币被用于支付现代化的基础。不同国家因国情和金融发展程度不同，支付现代化的侧重点有所不同，但主要体现为：①改进批发支付系统；②为零售用户提供快捷支付服务；③在现金使用减少的情况下提供安全、低成本支付工具；④适应数字经济发展需求，特别是无接触支付需求；⑤促进金融普惠；⑥保护用户隐私；⑦促进零售支付市场的公平竞争；⑧有效实施反洗钱、反恐怖融资和反逃税等监管；⑨提高跨境支付效率，降低跨境支付成本。我国正在试验的数字人民币主要服务第3~8个目标，但很多国家的央行数字货币主要针对第2个目标。

二、数字货币在跨境支付中的应用前景

传统上，我们在讨论跨境支付和货币国际化的时候，主要关注需求面因素，如结算货币、计价货币、投融资货币、交易货币和储备货币等，而对货币跨境流通所依托的支付系统的关注则略显不足。事实上，后者的重要性一点也不低，而且在新的技术条件下更为突出。

我国境内机构和个人在《中华人民共和国外汇管理条例》的约束下，可以持有一定数量的外币现钞和外币银行存款凭证。我国境内禁止外币流通，并不得以外币计价结算。外币对我国境内机构和个人只有价值储藏功能，没有交易媒介或记账单位功能。这是我国维护货币主权的重要体现。当然，我国境内两位居民如果都在境外银行有存款账户，相互之间可以用外币交易，正如两个外国人如果都有我国银行存款账户，相互之间可以用人民币交易一样，但这受限于外国人开户限制。

目前，跨境支付主要采取代理银行模式。在这个模式下，跨境支付的资金流通过代理银行网络进行。具体而言，是通过代理银行相互之间开立的同业往来账户进行，其中有货币兑换环节。代理银行模式拉长了跨境支付链条，链条上的环节都有合规审查要求，这是跨境支付耗时长、成本高的重要原因。跨境支付成本高的另一个原因是，代理银行需要在同业往来账户中存放闲置资金，这部分资金的成本最终会转嫁给跨境支付的用户。2020 年 3 月，国际清算银行在研究报告《代理银行在全球业务中的退场》中发现：一是在 2011—2018 年，尽管跨境支付金额增长，但全球范围内代理银行的数量下降了 20%；二是银行倾向于从治理不健全和对非法金融活动管制不力的国家撤离；三是代理银行撤离可能损害金融普惠，提高跨境支付成本，或将跨境支付驱至地下。跨境支付的信息流主要通过 SWIFT 报文系统处理。SWIFT 作为国际金融体系的基础设施，本应属于公共基础设施，但被主要储备货币发行国家用于金融制裁，不能不说有"公器私用"之憾。

央行数字货币与合规的单一货币稳定币可能使以上情况发生显著变化。第一，境外机构和个人开立数字人民币钱包的要求低于开立我国银行存款账户的要求，可以更方便地持有和使用数字人民币。这有助于拓展人民币的使用范围，方便境外机构和个人在我国的经济生活。这在一定程度上也是金融普惠的体现，因为很多境外机构和个人没有我国银行存款账户，在我国境内享受不到金融服务。

第二，我国境内机构和个人持有和使用境外央行数字货币和稳定币的难度也将下降，并且这些央行数字货币和稳定币作为交易媒介非常方便，将不再限于价值储藏功能。这将影响我国维护货币主权，以及实施资本管理、反洗钱、反恐怖融资和反逃税等监管的能力。一个在监管上需要重视的情况是，我国有大量境内居民持有和使用美元稳定币，包括基于非足额储备的不合规美元稳定币（如 USDT），人数可能已显著超过拥有美国银行存款账户的人数。如果基于非足额储备的不合规美元稳定币遭受挤兑，将使这些境内居民遭受损失。

第三，央行数字货币和合规的单一货币稳定币可以直接点对点交易，交易即结算，并且交易天然是跨境等特点，在理论上优于代理银行模式。这是 G20 关注央行数字货币和全球稳定币应用于跨境支付的主要原因。央行数字货币和全球稳定币有多种可能的货币经济学设计方案和技术实现方式，需要讨论的是在跨境支付中的推行路径问题。

三、数字货币应用于跨境支付的监管原则和推行策略

根据"己所不欲，勿施于人"原则，央行数字货币和全球稳定币应用于跨境支付，应该遵循三个监管原则：第一，应在尊重各国货币主权的前提下，致力于提高跨境支付效率，降低跨境支付成本；第二，不应成为强势货币侵蚀弱势货币的工具；第三，一国的央行数字货币和合规的单一货币稳定币可以向境外机构和个人开放，但主要服务境外用户在该国旅居时的金融需求，而非替代境外用户在所在国对本国货币的使用。为此，一国应对自己的央行数字货币和合规的单一货币稳定币实施"了解你的用户"（KYC）审查，明确境外用户开立数字货币钱包的程序和要求，并对境外用户持有和使用数字货币的数量实施比境内用户更严格的额度管理。

基于以上监管原则，可以讨论什么样的央行数字货币和全球稳定币更适合跨境支付。第一，各国应根据金融稳定理事会对全球稳定币监管的最终建议报告，对与本国货币挂钩的稳定币，在治理框架、储备资产管理、运行弹性、网络安全、反洗钱、打击恐怖主义和隐私保护等方面实施监管。主要储备货币发行国家应从维护自身货币主权和货币纪律，以及防止风险外溢的角度，限制与本国货币挂钩的非足额稳定币（如美元稳定币 USDT）。Libra/Diem 项目在 2020 年调整后，改成以单一货币稳定币为主、一篮子货币稳定币为辅，并且后者主要定位于跨境结算币，而非在一国境内流通。无论是 Libra/Diem 的单一货币稳定币，还是一篮子货币稳定币，都需遵循全球稳定币监管框架。

第二，零售型央行数字货币可以用于跨境支付，不依托代理银行网络，但面临

不少天然限制。首先，零售型央行数字货币跨境应用场景主要包括跨境电子商务、境外用户来本国以及本国用户出国等。这些都属于经常账户项下交易，交易主要发生在个人对个人、个人对机构之间。零售型央行数字货币一般是M0定位，应比照大额现金管理，但用于机构对机构之间大额交易的可能性不大。换言之，零售型央行数字货币作为大宗商品结算货币、投融资货币和交易货币的功能不会很突出，对储备货币地位也不会有直接显著的促进作用。其次，境外用户因KYC审查，可能面临更严格的额度限制。境外用户获得零售型央行数字货币，还会受制于可兑换要求。

第三，批发型央行数字货币应用于跨境支付，可以缩短代理银行链条，降低代理银行之间同业往来账户对流动性的要求，可能成为数字货币应用于跨境支付的主流模式，但需满足跨境同步交收（PvP）要求。跨境同步交收是跨境支付的基本要求，主要为提高结算效率，防止结算风险。

前文已指出，央行数字货币在设计上有很大灵活性。在可以预见的将来，各国央行数字货币在底层技术、清结算机制、报文格式、密码技术、数据要求和用户界面等方面很难收敛到同一标准。这就对不同国家央行数字货币之间的互联互通，进而如何支持跨境同步交收提出了挑战。为此，国际清算银行2021年以来倡导的多边央行数字货币桥（Multi-CBDC Bridge）是一个值得关注的解决思路。

我国移动支付领先全球，数字人民币在全球法定数字货币中居于领先位置，在国际上很受关注，但也引起了一些不必要的争议。结合以上讨论，对我国数字货币在跨境支付中的应用提出如下政策建议：

第一，坚持数字人民币服务境内支付现代化目标，先把自己的事情做对、做好。通过2022年冬奥会场景测试，明确境外用户开立数字人民币钱包的程序和要求以及相关限额标准，更好地满足他们旅居中国时的金融普惠需求。

第二，积极参与国际清算银行支持的多边央行数字货币桥研究项目。在此过程中，按照习近平总书记在二十国领导人第十五次峰会第一阶段会议上的讲话，二十国集团要以开放和包容方式探讨制定法定数字货币标准和原则，在共同推动国际货币体系向前发展过程中，妥善应对各类风险挑战。

第三，积极参与 G20 框架下对全球稳定币的监管标准的制定。为保护我国货币主权和境内居民利益，应该尽快摸清我国境内持有和使用与外币挂钩的稳定币的情况（特别是美元稳定币 USDT），并参照 G20 监管标准和《中华人民共和国外汇管理条例》予以监管。

多边央行数字货币桥在跨境
支付中的应用

2021 年 2 月 23 日，香港金融管理局、泰国中央银行、阿联酋中央银行及中国人民银行数字货币研究所宣布联合发起多边央行数字货币桥研究项目（Multi-CBDC Bridge），旨在探索央行数字货币在跨境支付中的应用。该项目得到了国际清算银行香港创新中心的支持。在 3 月 22—25 日的国际清算银行创新峰会上，多边央行数字货币桥受到了很多关注。那么，什么是多边央行数字货币桥？它如何应用在跨境支付中？它对全球央行数字货币生态有什么影响？

本文共分三部分讨论这些问题。第一部分讨论数字货币应用于跨境支付的路径选择。第二部分讨论多边央行数字货币桥的设计及其在跨境支付中的应用。第三部分讨论多边央行数字货币对全球央行数字货币生态的影响。

一、数字货币应用于跨境支付的路径选择

自 2019 年 6 月 Libra（现已更名为 Diem）第一版白皮书发布以来，数字货币在跨境支付中的应用前景受到普遍关注，并进入 G20 视野。2021 年 3 月，国际清算银行发布工作论文《多边央行数字货币安排和跨境支付的未来》。

理论上，可以用于跨境支付的数字货币包含单一货币稳定币、一篮子货币稳定币、批发型央行数字货币，以及零售型央行数字货币。从 Libra/Diem 项目的实践

看，一篮子货币稳定币在价值稳定机制、储备资产管理、用户习惯培养以及货币主权保护等方面面临不少挑战，推出难度很大。单一货币稳定币如果在全球范围内流通，就构成金融稳定理事会（FSB）界定的全球稳定币，将在治理框架、储备资产管理、运行弹性、网络安全、反洗钱、打击恐怖主义和隐私保护等方面受到严格监管。零售型央行数字货币可以有境外个人和机构用户，但在尊重境外货币主权的前提下获取境外用户并非易事，而且 M0（流动中现金）定位也会限制零售型央行数字货币在跨境支付中的应用。从 2021 年 3 月 22—25 日国际清算银行创新峰会上的讨论看，中央银行界倾向于用批发型央行数字货币改进跨境支付，而多边央行数字货币桥将成为不同国家的批发型央行数字货币之间交互，并支持跨境同步交收（PvP）的重要机制。跨境同步交收（PvP）是跨境支付的基本要求，主要为提高结算效率，防止结算风险。从技术上看，不同国家的批发型央行数字货币一般使用不同的分布式账本（DLT），跨境同步交收（PvP）的核心问题是跨链。对此问题，实践中尝试了多种解决方案。

新加坡金融管理局的 Ubin 项目在第四阶段与加拿大中央银行 Jasper 项目合作开展了同步跨境交收（PvP）试验，其中新加坡央行数字货币是基于 Quorum 平台，加拿大央行数字货币是基于 R3 Corda 平台，它们重点测试中间人方案。中间人通常是商业银行，同时参与 Quorum 和 R3 Corda 平台，并通过哈希时间锁合约（HTLC）实施同步跨境交收（PvP）。经测试发现，在大多数情况下，哈希时间锁合约是可靠的，"中间人方案 + 哈希时间锁合约"可以帮助收付款双方在不信任中间人的情况下实施跨境同步交收（PvP）。该测试还提出了另外两种概念设计：一是付款的新加坡银行和收款的加拿大银行都同时参与 Quorum 和 R3 Corda 平台，同时持有两国的央行数字货币；二是同一分布式账本（DLT）同时支持两国的央行数字货币。

欧洲中央银行和日本中央银行合作的 Stella 项目在第三阶段也基于中间人方案测试了跨境同步交收（PvP），对付款银行、收款银行和中间人等采用的账本类型没有具体限制，既可以是中心化账本，也可以是分布式账本。跨账本转账使用五种方法：信任线（Trust Lines）、链上托管（On-Ledger Escrow with HTLC）、简单支付通道（Simple Payment Channels）、条件支付通道（Conditional Payment Channels with HTLC）以及第三方托管（Third Party Escrow）。其中，前四种方法都源于哈希时间锁合约（HTLC）。

上述测试说明，目前中央银行使用的主流跨链技术是哈希时间锁合约（HTLC）。哈希时间锁合约（HTLC）是在去中心化和去信任化环境中进行条件支付的基础。除了对密码学的应用外，哈希时间锁合约（HTLC）的核心是序贯博弈。因此，哈希时间锁合约（HTLC）在一定条件下可能失效，出现不合意的博弈均衡结果，哈希时间锁合约（HTLC）的这一问题迄今没有得到完美解决。

多边央行数字货币桥概念主要来自香港金融管理局和泰国中央银行合作的Inthanon-LionRock 项目，本质上是将两种央行数字货币"映射"到同一分布式账本（DLT）中，即基于央行数字货币在"走廊网络"上发行存托凭证，使得同一分布式账本支持多种央行数字货币。多边央行数字货币桥的好处在于：一是两种央行数字货币之间的交易发生在单账本上，不涉及跨链操作，容易通过智能合约实施跨境同步交收（PvP）；二是能兼容不同的央行数字货币系统和设计，拓展性好；三是缓解了央行数字货币在境外流通对他国货币主权的影响。但多边央行数字货币桥会造成涉及多家中央银行的治理问题，以及新的数字货币流通问题。

二、多边央行数字货币桥的设计及其在跨境支付中的应用

（一）多边央行数字货币桥的设计

多边央行数字货币桥的核心组成部分包括：①"走廊网络"；②存托凭证；③跨境转账；④流动性管理；⑤监管合规；⑥多边治理。

1. "走廊网络"

多边央行数字货币桥的核心是一个连接多个央行数字货币系统的"走廊网

络"。对每个参与国家，该国中央银行和若干商业银行接入"走廊网络"，但境外中央银行和商业银行都不得接入该国央行数字货币系统，或者持有该国央行数字货币。换言之，各国的央行数字货币系统是"物理隔离"的，但通过"走廊网络"来互联互通。

2. 存托凭证

对每个央行数字货币，"走廊网络"上均有与之对应的存托凭证，由相应的中央银行发行并负责赎回。

对每个参与国家，如果该国的一家商业银行在本国央行数字货币系统上向本国中央银行提出销毁一单位本国央行数字货币，那么本国中央银行就在"走廊网络"上向该商业银行发行一单位本国央行数字货币的存托凭证。反之，如果该商业银行在"走廊网络"上向本国中央银行提出销毁一单位存托凭证，那么本国中央银行就在本国央行数字货币系统上向该商业银行发行一单位本国央行数字货币。

换言之，各国中央银行负责在本国央行数字货币和"走廊网络"上存托凭证之间的 1∶1 双向兑换，确保在"走廊网络"上发行的存托凭证的数量始终等于在本国央行数字货币系统上销毁的央行数字货币的数量。

尽管一国央行数字货币不能由境外商业银行持有，但相应的存托凭证可以由境外商业银行在"走廊网络"上持有。

3. 跨境转账

跨境转账在"走廊网络"上通过存托凭证进行。"走廊网络"上任意一对来自不同国家的商业银行之间，都可以用各自国家央行数字货币的存托凭证进行点对点的实时交易，这样就无须通过复杂的代理银行网络来开展跨境转账。不同存托凭证之间的兑换比率，可以参考外汇市场上的汇率。如果"走廊网络"上的存托凭证交易规模足够大，存托凭证将成为外汇市场的重要组成部分。

不同的存托凭证尽管由不同的中央银行基于不同的央行数字货币发行，但因为依托同一个分布式账本，它们之间的交易可以全天候进行，并能做到支付的原子性（即一个支付指令要么全部执行，要么全不执行，不存在部分执行的情况）和结算的最终性。

4. 流动性管理

"走廊网络"上的存托凭证交易采取实时全额结算，降低了结算风险，但对流动性要求较高。"走廊网络"将提供流动性管理功能，包括与流动性节约机制（LSM）有关的排队机制和交易拥堵解决方案等。"走廊网络"上也可以出现针对存托凭证的流动性提供者，帮助参与"走廊网络"的商业银行平滑流动性需求。

5. 监管合规

在"走廊网络"上，各国中央银行实时监测与本国央行数字货币的存托凭证有关的钱包和交易，以实施反洗钱、反恐怖融资和反逃税等监管。

鉴于境外商业银行可以通过存托凭证而间接持有本国货币，以及本国货币可以以存托凭证的形式在境外商业银行之间流通，中央银行可能需要限制境外商业银行持有本国央行数字货币的存托凭证的时间和数量。

6. 多边治理

"走廊网络"应该由参与多边央行数字货币桥的中央银行所共同拥有、建设、运营和管理，这就产生了涉及多家中央银行的治理问题，包括：

第一，哪些央行数字货币可以接入"走廊网络"？如果要增加"走廊网络"支持的央行数字货币，应该采取什么样的决策程序？

第二，商业银行参与"走廊网络"的准入条件和程序是什么？

第三，如何监督中央银行在"走廊网络"上发行的存托凭证的数量始终等于在本国央行数字货币系统上销毁的央行数字货币的数量？

第四，"走廊网络"分布式账本的存储、共识记账、升级以及差错管理和争议处理等问题。

（二）对多边央行数字货币桥在跨境支付中应用的分析

国际清算银行在工作论文《多边央行数字货币安排和跨境支付的未来》中比较了基于央行数字货币实现跨境和跨货币互操作性的三种不同方式。一是不同国家的央行数字货币在标准上兼容,包括相近的监管框架、市场实践、报文格式、密码技术、数据要求和用户界面等。二是不同国家的央行数字货币在系统上互联,包括共享技术界面和相同清算机制等。三是建立单一的多货币支付系统。多边央行数字货币桥就属于这第三种方法。

在多边央行数字货币桥中,任意一对来自不同国家的商业银行之间都可以进行点对点的实时交易。这是数字货币应用于跨境支付的各种方案都要实现的一个基础目标,因为只有实现这个目标,才能构成对现有代理行模式的改进。代表性方案包括:

第一,不同国家的商业银行使用某一超主权数字货币进行跨境支付,比如Libra/Diem一篮子货币稳定币。这取决于超主权数字货币的市场接受度和履行货币基本职能的能力,并会引发货币主权方面的问题。

第二,不同国家的商业银行使用某一主导型央行数字货币或稳定币进行跨境支付,如数字美元或美元稳定币。这会造成强势货币替代弱势货币的问题。

第三,不同国家在各自的分布式账本上发行央行数字货币,通过智能合约进行跨账本的交互,以实现跨境同步交收(PvP)。这受制于跨链技术的不成熟。

第四,多边央行数字货币桥的做法。

上述基础目标,也能通过银行账户体系创新实现,比如:

第一,中央银行的实时全额结算系统(RTGS)向境外商业银行开放。因为货币管辖权方面的原因,目前这个方案只有理论上的可能性。

第二,不同国家的商业银行两两之间开立同业往来账户。但随着商业银行数量的上升,这个方案的实施成本将显著上升。

综上所述,如果对跨境支付的改进遵循以下原则,多边央行数字货币桥应该是目前的最佳选择:

第一,使用数字货币技术而非银行账户体系。

第二,尊重各国货币主权,缓解强势货币替代弱势货币问题。

第三,不依赖于复杂或不成熟的跨链技术。

第四，兼容各国货币和支付系统（包含央行数字货币）的差异性。

第五，经济效率高，有很好的可拓展性。

需要说明两点：第一，多边央行数字货币桥可以兼容中央银行的实时全额结算系统（RTGS）。换言之，即使某国没有推出央行数字货币，该国的中央银行和商业银行也能通过接入多边央行数字货币桥来改进跨境支付。第二，从目前关于央行数字货币的讨论和实践可以看出，尽管一些重要的共识逐渐浮现，但央行数字货币无论在货币经济学设计上，还是在技术方案上，都有很大灵活度。在可以预见的将来，各国央行数字货币不会收敛到同一标准。这两点都会提升多边央行数字货币桥的重要性。

三、多边央行数字货币桥对全球央行数字货币生态的影响

央行数字货币在货币经济学设计和技术方案上有很大的灵活度，多边央行数字货币桥让不同国家的央行数字货币走向互联互通，对完善全球央行数字货币的标准有重要意义。而多边央行数字货币桥涉及多家中央银行的治理问题，会促成各国中央银行在央行数字货币上的合作。

从主要国家和地区的央行数字货币研究和实践看，有的以批发型为先，有的以零售型为先。目前，具有代表性的批发型央行数字货币项目逐渐完成试验，零售型央行数字货币因为涉及复杂的货币和金融问题，已成为研究热点。如果聚焦于境内支付，零售型央行数字货币无疑是重点。但前文已指出，对于跨境支付，只靠零售型央行数字货币是不够的，必须与批发型央行数字货币相配合。这说明，需要重新认识在跨境支付场景中，批发型央行数字货币与零售型央行数字货币之间的关系。

目前，央行数字货币普遍遵循"中央银行—商业银行—用户"的二元模式（也被称为双层经营模式）。零售型央行数字货币也包含批发环节，但批发环节只

针对数字货币发行和回笼，而非数字货币在证券交易和跨境转账的应用。在多边央行数字货币桥中，批发型与零售型央行数字货币将构成一个有机整体。

考虑两个国家 A 和 B。A 国居民 Alice 在该国 a 银行开户，而 B 国居民 Bob 在该国 b 银行开户。假设 Alice 要向 Bob 发起一笔跨境汇款，他们有两种可选方案。方案一，如果某一国的零售型央行数字货币向境外用户开放，那么他们可以直接用这种零售型央行数字货币。方案二，Alice 向 a 银行发起跨境汇款指令后，a 银行扣减 Alice 的存款余额或数字货币钱包余额，并通过多边央行数字货币桥向 b 银行直接打款，b 银行再等额调增 Bob 的存款余额或数字货币钱包余额。在跨境支付中，"批发型央行数字货币＋多边央行数字货币桥"（方案一）相对直接用零售型央行数字货币（方案二）的主要优势在于，更能支持大额交易，并且不会影响他国的货币主权或造成货币替代问题。

总的来说，多边央行数字货币桥有以下重要意义：

第一，多边央行数字货币桥会促进不同国家中央银行之间的合作以及央行数字货币的互联互通，有助于形成全球央行数字货币的标准。

第二，多边央行数字货币桥在跨境支付场景中，有助于整合零售型和批发型央行数字货币，支持跨境同步交收（PvP）。

第三，多边央行数字货币桥能兼容各国货币和支付系统（包含央行数字货币）的差异性，尊重各国货币主权，缓解强势货币替代弱势货币问题。

第四，多边央行数字货币桥经济效率高，有很好的可拓展性，不依赖于复杂或不成熟的跨链技术。

第五，在多边央行数字货币桥下，一国货币可以以存托凭证形式在境外商业银行之间流通，会带来数字货币流通管辖中的新问题。

第六，"走廊网络"由多家中央银行所共同拥有、建设、运营和管理，会产生涉及多家中央银行的治理问题。

央行数字货币时代的特别提款权（SDR）创新

2021 年 3 月 23 日，国际货币基金组织（IMF）总裁 Kristalina Georgieva 宣布，计划新增 6500 亿美元的特别提款权（SDR），以满足全球对储备资产的长期需求，使所有成员国受益，并帮助全球经济从新冠肺炎疫情大流行的冲击中恢复。该计划于 8 月 2 日经 IMF 理事会投票通过，并于 8 月 23 日实施。这是 IMF 历史上第四次也是最大一次的 SDR 分配，将使 SDR 累计分配额从 2040 亿 SDR 增至 6628 亿 SDR，约等价于 9390 亿美元[1]（见图 4-4）。

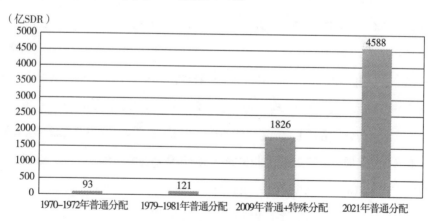

图 4-4　历次 SDR 分配

资料来源：作者自制。

---

[1]　使用 2021 年 4 月 1 日汇率 1SDR=1.416620 美元，下同。

历史上，关于如何改进 SDR 的创设和分配机制，以及拓宽 SDR 的使用范围，有很多讨论。2009 年 3 月 23 日，时任中国人民银行行长周小川发表《关于改革国际货币体系的思考》，引起了国内外普遍关注和讨论。2016 年 10 月 1 日，人民币被正式纳入 SDR 货币篮子。截至 2021 年 4 月 1 日，SDR 货币篮子中美元、欧元、人民币、英镑和日元的权重分别为 41.1%、32.0%、10.9%、8.4% 和 7.6%。2022 年中前，IMF 将对 SDR 进行一次例行审查（通常每五年一次）。

在过去五年，国际货币体系中最大变化之一是央行数字货币的兴起。2016 年，英格兰银行就发表了关于央行数字货币的工作论文。自 2020 年 4 月起，数字人民币已在我国多个城市开展试点，2022 年初将拓展到冬奥会场景。美联储波士顿分行正在与 MIT 合作研究数字美元，2021 年 2 月 23 日，美联储主席 Jay Powell 在参议院做证时称其为美联储的"高度优先"项目。2020 年 10 月，欧洲央行发布首份《数字欧元报告 2020》。2021 年 3 月 26 日，日本中央银行宣布成立关于央行数字货币的联络与协调委员会。

一些学者已经注意到央行数字货币与 SDR 创新之间的关系。2019 年 5 月，IMF 货币与资本市场部主任 Tobias Adrian 在 IMF 和瑞士央行的会议上提出 eSDR（电子 SDR）或 dSDR（数字 SDR）。2019 年 12 月，中国人民银行原行长周小川在博鳌亚洲论坛第二届"亚欧合作对话"上表示，目前全球确实面临机会推进类似 eSDR（电子特别提款权）和 SHC（合成霸权货币）这样的全球性数字货币，但这需要一个类似全球央行的机构。但学者们都没有深入阐述相关概念。

在新冠肺炎疫情发生后，主要储备货币发行国家启动无限量化宽松和大规模财政刺激计划，周小川于 2009 年指出的国际货币体系的缺陷越显突出。随着新一轮 SDR 分配，SDR 在国际货币体系中的重要性将有所提升。在这些背景下，SDR 更需要创新，而近两年数字货币领域的一些研究和实践有助于更好地研究这个问题。一是 2019 年以来，Libra 项目（现已更名为 Diem）对一篮子货币稳定币的探索，加深了对超主权数字货币的设计与应用的认识。二是 2020 年 3 月，在国际清算银行香港创新中心的支持下，香港金融管理局、泰国中央银行、阿联酋中央银行及中国人民银行数字货币研究所宣布联合发起多边央行数字货币桥研究项目（Multi-CBDC Bridge），该项目除了改进跨境支付以外，也将促进多国央行数字货币之间的互联互通。

一、SDR 简介

SDR 是 IMF 于 1969 年创设的一种补充性国际储备资产，与黄金、外汇等一起构成国际储备，以支持不断增长的国际贸易和金融活动。SDR 推出的背景是布雷顿森林体系下的"特里芬两难"——美国通过经常账户逆差输出美元作为国际清偿工具，但美国持续的经常账户逆差会动摇国际投资者对美元的信心。

SDR 既不是一种货币，也不构成对 IMF 的索取权，而是对一组可自由使用货币（目前包括美元、欧元、人民币、英镑和日元）的潜在索取权。SDR 只能由 IMF、成员国和一些指定机构持有，不能由私人部门机构或个人持有。SDR 被 IMF 和国际清算银行、非洲开发银行、亚洲开发银行和伊斯兰开发银行等国际机构作为记账单位。SDR 主要用于 IMF 成员国与 IMF 以及国际金融组织等官方机构之间的交易，包括使用 SDR 换取可自由使用货币、使用 SDR 向 IMF 还款、支付利息或缴纳份额增资等。

目前，SDR 的持有者可以通过两种方式用 SDR 换取可自由使用货币。一是通过 IMF 成员国之间的自愿交换安排（Voluntary Trading Arrangements）。二是在自愿交换安排不成功的情况下，IMF 指定对外头寸充裕的成员国以可自由使用货币从对外头寸不足的成员国购买 SDR。

SDR 的价值主要来自 IMF 成员国对 SDR 兑换可自由使用货币的承诺。IMF 每天计算和发布 SDR 汇率，等于伦敦市场每日中午 12 点篮子货币对美元的市场汇率与篮子货币的数量相乘之和。IMF 每周五计算和发布 SDR 利率，等于篮子货币的货币市场三个月期债务工具代表性利率的加权平均。

二、周小川于 2009 年提出的 SDR 改革建议

一方面，1973 年布雷顿森林体系崩溃后，主要货币转向浮动汇率制度，减少了对 SDR 作为全球储备资产的依赖。另一方面，SDR 总量增长完全协商决定，决策周期长。因此，SDR 在全球储备资产中的占比呈下降趋势，SDR 的作用没有得到充分发挥。2009 年，周小川撰文《关于改革国际货币体系的思考》对 SDR 改革提出了以下重要观点：

第一，当前以主权信用货币作为主要国际储备货币是历史上的特例，弊端体现在三个方面。一是理论上"特里芬两难"仍然存在，储备货币发行国无法在为世界提供流动性的同时确保币值稳定。二是储备货币发行国的货币政策目标与各国对储备货币的要求经常产生矛盾，既可能因抑制本国通胀的需要而无法充分满足全球经济不断增长的需求，也可能因过分刺激国内需求而导致全球流动性泛滥，这一弊端在新冠肺炎疫情大流行后更为突出。三是当一国货币成为全世界初级产品定价货币、贸易结算货币和储备货币后，该国对经济失衡的汇率调整是无效的[1]。总的效果是，经济全球化既受益于一种被普遍接受的储备货币，又为发行这种货币的制度缺陷所害。不仅储备货币的使用国要付出沉重代价（比如担心储备货币贬值），货币发行国也担心使用国信心减弱对本国经济和货币政策产生的影响。

第二，国际储备货币应向着币值稳定、供应有序、总量可调的方向完善。由一个全球性机构管理的超主权储备货币不仅克服了主权信用货币的内在风险，也为调节全球流动性提供了可能，能极大地降低未来危机发生的风险，增强危机处理的能力，是国际货币体系改革的理想目标。SDR 具有超主权储备货币的特征与潜

---

[1]　中国人民银行金融研究所所长周诚君在 2021 年指出的另一个问题是：如果主要国际储备货币的发行国在全球商品生产和交易中，已经不再处于全球产业链和供应链的核心位置，这意味着围绕主要储备货币的汇率调整与各国的供应链、产业结构调整将是脱节的，汇率调整无法实现主要商品生产国和产业链上各国的内外部平衡。

力，应该拓宽 SDR 的使用范围，以真正满足各国对储备货币的要求，具体措施如下：一是建立起 SDR 与其他货币之间的清算关系，使其能成为国际贸易和金融交易公认的支付手段。二是积极推动在国际贸易、大宗商品定价、投资和企业记账中使用 SDR 计价。三是积极推动创立 SDR 计值的资产，如世界银行于 2016 年发行 SDR 计价债券。四是 SDR 定值的一篮子货币范围应扩大到世界主要经济大国，也可将 GDP 作为权重考虑因素之一，如人民币于 2016 年纳入 SDR 货币篮子。五是 SDR 的发行可从人为计算币值向有实际资产支撑的方式转变，可以考虑吸收各国现有的储备货币作为其发行准备。

第三，IMF 集中管理成员国的部分储备，相比各国的分散使用、各自为战，更能有效地发挥储备资产威慑投机、稳定市场的作用，也将推动 SDR 作为储备货币发挥更大作用。IMF 可以以市场化模式设立开放式基金，面向会员国发行以 SDR 计值的基金单位，会员国可以用现有储备货币自由认购，需要时再赎回所需的储备货币。这甚至可以作为增加 SDR 发行、逐步替换现有储备货币的基础。

考虑到主要储备货币发行国家在国际金融危机后的量化宽松和超常规货币政策尚未退出的情况下，又因新冠肺炎疫情大流行而启动无限量化宽松和超大规模财政刺激政策，周小川上述改革建议在当下无疑更具意义，而央行数字货币的发展，为实施这些改革意见提供了新的制度和技术工具。

三、基于央行数字货币的 SDR 创新

SDR 创新体现在支付与清结算基础设施、价值内涵、发行和赎回机制（一级市场）、交易机制（二级市场）以及 SDR 计价资产等方面，其中最重要的是支付与清结算基础设施，这是拓宽 SDR 使用范围的基础。

（一）支付与清结算基础设施

目前，IMF 管理的账户系统记录 SDR 持有和流通情况。要将 SDR 的持有范

围从 IMF、成员国货币当局和一些指定机构拓展到成员国的商业银行和工商业企业，一种方法是允许成员国的商业银行和工商业企业接入 SDR 账户系统，另一种方法是使用分布式账本（DLT），本文倾向于第二种方法。首先，分布式账本的开放性更好，有助于成员国的商业银行和工商业企业持有和使用 SDR。其次，分布式账本更能支持 SDR 在国际贸易和国际金融中的应用。最后，分布式账本更能支持央行数字货币。

在分布式账本下，SDR 采取分层运营框架（见图 4-5）。第一层是 IMF；第二层是成员国货币当局和一些指定机构；第三层是成员国商业银行；第四层是成员国工商业企业。本文不考虑个人持有 SDR 的情况，也就是 SDR 不进入零售支付环节。从成员国角度看，"IMF—货币当局—商业银行—工商业企业"的每一层都是"批发—零售"关系。成员国货币当局除了用 SDR 与 IMF 直接交易外，相互之间也可以用 SDR 直接交易。成员国商业银行和成员国工商业企业之间可以用 SDR 直接交易，且不一定限于同一国家内，但不能和其他国家的货币当局或 IMF 直接交易。这些限制可以用分布式账本中的智能合约来实施。

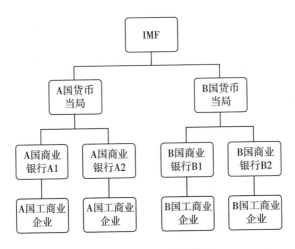

图 4-5　SDR 的分层运营框架

资料来源：作者自制。

表 4-1 显示了 SDR 的不同使用场景在分层运营框架中对应的位置：

表4-1　SDR 使用场景

SDR 使用场景	在 SDR 分层运营框架中对应的位置
SDR 发行与赎回	IMF 与各成员国货币当局之间
SDR 与各国货币交易	各成员国货币当局之间，货币当局与商业银行之间，以及商业银行与工商业企业之间
SDR 在国际贸易、大宗商品定价、投资中的应用	成员国商业银行和工商业企业之间可以用 SDR 直接交易（不一定限于同一国家内）
SDR 在企业记账中的应用	成员国商业银行和工商业企业层面

资料来源：作者自制。

（二）价值内涵

SDR 是对一组可自由使用货币的索取权。成员国货币当局可以依据 SDR 货币篮子构成，用持有的 SDR 向 IMF 赎回一组可自由使用货币。IMF 应对 SDR 赎回的能力来自两个方面：①SDR 发行储备；②各成分货币对应的货币当局的流动性支持。

在这个安排下，SDR 将不再人为计算币值，而是有实际资产支撑。因为各成员国货币当局不一定在同一时间向 IMF 赎回 SDR，并且它们若需要可自由使用货币，还可以通过自愿交换，所以 SDR 发行可以基于部分储备。这体现了大数定律的作用。

各成分货币对应的货币当局作为"最后的流动性提供者"（Liquidity Provider of Last Resort），将在 SDR 体系稳定中发挥重要作用，确保不会发生针对 SDR 的挤兑。

（三）发行和赎回机制

SDR 基于部分储备发行，发行储备有以下两方面来源：①各成分货币对应的货币当局的初始注资；②成员国货币用一组可自由使用货币向 IMF 认购 SDR，IMF 新增 SDR 发行并将认购资金注入发行储备。

　　SDR 在分布式账本上发行和流通。这个分布式账本就是多边央行数字货币桥中的"走廊网络"。对每个成分货币，相应货币当局的央行数字货币系统（如果没有央行数字货币，就用实时全额支付系统 RTGS）接入"走廊网络"，"走廊网络"上有该货币的存托凭证。货币当局负责在本国央行数字货币和"走廊网络"上存托凭证之间的 1 ∶ 1 双向兑换，并确保在"走廊网络"上发行的存托凭证的数量始终等于销毁的央行数字货币的数量。

　　SDR 依据货币篮子构成，由"走廊网络"上智能合约与存托凭证（DR）组合而成（见图 4-6）。

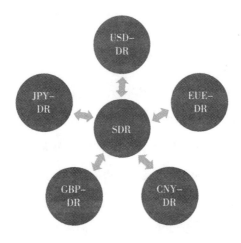

图 4-6　"走廊网络"上合成 SDR

资料来源：作者自制。

　　SDR 有两种发行方式：第一，现行机制，即由 IMF 理事会和执董会协商决定SDR 增发时间和数量。这将伴随着 SDR 发行储备比率的调整。换言之，SDR 发行遵循"可调整的部分储备"（Adjustable Fractional Reserve）。从历史情况看，由IMF 理事会和执董会协商决定的 SDR 增发不会很频繁，但每次的数量可能较大。增发的 SDR 仍按份额比例分配给成员国货币当局（即普遍分配），也可以考虑预留一定比例给 IMF 集中使用，或者适当降低对关键货币国家的分配比例。

第二，市场化发行，由成员国货币当局用一组可自由使用货币向 IMF 认购新发行 SDR。市场化发行的时间和数量由成员国货币当局根据自身需求决定，可以非常灵活，并且伴随着成员国货币当局对相应的 SDR 篮子货币份额的计提。这会直接拉动对人民币作为国际储备货币的需求，特别是在将 GDP 作为 SDR 货币篮子的权重考虑因素之一的情况下。相比而言，现行的 SDR 普通分配机制对人民币作为国际储备货币的直接拉动作用并不高。

需要说明的是，有学者提出让 SDR 在数量上具备信用货币的内生性扩张或收缩机制，这意味着 SDR 具有"贷款伴随着存款创造"的特点。因为这个方案会给予 IMF 过大的自由裁量权，本文持保留意见。SDR 发行，一方面要满足成员国货币当局对储备资产的需求；另一方面要遵循完善的治理规则，核心是成员国货币当局与 IMF 之间的制衡。

成员国货币当局用持有的 SDR 向 IMF 赎回时，获得一组可自由使用货币在"走廊网络"上的存托凭证。它们可以通过下文将介绍的交易机制调整存托凭证头寸（比如卖出 EUR-DR，买入 CNY-DR），再通过相应货币当局获得想要的可自由使用货币。IMF 在应对 SDR 赎回时，优先使用 SDR 发行储备，若有不足则使用各成分货币对应的货币当局的流动性支持。

在这个新的发行和赎回机制下，IMF 每天可以继续计算和发布 SDR 汇率，这个汇率主要起参考作用（称为"参考汇率"），SDR 汇率将由市场决定（称为"市场汇率"），但在套利活动驱使下，市场汇率将向参考汇率收敛，其逻辑如下：如果市场汇率超过参考汇率，成员国货币当局将用一组可自由使用货币向 IMF 认购新发行的 SDR。这一策略的成本与参考汇率挂钩，收入与市场汇率挂钩，从而获取超额收益。但 SDR 供给增加，在其他条件一样的情况下，将驱动市场汇率下跌。反之，如果参考汇率超过市场汇率，成员国货币当局将用 SDR 向 IMF 赎回一组可自由使用的货币。这一策略的成本与市场汇率挂钩，收入与参考汇率挂钩，也能获取超额收益。但 SDR 供给减少，在其他条件一样的情况下，将驱动市场汇率上升。总的效果是，SDR 市场汇率将围绕参考汇率上下波动，仍将体现出较低的波动性，从而缓解因使用主权信用货币计价而造成的资产价格波动及相关风险，特别是对全世界初级产品而言。

（四）交易机制

SDR 与各成分货币（实为存托凭证）之间的交易发生在"走廊网络"上，并可以通过智能合约支持同步交收（PvP），交易效率非常高。与 SDR 分层运营框架相对应，交易机制也是分层的：

第一，成员国货币当局与 IMF 之间就一组可自由使用货币与 SDR 交易。这对应着 SDR 的市场化发行和赎回，会使 SDR 市场汇率向参考汇率收敛。

第二，成员国货币当局之间就各成分货币与 SDR 交易。这将帮助成员国货币当局调整货币头寸，同时形成 SDR 对各成分货币的汇率。

第三，在每个成员国内，货币当局与商业银行，以及商业银行与工商业企业之间就本国货币与 SDR 交易。这对应着成员国内部的 SDR 分发机制。

总的效果是，基于"走廊网络"将形成一个围绕 SDR 与各成分货币的活跃外汇市场。

（五）SDR 计价资产

随着 SDR 使用范围的拓宽，各成员国货币当局、商业银行和工商业企业等持有的 SDR 数量与对 SDR 的需求之间将经常出现不匹配情况，从而需要不断在时间和空间两个维度上对 SDR 资源进行调配，这是 SDR 计价资产出现的内在动力。这也说明，之所以目前 SDR 计价资产发展不快，核心原因是 SDR 使用范围不广，通过市场调配 SDR 资源的需求不旺。

从长期看，市场将发展出能反映 SDR 供需情况的收益率曲线。SDR 自身不付息，但 SDR 计价的债券和贷款会付息，SDR 利率将由市场而非人为计算决定。目前的 SDR 利率主要属于自我融资性质——先对 SDR 分配收费，然后用获得的收费支付持有 SDR 的利息。

从 GameStop 事件和 Paxos 试验看区块链在股票市场的应用

近期有两个事件有助于我们加深对区块链应用于股票市场的理解。

第一个事件是 2021 年前两个月广受关注的 GameStop 逼空事件。此事件与本文关系最大的既不是在线经纪商 Robinhood、社交网络 Reddit 或 Elon Musk 和 Chamath Palihapitiya 等 KOL（关键意见领袖）在逼空事件中扮演的角色，也不是"散户—华尔街"对峙的叙事逻辑，而是 Robinhood 在美国证券存托与清算公司（DTCC）的压力下，在 4 天内紧急融资 34 亿美元以满足交易保证金要求。这个事件凸显了在"T+2"结算周期中，股票波动性和交易量激增对经纪商的风险。

第二个事件是 2021 年 4 月，瑞士信贷和野村证券下属经纪商 Instinet 通过 Paxos 结算服务在区块链上完成了针对美国上市股票的"T+0"结算和券款对付（DvP）。这个事件尽管在加密资产市场的衬托下不怎么受关注，但它代表了一个由市场机构主导的、很有前景的区块链创新应用，而且能兼容现有股票市场基础设施。

接下来，本文将从两个方面分析区块链在股票市场的应用：第一，美国股票市场结算流程及其在 GameStop 事件中的表现；第二，Paxos 区块链结算的机制和意义。

一、美国股票市场结算流程及其在 GameStop 事件中的表现

DTCC 是美国的中央证券存管机构（CSD）。CSD 使证券非实物化，使证券成为 CSD 账户中的电子记账（Book-entry）科目，进而使证券非流动化（Immobilize），使证券交易不涉及纸质凭证的物理交割。美国股票市场采取间接持有模式，投资者通过代理人（包括 CSD 和经纪商、托管机构等市场中介机构）持有证券，证券登记册上显示的是代理人之名而非投资者之名。间接持有模式尽管提高了结算效率，但使股票所有权信息"碎片化"，DTCC 只记录代理人持有的股票信息，但不会穿透到最终的投资者。

美国股票市场结算流程如下：

第一，投资者向经纪商发出买卖股票的指令。

第二，经纪商将投资者指令发给股票交易所执行。

第三，买单和卖单通过股票交易所撮合。

第四，股票交易所将股票交易信息发送给 DTCC 下属的全国证券清算公司（NSCC）做交易后处理。

第五，NSCC 处理、记录股票交易，并将总结性信息发给与股票交易有关的经纪商，包括需要结算的净的股票头寸和净的资金头寸。"需要结算的净的股票头寸和净的资金头寸"就是轧差后净额结算的体现，这能显著提高流动性利用效率。例如，如果进行 100 笔交易来购买某只股票的 6 万股和 80 笔交易来卖出 5 万股该股票，在轧差后净额结算下，只需要支付净差 1 万股相应的资金，而不用支付实时结算 6 万股相应的资金。但轧差后净额结算会拉长结算周期，而更长的结算周期意味着更高的交易对手风险。

第六，NSCC 向 DTCC 下属的存托信托公司（DTC）发送关于需要结算的净的

股票头寸的指令，需要结算的净的资金头寸同步录入 NSCC 的结算系统。

第七，DTC 通过电子方式转移股票所有权：将净的股票头寸先从卖出经纪商的账户转到 NSCC 的账户，再从 NSCC 的账户转到买入经纪商的账户（即付券端）。

第八，与股票交易有关的经纪商的结算银行从 DTC 处收到资金或向 DTC 转入资金（即付款端），以完成股票结算。

在以上流程中，第 1~3 步对应着交易环节（即撮合买卖指令），第 4~6 步对应着清算环节（即计算交易有关各方的证券和资金偿付义务，一些偿付义务会被抵消或轧差），第 7~8 步对应着结算环节（即按照协议转让证券和资金的所有权，分为付券端和付款端）。

在"T+2"结算周期下，从交易到结算完成需要 2 个工作日（2017 年前是"T+3"）。从 NSCC 的角度看，如果股价在"T+2"结算周期中大幅下跌，并且经纪商没有足够资金支持股票买单，那么 NSCC 将承担不必要的风险。为此，NSCC 提高了对经纪商的交易保证金要求。交易保证金要求是风险计量的结果，主要受以下因素的影响：一般来说，结算周期越长，股票交易量越大或股票波动性越高（体现为 NSCC 设置的波动性乘数），交易保证金要求就会越高。

GameStop 逼空事件中就出现了这个问题。NSCC 大幅提高对 Robinhood 的交易保证金要求，使得 Robinhood 先于 2021 年 1 月 28 日对包括 GameStop 在内的多只股票限制交易，进而在 1 月 29 日—2 月 1 日寻求两轮紧急外部融资。2 月 2 日，Robinhood CEO Vlad Tenev 呼吁从"T+2"结算改为实时结算。

2021 年 2 月 24 日，DTCC 宣布将于 2023 年将股票结算周期从"T+2"缩短到"T+1"。"T+1"结算周期有助于降低交易对手风险和交易保证金要求。根据 DTCC 的估计，在"T+2"结算周期下，目前每天平均需要 134 亿美元的交易保证金；如果将结算周期改为"T+1"，交易保证金要求将下降 41%。但 DTCC 目前对"T+0"结算周期持有保留态度，认为"T+0"结算对流动性的要求较高，不能获得轧差后净额结算节约流动性的好处，而且全面转向"T+0"结算对股票市场参与者和现有基础设施的挑战非常大。

二、Paxos 区块链结算的机制和意义

2019 年，Paxos 的区块链结算项目获得美国证监会的非行动函。2020 年，Paxos 联合瑞士信贷和 Instinet 开展测试。Paxos 使用一条私有的许可链，结算流程如下：

（1）证券数字化。

用户向自己的经纪商发出指令，将符合要求的股票从经纪商的 DTCC 账户转入 Paxos 的 DTCC 账户，由此完成向 Paxos 结算服务账户的存入操作。Paxos 在区块链上生成股票的数字代表（即 Token 化，下同），并转入用户在区块链上的地址。

（2）资金数字化。

用户向 Paxos 指定的银行账户转入资金，Paxos 在区块链上生成资金的数字代表，并转入用户在区块链上的地址。 显然，这也是稳定币的构建机制。

（3）交易提交结算。

一笔交易在场外或 Paxos 授权交易平台上完成后，被提交给 Paxos 结算服务。

（4）结算。

如果交易双方在 Paxos 结算服务账户中有充足的数字化证券和资金，Paxos 会自动在交易双方之间转移证券和资金。

Paxos 区块链结算在支持"T+2"结算周期的情况下，也能支持"T+1"和"T+0"结算周期，并且通过区块链上的附有时间戳的证券和资金所有权记录提供准确性和可见性。Paxos 认为，区块链结算有助于解决在股票的间接持有模式下集团诉讼中的定损问题，特别是存在卖空的情况下。 在间接持有模式下，DTCC 不会穿透到最终的投资者，卖空交易中融券双方都可能提出索赔要求，从而造成重复计算问题。 但对 Token 化证券，所有交易（包括买、卖、融入、融出以及相关的资金收付）都配以时间戳记录在区块链上，能有效避免重复计算问题。

接下来，Paxos 将向美国证监会申请清算公司牌照。如果成功，Paxos 结算服务将提供从"T+0"到"T+2"的结算周期服务，以及实时的多边净额结算。

实际上，DTCC 也一直在关注区块链技术在股票市场的应用，2016 年就发表了第一篇白皮书。2019 年，DTCC 提出了 Token 化证券的交易后处理原则。DTCC 的清结算产品组和商业创新组正在合作的 ION 项目，就是为评估区块链应用于美国股票市场加速结算的好处。

三、关于区块链应用于股票市场的若干思考

GameStop 逼空事件显示了缩短股票结算周期的必要性，DTCC 很快响应市场机构的呼吁，提出 2023 年改为"T+1"结算周期的计划。Paxos 试验证明了用区块链缩短结算周期的可行性。尽管此前加拿大中央银行的 Jasper 项目、欧洲中央银行和日本中央银行的 Stella 项目、新加坡金融管理局的 Ubin 项目以及我国上海票据交易所等均试验过用区块链改进国债和票据的交易后处理，但都是在测试环境下进行的。Paxos 试验则是在真实交易环境下进行的，有力证明了区块链应用于金融交易后处理的可行性和好处。Paxos 在美国证监会的非行动函下开展试验，并计划申请清算公司牌照的，也说明合理监管对市场创新的推动意义。

Paxos 试验还从以下角度加深了我们对区块链应用于股票市场的理解。第一，要实现券款对付（DvP），区块链除了通过 Token 化证券改造付券端以外，还应该配以类似稳定币的机制改造付款端。如果只有 Token 化证券，付款还走银行账户体系，那么结算效率就会大打折扣，不能充分实现区块链应用于交易后处理的好处。上海票据交易所的早期测试也有类似结论。这说明，在金融交易后处理中，数字金融资产必须与数字货币相配合。

第二，Paxos 区块链结算离不开 DTCC 作为中央证券存管机构的支持，也没有试图改变间接持有模式，它代表了一种融合性的边际创新，而不是另起炉灶式的颠覆性创新。这既体现了区块链兼容现有金融基础设施的可行性，也体现了 Paxos

的务实选择，有助于缓解区块链结算在推行中面临的阻力。Paxos 甚至还能申请与 DTCC 有竞争色彩的清算公司牌照。

第三，Token 化证券的所有交易都配以时间戳记录在区块链上，确实能弥补间接持有模式的若干短板。这是时间戳的一个非常好的应用场景。对直接持有模式，区块链结算的改进作用还有待观察和测试。直接持有模式有助于维护证券所有权的完整记录，方便穿透式监管，但在一定程度上限制了市场机构的创新空间。

第四，区块链结算尽管能实现"T+0"结算周期，但对这一点的好处无须过度强调。"T+0"结算周期虽然效率高，有助于降低交易对手风险和交易保证金要求，但不能获得轧差后净额结算节约流动性的好处。这里面有一个权衡关系。此外，针对散户投资者的股票交易，不采取实时结算，也有抑制市场投机的考虑。从金融基础设施的实践情况看，实时结算对流动性的要求较高，主要用于中央银行管理的批发支付系统，而且需要配合中央银行为金融机构提供的日间信用额度。

最后需要说明的是，本文讨论的是股票市场基础设施，此外，债券市场基础设施近期也很受关注，其中也包括区块链的应用。例如，美国国债市场理论上是全世界最安全、流动性最好的市场，是所谓的"避险天堂"。美国国债主要采取场外交易方式。2020 年 3 月，受新冠肺炎疫情的冲击，大量美国国债被抛售，而交易商资产负债表空间有限，造成了市场流动性显著恶化。美联储被迫出手干预，包括大量购入国债，为交易商的国债头寸提供本质上无上限的回购融资，以及在补充杠杆率（SLR）监管中将国债排除在计算范围以外等。针对上述问题，斯坦福大学 Darrell Duffie 建议在美国国债市场引入中央对手方（CCP）和中央清算机制。

再如，证监会科技监管局局长姚前在《基于区块链的债券市场基础设施建设》中（《中国金融》2021 年第 7 期）提出一种基于区块链的联通方案，促进银行间债券市场与交易所债券市场相关基础设施的互联互通。该方案可复用现有金融基础设施，无须合并机构就可实现业务和监管的全局统一，从而在不触及存量的情况下，以合作共赢的方式推动增量改革，兼容了各方利益，容易形成统一共识。

第五部分

FIVE

区块链监管动态

PART FIVE

区块链是一个新兴行业，处于快速发展阶段，基于区块链的加密资产的监管问题正在被全球监管机构所讨论。在所有加密资产中，稳定币的特殊性质会引起更高风险，因此成为监管重点。本部分将重点讨论加密资产，尤其是稳定币的监管框架，主要分析 G20、欧盟、美国和巴塞尔委员会（BCBS）的相关政策文件。

金融稳定理事会（FSB）为 G20 提出了稳定币的监管建议，要求监管当局根据稳定币的功能和风险进行监管，并加强跨部门和跨地区的合作以避免监管不平衡。如果稳定币的行为能够归入现有监管框架的话，则可以依据已存在的法规政策进行监管；如果稳定币游离在现有监管政策之外，则需要立法者为稳定币制定更广泛的监管框架。稳定币涉及的治理、风险管理、数据收集、有序退出和信息透明等问题需要符合监管方的要求，并在满足所有监管要求后才可推出。

欧盟委员会鼓励分布式账本技术的创新和发展，在高效跨境支付方式方面承认了分布式账本技术的价值。欧盟委员会鼓励稳定币作为交易工具使用，而非用于价值存储。任何稳定币发行方都需要在欧盟境内注册办公室，在满足监管条件并得到所在注册地的监管机构授权后，稳定币才可以在欧盟内发行。

美国对加密资产的监管重点在投资者保护和税收两方面。投资者保护关注加密资产发行和交易是否符合监管要求，如加密资产是否有证券属性，加密资产的交易场所是否涉及证券交易，以及商品合约的交易场所是否合法注册等。对于加密资产的交易活动，美国国家税务局（IRS）提出了纳税的要求。

巴塞尔委员会发布咨询文件《对加密资产敞口的审慎处理》，将银行类金融机构对加密资产的敞口纳入巴塞尔协议的监管框架。巴塞尔委员会对加密资产给出了目前所知范围最广的规范定义，将加密资产划分为 1 类和 2 类，并提出了相应的监管原则。在最低资本要求、监管审查和市场纪律三方面，巴塞尔委员会提出了对银行业金融机构的加密资产敞口的审慎监管措施。

G20 稳定币监管框架

稳定币通过各种机制与主权货币价格锚定，在提高金融服务效率上有很大潜力，包括跨境支付和普惠金融等。稳定币的最初应用场景为加密资产的避险和定价工具，随着使用人数和市场规模不断扩大，稳定币逐渐被应用到其他金融服务中，但风险也随之扩大，相关的监管问题引起了世界范围的讨论。G20集团呼吁金融稳定理事会审查全球稳定币带来的监管问题。

一、稳定币特征

稳定币的种类有很多，但对于监管者来说，最需要关注的稳定币的类型是基于分布式账本技术，由非官方机构发行的，并且能够在全球范围内自由流通的。这种稳定币的特征很明显，通常来说，它包含以下内容：

（一）稳定机制

稳定币的稳定是指价格锚定单一资产或是一篮子资产，目前实现稳定币价格稳定的方式有两种：资产储备机制和算法机制。

1. 资产储备机制

在这种机制下，稳定币的背后需要有资产储备。这些资产可以是现金、金融工具、商品或是加密资产。在发行和赎回渠道畅通的情况下，如果稳定币的价格与锚定价格出现偏差，则出现利润空间，用户就可以通过参与套利实现稳定币价格的回归。

2. 算法机制

算法机制可以根据稳定币需求量的变化，通过调整稳定币的供应量间接调整稳定币的价格。例如，当稳定币需求增加，价格超过锚定价格时，系统会自动增发相应数量的稳定币，以降低稳定币的价格，使其趋于锚定价格，反之亦然。从理论和实践看，算法机制的稳定币应不可行。

（二）具备的功能和相关活动

稳定币通常被用作支付和价值储藏的工具。这些功能通过相应的活动实现，例如，稳定币的转移和交易需要用户使用钱包操作，并且要求稳定币管理者能够验证交易，稳定币的风险就来源于这些活动（见表 5-1）。

表 5-1　稳定币的功能与相应的活动

功能	活动
稳定币的治理	设立稳定币治理规则，明确治理主体
稳定币的发行、赎回和维持价格稳定	印发和销毁稳定币
	管理储备资产
	为储备资产提供托管和信托服务
币的转移	提供相关基础设施
	验证交易（验证节点）
与用户在存储和交易方面的交互	用于控制稳定币的私钥存储（钱包）
	稳定币的交易、销售和做市活动

资料来源：作者整理自：Financial Stability Board.Regulation, Supervision and Oversight of "Global Stable coin" Arrangements：Final Report and High-Level Recommendations［EB/OL］.［2020-10-13］.https：//www.fsb.org/wp-content/uploads/P131020-3.pdf.

（三）能够在全球范围内流通

在所有稳定币种类中，能够在全球范围内流通的稳定币，即全球稳定币

（GSCs），是监管者重点关注的对象。全球稳定币的一大特征是没有地域限制，因此给金融系统带来的风险也是全球化的。开放性的特点同样能够快速实现用户增长，虽然目前稳定币的市场份额较小，但对于其监管问题的讨论一直存在。

至于如何评判稳定币是否归属为全球稳定币，以及如何判断其影响力大小，FSB 给出了 12 条参考的判断标准，包括：①稳定币用户的数量和类型；②转账的数量和价值；③储备资产的规模；④稳定币的流通规模；⑤支付和汇款在跨境使用范围内的市场占有率；⑥稳定币用户所处司法辖区的数量；⑦每个区域内用于支付的市场占有率；⑧能否赎回一种或多种外国货币；⑨与金融机构的关联程度；⑩是否集合了数字服务或平台（如社交网络）；⑪是否可以使用稳定币及时付款；⑫业务、结构和操作的复杂程度。

二、稳定币给全球金融系统带来的风险

（一）稳定币对金融稳定的风险

无论是作为支付还是价值存储的工具，稳定币对金融市场的影响都是巨大的。作为支付工具来说，如果稳定币的基础设施不完善，无法承载大规模的交易量，则会出现运行卡顿和中断等问题，随即直接影响现实中的经济活动。作为价值储藏方式的话，用户的资产很容易受到稳定币波动的影响，尤其是对于新兴市场和发展中经济体来说，稳定币作为价值储藏的需求更大。除此之外，这两种功能在使用过程中还会交叉影响。如果稳定币支付过程中出现网络瘫痪等故障，就会影响用户对稳定币的信任程度，从而引发资产赎回，削弱稳定币在价值存储上所发挥的作用。

稳定币系统中金融机构会行使不同的职能，它们的参与会扩大风险敞口。当同一金融机构承担多个角色时，就可能引起系统性风险。这些角色包括经销商、做市商、钱包提供者和储备资产的管理者等。如果机构在上述某一方面陷入负面危机，不仅会影响用户使用稳定币的信心，而且会影响稳定币在支付和价值储藏方面的功能。

（二）稳定币使用过程中的风险

　　前文中提到，稳定币在使用过程中，会涉及各类活动，这些活动则给稳定币带来不同的风险。比如涉及管理储备资产时，触发清算的条件和储备资产的流动性状况等都会成为风险来源（见表5-2）。

表5-2　稳定币相关活动中的风险类型及来源

风险类型	风险因素	涉及的活动
市场、流动性和信贷风险	稳定币储备资产的选择、组成和管理由经销商/做市商提供的稳定币流动性的稳健程度 稳定币运行过程中运用杠杆的能力	稳定币的治理 印发和销毁稳定币 储备资产的管理 稳定币的交易、销售和做市活动
运营风险（包括网络风险）和数据丢失风险	账本和验证机制的可靠性和恢复力 网络验证和处理大规模交易量的能力托管商的可靠度	稳定币的治理 基础设施的运营验证交易 为储备资产提供托管和信托服务
储存和交易稳定币应用和组件中的运营和欺诈风险	在阻止欺诈上治理的有效性 运营弹性用户债权的透明度和稳健程度 稳定币经销商/做市商流动性的稳健程度	稳定币的治理 用于控制稳定币的私钥存储 稳定币的交易、销售和做市活动

　　资料来源：作者整理自：Financial Stability Board.Regulation, Supervision and Oversight of "Global Stablecoin" Arrangements: Final Report and High-Level Recommendations [EB/OL].[2020-10-13].https://www.fsb.org/wp-content/uploads/P131020-3.pdf.

（三）稳定币在跨境支付中的风险

　　网络的无界让稳定币天然具有了跨境的能力，在一个地区发行的稳定币很容易通过网络到另一个地区流通，相关的网络安全风险也会随之扩散。监管政策通常只适用于发生在当地的活动，由于网络服务的定位问题是监管面临的难点，因此可能会出现监管漏洞和相关的监管套利行为。此外，跨境支付对于新兴市场和发展中经济体来说的挑战更大，因为相对于发达经济体来说，稳定币在发展中经济体会更易于被接受和扩散。

三、各国稳定币监管政策的不足

（一）各司法辖区内对稳定币的监管及缺陷

绝大多数辖区没有针对稳定币的监管机制，最常见的做法是罗列出稳定币在运行时涉及的各个活动，然后找到现有的法规对其进行监管。相关的活动包括稳定币的发行和赎回，储备资产管理，为储备资产提供托管服务，交易稳定币（包括卖给零售用户）和私钥保管（钱包）。

有些地区已经提供了相关指导帮助稳定币提供者在现行的法规中实现合规；有些地区在着手制定相应法规管理加密资产；也有些地区禁止了加密资产的相关行为。在对稳定币的定性方面，发达经济体通常将其视为 e-money 和集体投资计划（CIS），其次是存款、除 CIS 和衍生品以外的证券。新兴市场和发展中经济体则将其定义为 e-money 和支付工具，这取决于稳定币的持有者对发行者提出的债权性质。

发达经济体和发展中经济体的差异还体现在发行在辖区外的稳定币在辖区内使用时当局对其的监管权力大小，这与跨境稳定币是否能够被分类在国内的监管框架下有关。如果稳定币能够被归到现有的法律框架之下，那么大多数辖区的权威机构就会对稳定币的监管拥有相同的权力。相较而言，发达经济体在国内和国外对稳定币的监管都拥有更多的权力（见图 5-1）。

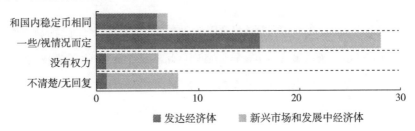

图 5-1　稳定币在国外运营在国内使用时（传入）监管当局的权力

资料来源：Financial Stability Board.Regulation，Supervision and Oversight of "Global Stable coin" Arrangements：Final Report and High-Level Recommendations［EB/OL］.［2020-10-13］.https：//www.fsb.org/wp-content/uploads/P131020-3.pdf.

　　稳定币可能在各方面发生改变，包括结构方面的变化（改变储备资产的组成或稳定机制）、相应权力的变化（储备资产债权的变化）和实际使用的变化（成为支付手段、用于信贷、使用规模的变化），这些变化都可能影响到对其的监管分类。

　　大多数金融监管机构表示今后可能需要对现有的监管框架进行调整，一些金融监管机构表示他们将采取立法行动，以解决监管制度中缺失的部分，或者完全采用一个全面的监管新架构。在这方面，发达经济体和发展中经济体的态度差异不大（见图 5-2）。

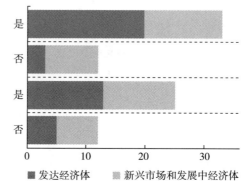

是否意识到应用已有的监管法案，可能无法充分规避风险？

是

否

为了应对风险，是否需要调整已有的监管框架？

是

否

■ 发达经济体　　■ 新兴市场和发展中经济体

图 5-2　未来监管政策的变化

　　资料来源：Financial Stability Board.Regulation，Supervision and Oversight of "Global Stable coin" Arrangements：Final Report and High-Level Recommendations［EB/OL］.［2020-10-13］.https：//www.fsb.org/wp-content/uploads/P131020-3.pdf.

　　总的来说，发达经济体在覆盖稳定币活动方面的法规比较全面，与新兴市场和发展中经济体的监管政策有一定差异。各辖区间的监管差异可能会造成监管套利，例如，有些地区在对稳定币分类不准确的情况下，会导致稳定币无法归入现有的监管框架。一些相关活动，如稳定币的交易和钱包服务等，在经济行为上似乎可以在现行的法规下进行监管，但由于其特殊设计，实际上并不适用。类似的还有市场完整性、消费者或投资者保护、网络安全、数据隐私等风险也没有得到解决。

　　即使能够纳入现有的监管体系，稳定币的特殊性也会让问题难以解决。例如，对储备资产没有明确的资金和流动性要求，网络安全无法得到有效保障，操作基础设施、验证交易、存储密钥的底层技术风险以及未托管钱包缺乏安全性保证。在消费者或投资者的安全保护方面，资金回收和法律救助缺乏法律确定性。各国也缺乏足够的竞争政策，从而赋予消费者和企业加入稳定币的权益和保障（如要求互用性协议），以促进市场参与者之间的适当竞争。

（二）跨国组织对稳定币的监管政策

目前一些相关国际金融标准可能会适用于稳定币，标准制定机构如巴塞尔银行监管委员会（BCBS）、反洗钱金融行动特备工作组（FATF）、支付和市场基础设施委员会（CPMI）、国际证监会组织（IOSCO）制定的国际金融标准会涉及相关的监管制度。

在 BCBS 的研究中，银行可能有一系列直接和间接的稳定币风险敞口，例如作为发行方、投资人、贷方、托管方和做市商，会面临网络安全、欺诈和其他运营风险。BCBS 的经营风险的健全管理原则可以通过建立强有力的控制环境，适当的内部控制、业务弹性和连续性计划规避风险。

FATF 认为稳定币和虚拟资产一样，可能需要承担洗钱和恐怖主义融资风险，修订的 FATF 标准也同样适用于稳定币。稳定币涉及的相关实体拥有反洗钱和打击恐怖主义融资的义务，具体的实体会根据稳定币的性质和涉及的活动判断。

CPMI 和 IOSCO 对金融市场基础设施原则（PFMI）应用在稳定币相关活动中进行了初步分析。原则包括良好的法律基础、促进安全高效和支持金融系统稳定的治理、风险管理和业务韧性。PFMI 的责任为央行间的合作、市场监管者和其他相关官方机构提供了合作框架。

IOSCO 的研究表示，一些原则和标准可以应用到潜在的稳定币发行中，包括：IOSCO 对货币市场基金的政策建议（2012）；加密资产交易平台的问题、风险和监管注意事项（2020）；交易所交易基金管理原则（2013）；跨境监管专责报告（2015）；等等。

（三）跨境合作中面临的问题

前文提到了稳定币在跨境使用中的风险，源自其可以轻易地通过网络在不同的地区使用。因此，在解决稳定币跨境使用问题上，跨境合作和信息共享非常必要。官方不但需要了解稳定币的运行机制以及传播渠道，还需要了解对方监管框架的适用范围以及它们之间的相互作用。

在确定跨境合作程度和性质上，需要了解的相关信息包括：①稳定币的使用范围和用户的位置；②稳定币相关决策的制定和执行地点；③稳定币发行和赎回的地点和储备资产进行管理的地点；④稳定币的转账机制以及交易和销售的方式；⑤数据和记录的储存是否为中心化的以及储存地点；⑥钱包和平台提供方的地点和他们的运营是否为跨境的；⑦稳定币功能活动的经营商之间是否存在垂直整合。

目前在对金融机构和金融市场基础设施跨境监管上，通常采用母国监管机构（Home Supervisor）和东道国监管机构（Host Supervisors）的方式。母国监管机构指的是金融机构的总部和主体所在辖区的监管，负责相关机构的监管事宜。在这种情况下，高效的联合监管就可以通过母国监管机构与子公司和分支机构所在辖区的监管方（东道国监管机构）的协调合作完成。

但对于稳定币的监管不同于这两种方式。首先，稳定币没有同一的实体，通过网络将位于不同辖区的无相关的主体联系到一起。其次，稳定币背后的功能超越了传统金融和金融市场基础设施的范围。稳定币的每个部分，包括实体、政策、流程和技术都会互相影响。但总体又不能脱离"母国—东道国"原则，尤其在一些特定的情况下，例如没有实体负责稳定币的治理，或者是稳定币背后的核心功能位于不同辖区的不同实体中。

四、对稳定币监管建设的解读

2020 年 10 月 FSB 提出了十条关于稳定币的高规格监管建议，这成为政策制定和执行者的指导方案。即使目前各地区关于稳定币的监管实践程度不尽相同，但在跨部门和跨地区间的合作下，关于稳定币的监管方案终将趋于一致。基于经验和实践，接下来对监管建议进行解读。

第一，稳定币需要得到适当监管，监管当局应该使用必要的权力、工具和资源来监管稳定币相关的功能和活动，并有效地执行相关法律法规。

稳定币发展的同时暴露出风险，监管方要对为辖区用户提供服务以及在辖区内发起的稳定币活动进行监管，必要时可以禁止稳定币的活动。相关功能和活动涉及稳定币的治理、发行、交易和赎回，储备资产的管理与托管，以及稳定币私钥的储存等，监管当局需要决定由哪些监管机构进行监管。这些监管机构需要有权力和能力执行相关政策，包括评估稳定币的能力，以及直接禁止稳定币活动的能力。同时，需要监管机构审视目前的监管范围，在稳定币的治理、发行、赎回、储备金管理、稳定机制、转移和与用户交互等活动中，是否需要修订监管范围。

第二，监管当局应该在稳定币功能和对应风险上，实施全面的监管要求和相应的国际标准。

出于技术中立原则，监管方需要根据稳定币的功能，参考实现相同功能的实体，对稳定币实施相同的监管政策，实现"相同业务，相同风险，相同原则"。相应的国际标准的实施，也需要参考对具有相同功能和风险的金融服务商的标准，可能包括的范围有 e-money 发行方、汇款公司、支付系统在内的金融基础设施、集体投资计划、吸收存款和证券交易活动。对服务商的要求包括用户和投资者保护、实施利益冲突规则等保障措施，资料披露，交易系统的稳健以及责任分配的规则等。监管方应该评估已有政策是否能够解决稳定币存在的风险，在必要的情况下进行补充。例如，监管方要考虑哪些机构可以发行稳定币，需要满足什么要求，以及是否要求法币锚定稳定币满足银行监管的要求。

第三，监管当局应在国内和国际层面上加强合作，促进有效沟通和协商，支持各自行使职能，确保跨部门和跨国境的对稳定币的全面监管。

跨部门的监管协作可以涉及多种形式，如监管团、论坛会、谅解备忘录、特殊安排等。在联合监管时，双边或者多边成员需要进行合作和信息共享，进行危机管理和决策。这里就需要监管当局考虑，各监管方如何识别跨多个辖区的稳定币可能出现的风险，尤其涉及在多个辖区中发行、赎回、转账，以及面向用户的活动，同时如何保证跨多个辖区的稳定币执行监管要求。监管方可以根据稳定币发行机构的所属地设置主监管者的角色，负责协调在全球流通的稳定币的监管事项。关于监管协会的组成和主监管者的选择问题仍需要进一步商讨。因为对稳定币不同的监管分类会形成不同的监管方式，这种碎片式的监管会带来麻烦。

第四，监管当局应该保证稳定币有全面的治理框架，关于稳定币中的各项功能和活动有明确的责任分配。

稳定币的治理框架和职责需要向用户和其他利益相关者披露，且具有法律基础，其内容包括治理规则和问责制度、如何处理解决不同辖区间不同实体的利益冲突，以及明确每一辖区内的责任范围。稳定币的治理内容包括参与者的规则标准、稳定机制的运营方式、储备资产的投资和托管规则，以及用户端的交易和钱包服务等。此外，在无许可分布式账簿上发行的稳定币，治理和问责机制还需要特殊处理，保证监管方能够对其问责。

第五，监管当局应确保在储备资产管理、运营弹性、网络安全、反洗钱和打击恐怖主义措施方面，对稳定币实施有效的风险管理框架和要求。

稳定币的相关风险需要妥善处理以及实施合适的标准，尤其是高风险部分，如运营风险、洗钱和恐怖融资风险、网络风险等。对于无许可的匿名网络来说，风险管理更为重要。监管方需要保证稳定币能持续监控风险，做好应急准备，保证稳定币能实现结算最终性，但如何评估稳定币风险管理框架是监管方所要思考的。尤其是对稳定币的储备资产应采取严格的管理要求，拥有充足的资本并满足流动性要求，保证有效的稳定机制，能够满足用户大规模赎回要求。在储备资产的托管和信托服务、转账、底层基础设施和私钥储存方面，也需要实现对投资者保护的要求。

第六，监管当局需要保证稳定币在收集、储存和保护数据方面有稳健的系统。

稳定币应该在运营中谨慎对待生产和收集的链上及链下数据，遵守相关的数据隐私和数据保护要求。为了根据风险程度和性质实施适合的监管措施，稳定币运营时需要让监管方及时地获取全部相关的数据信息，掌握稳定币的功能和活动，主要是出于识别和处理洗钱和恐怖主义等风险的考虑。

第七，监管当局应该保证稳定币部署有合适的恢复和解决方案。

监管当局应该保证稳定币在法律（破产）框架下能够有序退出，并且恢复关键功能和活动的能力。稳定币运营会涉及在多个辖区内的不同实体，还需要各辖区的监管方加强合作，或者执行统一的国际标准。监管方还需考虑储备资产是否会因发行方破产或资不抵债的情况下被分割，以及在发行方破产的情况下，稳定币的索赔是否受到存款保险或其他类似机构的保护。

第八，监管当局应该保证稳定币为用户和利益相关者提供全面透明的信息，以了解稳定币的运作方式，包括其稳定机制。

稳定币提供的透明信息包括稳定币的管理框架、运营者和服务提供者的职责分配、稳定机制、储备资产的投资授权、储备资产的托管和隔离、解决争端的机制、与用户有关的风险信息等。这些信息要根据稳定币的流通量和资产组成的变化定期对外公布，并且需要独立机构审计。此外，交易平台、钱包商等信息也需要向用户提供。当稳定币信息的修改可能对稳定币价值、稳定性和风险产生重大影响时，监管当局应该确保用户的利益。监管当局需要考虑的是，如何保证在多个辖区中，披露给各用户的信息都是一致的，这就要求各辖区监管机构加强合作。

第九，监管当局应该保证稳定币在赎回权性质和可执行性方面为用户提供法律明确性，以及在适用时提供赎回过程。

监管方应该要求稳定币为用户提供关于赎回资产的权益，在破产解决过程中的权益处理，以及赎回过程的信息。应由哪些监管机构负责执行监管要求，以及对稳定币在正常和压力情况下赎回权性质和可执行性的特殊要求，是监管方所需要考虑的。监管当局需要保证即使在压力情况下，赎回也能顺利进行。当稳定币大范围用于支付时，监管方需要评估是否将实施类似设施的保护措施。稳定币应该以可预测且透明的汇率赎回，并且与其他支付基础设施以票面赎回的方式一致。可以考虑将稳定币纳入 e-money 的监管范围，并与行使相同经济功能和引起相似风险的金融机构遵守相同的标准。

第十，监管当局应保证稳定币在某辖区上线运营之前，满足这个辖区内的所有法律法规，必要时可以加入新的监管要求。

稳定币发行之前需要满足所有辖区的监管要求，进行注册或者获得相关牌照。稳定币的部署要具有灵活性，能够调整功能、流程和机制来满足与国际一致的标准。稳定币发行方需要与监管方积极接触，了解所在地的监管要求，监管方也需要说明他们用于审核稳定币的标准，保证稳定币遵守在辖区内所有法律法规。

欧盟稳定币监管提纲

2020 年 9 月 24 日，欧盟委员会（EC）发布了一份关于加密资产法规的提案，覆盖了不包括在现有欧盟金融服务法案中的部分，为欧盟内的加密资产市场提供了完整的法律框架。除了为加密资产市场参与者提供监管指导，鼓励创新也是该提案的目标之一，因为现有的法规可能阻碍分布式账本技术的使用。以目前稳定币的监管方案为例，在现有的监管体系中，将其定义为 e-money 并实施与支付服务相关的监管政策，但是这个方案不能覆盖所有稳定币。一些以价值存储为目的，或是以其他资产为储备的稳定币则不在监管范围内。同样的还有加密资产相关的服务，如加密资产托管等。因此限制稳定币使用的话，看似可以解决稳定币带来的金融风险问题，但如果本地用户使用第三方国家发行的稳定币，此类风险仍会存在，所以全面且适当的监管十分必要。

现在一些欧盟成员国已经实施了有关加密资产服务商的监管政策，并且越来越多的成员国考虑在国家层面上对加密资产和加密资产服务商进行监管。这些内容各异的法案会让加密资产及服务在不同地区调整产品和商业模式，就会导致高昂的花费和烦琐的法律程序，限制了其在欧盟范围内的业务拓展。而在缺少法律确定性的地区，用户和投资者会面临大量风险。在提案中，欧盟委员会使用了"法规"而不是"指令"，这是出于统一监管原则的考虑，方便加密资产发行方和服务方开展业务。如果该提案得到通过，将成为首个欧盟级别的对加密资产的监管法规，是一致性原则的体现。

提案的另一原则是相称性，要明确区分不同的服务和活动及相应的风险，以保证行政负担与风险相称。在所有的加密资产中，稳定币由于其特殊性，相较于其他加密资产来说使用规模易于扩大，对投资者和金融系统会产生更大的风险，会导致金融稳定和货币主权问题，影响货币政策传导等，因此稳定币要受到更为严格的监管。

本章从稳定币定义、对稳定币发行机构的要求、对稳定币服务机构的要求三方面分析欧盟委员会对加密资产市场法规提案中的稳定币部分。

一、稳定币界定及分类

在了解具体监管法案之前，要明确官方对稳定币的定义。这里的稳定币首先是一种加密资产，加密资产是价值或权益的一种数字形式并且使用了分布式账本或类似的技术进行电子化的转移和存储。

作为支付工具使用时，稳定币和 e-money 的定义相近。2009/110/EC 指令中规定，e-money 的使用者总是拥有 e-money 发行机构的债权，而且可以随时以面值赎回 e-money。然而，一些稳定币的使用者不具有这样的债权，他们的赎回周期会受到限制，或者赎回的资金与储备资产不相等，这会影响到加密资产使用者的信心并且损害他们的利益。所以在提案中，明确将这种和 e-money 相似的稳定币定义为 e-money token，同样要求发行方承认持有者的债权，对其他类型的稳定币会采取不同的监管措施。符合一些特定条件的稳定币还会被划为重点稳定币，需要遵循更严格的监管政策。

1.资产相关型 Token 定义

资产相关型 Token 是一种参考多种法定货币、一种或多种商品、一种或多种加密资产或者是它们的组合，以维持自身价值稳定的加密资产。

2.e-money token 定义

e-money token 是锚定单一法定货币以维持自身价值稳定，主要用于交易的加密资产。

3. 重点与否

欧洲银行管理局（EBA）负责判断稳定币是否为重点稳定币，标准为：①用户、投资者和参与的第三方实体的数量不少于 200 万；②发行 Token 的总价值或市场价值（若有）不低于 10 亿欧元；③每日转账数量不少于 50 万或转账金额不少于 1 亿欧元；④储备资产的价值不低于 10 亿欧元；⑤在跨境活动中重要性较大，作为跨国支付和转账使用 Token 涉及的成员国数量不低于 7 个；⑥稳定币和它们的发行方被视为与金融系统有相互关联。只要满足上述条件的其中三点，就可以被 EBA 判定为重点稳定币。除此之外，发行方也可以主动申请将稳定币归为重点稳定币项目。

二、对稳定币发行机构的要求

对于稳定币发行方来说，首先要遵循的原则就是在获得母国成员国（即办公室注册所在地）监管机构的授权之前，不可以在欧盟范围内对公众发行或者寻求在交易平台上交易稳定币，而且只有成立在欧盟范围内的合法实体才可以得到授权。在对公众发行或者寻求交易稳定币之前，需要通知监管机构，并且发布包含需要披露信息的文件，也就是白皮书，信息要以公平、清晰和不会产生误导的方式呈现。对公众提供的信息，稳定币发行方及管理机构应适用于民事责任管理规则。根据稳定币的定义不同，监管方对其披露信息和对发行方义务的要求也会有所不同。

（一）对资产相关型 Token 的要求

在发行资产相关型 Token 之前，发行方要得到母国成员国监管机构的授权，相关的申请材料包括申请方的信息、白皮书、相关业务和义务的描述等。如果发行资产相关型 Token 与欧盟内的货币相关，监管机构在批准或者拒绝之前，需要咨询 EBA、欧洲证券及市场管理局（ESMA）、欧洲中央银行（ECB）和发行这种货币的国家中央银行的相关意见。当得到监管机构批准后，这种加密资产就在全欧盟范围内有效，也可以在加密资产平台上交易。

1. 需要披露的信息

对于加密资产，需要披露的基本信息包括：发行方的基本信息、项目的相关信息、向公众发行或平台交易的相关信息、与加密资产有关的权利和义务、底层技术以及风险等。当涉及资产相关型 Token 时，白皮书中还需要补充：发行方的管理方案、Token 价值稳定机制、储备资产的投资策略、储备资产的托管方案等。如果发行方在储备资产上对持有者不提供直接债权或赎回权的话，白皮书应该对此有清晰的警示，同时在市场营销中也要有所提醒。

对相应的储备资产同样有披露信息的要求，包括流通中的 Token 数量和储备资产的价值与组成，发行方需要在网站上至少每月更新一次。无论这些加密资产是否在进行交易，发行方都要披露可能影响 Token 或储备资产价值的重要事件。

2. 发行方义务

资产相关型 Token 的发行方要诚实、公平和专业地行事，发行方要以 Token 持有者的最大利益为出发点，建立透明高效的投诉处理流程。发行方也要为管理者、股东、用户和第三方服务提供者的关系可能引起的利益冲突制定相应的识别和管理方案。发行方应该制订有序的逐步清盘计划，确保发行方在停止运营或依法破产过程中，保护 Token 持有者的权益。

发行方需要制定强健的管理方案，包括权责分明的组织架构、监控和报告相关风险的流程、完善的内部管理机制等。对发行方自有资金的要求为至少 35 万欧元及至少占其储备资产六个月内平均数额的 2%。如果被定义为重点资产相关型 Token，自有资金需要至少占其储备资产的 3%，同时要求发行方更加重视风险管理。发行方的相关管理成员在资历、经验和技术方面也需要具备良好的声誉和能力，能够有时间和能力履行职能。

3. 储备资产

资产相关型 Token 发行方要维持 Token 价值的稳定，就需要保证其背后有足够的资产储备。发行方对储备资产管理需要采取谨慎的措施，保证 Token 的创造和销毁都与储备资产的增长和减少对应。发行方应该详细描述与稳定机制相关的内容，尤其是储备资产的组成和分配、储备资产风险的评估、Token 创造和销毁过程、储备资产的投资方案和投资原则以及购买和赎回 Token 的过程。Token 发行方要保证储备资产与自有资产相隔离，并且能够迅速访问储备资产以满足持有者的赎回请求。储备资产应该由信贷机构和加密资产服务商保管，发行方负责挑选和任命托管方，保证托管方具有必要的专业知识和良好的市场信誉。

储备资产应投资于安全和低风险的资产，这些投资品能够在最小价格影响的情况下被清算。投资产生的一切收益或损失应该由发行方承担。为了确保资产相关型 Token 主要用于交易而非价值存储工具，发行方及加密资产服务商都不会为持有 Token 的用户分发利息。

对于重点资产相关型 Token 的发行方来说，他们应该制定严格的流动性管理策略，保证在流动性紧张的情况下整个系统仍可以正常运行。

（二）对 e-money token 的要求

由于 e-money token 的定义和 e-money 相似，监管对于 e-money token 的要求也借鉴了 e-money 的相关内容。

1. 需要披露的信息

e-money token 的白皮书应该包括发行方和项目的信息、对公众发行或在平台交易的相关信息、e-money token 相关的权利和义务、底层技术以及风险。白皮书应该明确指出 e-money token 持有者有权在任何时候以面值赎回 e-money token。

2. 发行方义务

e-money token 的发行机构应为 2013/36/EU 指令下的信贷机构或 2009/110/EC 指令下的电子货币机构，并且他们应该遵守 2009/110/EC 指令的相关运行要求。e-money token 发行方应该向持有者赋予随时以面值赎回 e-money token 的权力，在赎回过程中发行方可以向赎回者收取费用。同样地，e-money token 的发行方及加密资产服务商都不会为持有 e-money token 的用户分发利息。发行方应该将通过 e-money token 换得的资金投资于与 e-money token 计价相同的货币，避免产生跨货币的风险。

如果被定义为重点 e-money token，其储备资金的托管和投资规则可以无须参照 2009/110/EC 指令第 7 条的相关内容，而是参考重点资产相关型 Token 的要求，包括建立有序的逐步清盘计划等。

（三）不适用以上监管政策的特殊情况

为了减轻中小企业的行政负担，满足以下条件时，对稳定币的发行要求不适用于上述情况：①在 12 个月的周期内，发行方的平均债务总额不超过 500 万欧元或者其他等值货币；②对外发行的稳定币只针对合格投资者，并且只有合格投资者才可以持有。发行方仍需要提供白皮书并通知相关监管部门。

欧洲中央银行、欧洲投资银行、成员国中央银行或其他政府机构、公共国际组织发行的加密资产以及提供的服务不在此监管框架内。此监管也不适用在公司内部提供的加密资产服务。

三、对稳定币服务机构的要求

此提案同样对加密资产服务商提出了监管要求，服务商提供的服务分为两类：第一类包括加密资产交易平台的运营，使用自己账户参与加密资产与法定货币或其他加密资产的交易，以及以第三方的名义保管加密资产。第二类包括加密资产的保管，代表第三方接收或传输加密资产订单及执行订单，还有提供对加密资产的咨询建议。

欧盟范围内的加密资产服务只能由在成员国注册办公室的合法实体，并得到办公室注册地监管机构授权后提供。如果在欧盟内的人主动寻求位于第三方国家公司提供的加密资产服务，那么这家公司可以不被视为在欧盟内提供服务。但如果位于第三方国家的公司要在欧盟内招揽用户，则需要得到监管机构的批准。目前加密服务商的规模相对较小，所以授权与否只由注册所在地的成员国的监管机构决定，决定在全欧盟范围内有效。

加密资产服务商也应该像稳定币发行方一样，以诚实、公平和专业的态度行事，维护用户的最大利益。加密资产服务应该以"金融服务"的身份遵循2002/65/EC指令的相关内容，如合同的拟定等。加密资产服务商要向用户提供清晰、公平、不产生误导的信息，并且提示用户关于加密资产相关的风险。服务商应该将他们的定价规则公开，建立投诉处理系统，并且要识别、阻止、管理和披露相应的利益冲突。对管理者和雇员的要求与稳定币发行方相同，都需要具备足够的知识和能力来履行相应职责。服务商应该设置健全的内部控制和风险评估机制，保证收到信息的完整性，同时需要保存相应的转账订单和服务记录。

与稳定币相关的服务主要包括加密资产的托管和交易。当涉及加密资产托管时，服务商需要与用户签署合同来保护用户，网络攻击、被盗或者系统故障造成的损失由服务商负责。当涉及交易相关服务时，收费结构要透明，要实施无差别对待的商业政策。服务商也需要设定相应的规则禁止内幕交易、内部信息的违法披露和加密资产的操纵行为。

从监管提案的出发点可以看出，欧盟委员会鼓励分布式账本技术的创新和发展，在高效跨境支付方式方面承认了分布式账本技术的价值。此次完善法案的意义在于鼓励创新和公平竞争的同时保护用户和投资者，确保金融稳定。贯穿整个监管方案的思想是一致性和相称性。一致性体现在加密资产的相关活动一旦得到监管机构批准，就可以在全欧盟范围内开展业务。相称性体现在对规模较小的稳定币豁免和对重点稳定币加大监督力度。对于中小企业来说，这样做既可以减少合规成本，又能保证金融系统的稳定性。

目前的监管方向是鼓励稳定币作为交易工具使用，而非用于价值储藏。任何稳定币发行方都需要在欧盟境内注册办公室，并满足条件得到注册地所在的监管机构授权后才可以在欧盟内发行稳定币。稳定币可以与欧元挂钩，也可以与欧盟内的其他货币挂钩。

与稳定币发行不同的是，相关服务商可以在没有监管授权的情况下在位于欧盟外向欧盟内的用户提供加密资产服务，但前提是欧盟内的用户主动使用。如果服务商需要主动拓展欧盟内的业务，招揽欧盟内的用户，则需要在欧盟境内注册并接受相关机构的监管。

提案中明确提出，在欧盟境外发行的稳定币，只有在欧盟内注册并得到授权后才可以在欧盟范围内使用。但如果稳定币通过境外的加密资产服务商，如交易平台，在用户主动使用的前提下，依然可以绕开授权接触到欧盟范围内的用户。以此方式接触到未授权稳定币的用户规模会比较小，所以提案中也没有具体进行说明，未来可以通过与全球其他国家的监管机构合作解决。

加密资产及稳定币所带来的问题是全球共性问题，此提案为其他国家相关监管法案的制定提供了参考。对发行方公开信息、储备资产的管理方案及发行方义务的要求等方面都是可以借鉴的经验，这也是此提案的意义之一。

美国加密资产监管动态

　　加密资产总是和区块链技术同时出现，后者被誉为下一代互联网技术。监管过严会抑制技术创新，监管宽松则会影响本国甚至全世界的金融稳定性。诞生于美国的加密资产项目不在少数，因此美国对加密资产的监管态度常被讨论，也成为行业发展的风向标。本文将分析美国加密资产的监管方式，重点从投资者保护和税收监管两方面进行说明。

一、投资者保护

　　保护投资者，维护公平、稳定、高效的市场和促进资本形成是美国证券交易委员会（SEC）的职责，即在市场平稳的情况下，既要保护投资者不被诈骗，又要保证公司能够筹集资金。加密资产市场频繁发生投资和募资行为，充斥着操纵和欺诈，加密市场自然成为 SEC 的重点关注对象。操纵和欺诈行为包括违法发行证券、信息披露不透明、使用虚假信息、操纵加密资产价格、盗取他人资产等。在此背景下，目前监管所关注的多为投资者保护方向。在加密资产领域，虽然美国还未确定相关立法，但 SEC 新任主席 Gary Gensler 频繁对加密资产公开表态，预计接下来仍持续对与证券相关的代币活动进行监管。

　　对于代币发行，SEC 推出过关于 Token 的监管指导方针，已经形成了较为完善的监管方案。方针中提到使用 Howey 测试和 Reves 测试判断产品的属性。Howey

测试的内容是"众多投资人出资投资共同的项目，投资人不直接参与经营，但投资目的是通过他人经营而获利"，只要满足这些条件，无论是否发行了证券这一载体，都达到了投资合同的标准，归为 SEC 的监管范围。Reves 测试会先假定票据是证券，如果满足下述七种情况，则可被排除证券身份：已经交付的消费票据、以房屋为担保的票据、以小企业或部分资产留置权为担保的短期票据、向银行客户提供信用贷款的证明、以应收账款转让为担保的短期票据、一种将公开账户债务正规化的票据、商业银行提供贷款的证明。如果不在此列，最终判断为证券还可以参考以下四点：①出售者和购买者的动机：如果票据的出售者是为了筹资，购买者是为了获利的话，即使票据不具有证券的特征，也可被判定为证券。②工具的分销计划：如果票据的分销是以投资为目的且售出对象的范围很广，则可被判定为证券。③投资公众的合理预期：如果公众投资者对票据的预期是受到证券法保护的投资，则票据可以视为证券。④存在替代监管制度：是否存在其他的监管机制可以降低该票据的风险，无须应用证券法。

如果被判断为证券型代币，则需要按照证券法的规定进行信息披露和注册，或取得相关的豁免条例后才可发行，如 Reg A+、Reg D、Reg S。这些豁免条款有发行规模、合格投资者或者一年内不得向美国投资者出售的要求。除了比特币、以太坊以及稳定币被明确为非证券型代币外，其他代币都有被判定为证券的可能。

代币发行如果要免于 SEC 监管，需要摆脱证券身份。大多数的加密资产项目不可避免地会接受投资人出资，并让其他投资人获利。但如果项目完全去中心化，全体成员通过自治的方式运营，应该就能不算作证券。出于鼓励创新的目的，SEC 委员 Hester Peirce 提出了监管安全港规则，允许代币在不向 SEC 注册的情况下发行，具有三年的宽限期，要求三年后可以实现功能和网络的去中心化。安全港规则是在加密资产领域对证券法的完善。即使如此，大多数项目难以在三年内达到目标。

在确认代币证券属性后，监管重点还包括证券型代币的活动，这归属于 SEC 的监管方范围。买、卖和借贷行为，涉及加密资产交易、借贷平台，合成证券等也在 SEC 的监管之下。 虽然在证券法已经对证券交易提出了监管要求，但加密资产交易平台与证券交易所有很大不同，如无经纪商模式的 24 小时交易，涉及代币托管等。 这些运营模式为中心化或去中心化的平台，是 SEC 接下来的监管目标，要求平台在 SEC 注册。 在目前证券法的基础上，将完善加密资产交易平台的内容，如保证用户代币安全，禁止内部操纵行为等。

SEC 的监管权力限于与证券相关的部分，关于商品和期货交易部分归属于美国商品期货交易委员会（CFTC）的管辖范围。 比特币和以太坊确认不具有证券属性后，与之有关的交易监管由 CFTC 负责。 在美国从事加密资产衍生品交易所需要获得 CFTC 的批准以及取得衍生品清算组织（DCO）许可证和指定合约市场牌照（DCN）两个牌照。 美国境内已经有获得批准的合规交易所，分别是芝加哥期货交易所（CME）和 Bakkt。 同样地，目前存在大量未在 CFTC 注册的、向美国用户开放的期货交易平台将成为 CFTC 打击的对象。SEC 和 CFTC 的政策都是以保护投资者为主，而为了向投资者提供参与的自由，监管方通常不会直接禁止某些创新。

对于加密资产相关的非法活动也是美国监管的方向，美国金融犯罪执法网（FinCEN）重点关注与加密资产有关的防范恐怖主义融资和反洗钱方面，最早在 2013 年就发布了关于管理、使用或交易加密资产的指南。 这里加密资产被称为可转换的虚拟货币（CVC），因为它可以与真实货币进行兑换。 在从事 CVC 相关业务时，需要在 FinCEN 旗下注册申请为货币服务商（MSB），保存和报告记录以遵守反洗钱和反恐怖融资的规定。2019 年 FinCEN 再次发布了一份关于 CVC 的指导，提醒从事相关业务的企业需要注册 MSB，否则将违反《银行保密法》（BSA）。

美国司法部（DOJ）负责美国的法律执行和打击犯罪，活跃在与加密资产相关的违法案件中。 例如，臭名昭著的暗网"丝绸之路"，DOJ 查获了价值 10 亿美元的比特币，这是涉及加密资产数量最大的一次案件。2020 年 10 月 DOJ 发布了关于加密资产的执法框架，这份执法框架中分为加密资产的非法使用场景和目前已有的执法框架以及对未来的展望。 其中明确执法机构可以对任何与加密资产有关的非法行为进行起诉，包括各种欺诈以及其他刑事指控，同时呼吁全球的相关机构一同合作来保证加密资产不被用于非法平台，鼓励各司法辖区采用一致的监管方针。

美国的金融监管体系分为联邦和州政府两级，除了上述提到的归属于联邦级的监管机构，州级监管机构在州范围内同样具有监管的权力，会对加密资产行业产生影响。纽约金融服务部（NYDFS）是纽约州的金融监管机构，拥有超过 100 年对金融机构的监管经验。NYDFS 早在 2015 年就确定了关于加密资产相关的监管框架 BitLicense，这是美国各州对加密资产监管要求最严格的法规之一，纽约州也是第一个正式推出比特币监管文件的州。

二、税收监管

2021 年 11 月 5 日美国总统拜登签署了已由国会两院通过的《基础建设投资和就业法案》（以下简称基建法案），该法案包括约 1 万亿美元的基础设施建设预算，用于改善道路桥梁、港口机场、铁路、通信设施等，并把加密资产行业的税收算作这笔预算支出的来源，预计为 280 亿美元。在总市值约为 2 万亿美元的加密资产市场中，征收占市值 1% 以上的税款，是美国国家税务局（IRS）的责任。这意味着 IRS 将更关注加密资产行业，会出台更详细的税收条款以及更严厉的监管政策。

IRS 每年的税款缺口连年增长，在过去的十年中规模翻了一倍，预计接下来十年的逃税规模为 7 万亿美元。在打击逃税问题上，加密资产是重点关注对象，尤其在市场规模不断扩大时。交易行为的获利是 IRS 重点关注的问题，尤其是在加密资产价格上行的过程中。无论加密资产在 SEC 或 CFTC 的定性如何，用户的交易行为都需要征收资本利得税。以持币时间为标准划分，持币时间短的话会视为短期资本收益征收更高的税率。最早在 2014 年 IRS 就发布了加密资产纳税指南，解释关于与加密资产相关的收入如何纳税的问题，其中与加密资产相关的交易、挖矿等收入是需要纳税的。2019 年 IRS 对 2014 年发布的指南进行了更新，新增了关于分叉和空投所得收入的税务要求，并向 1 万多个加密资产持有人发送信函要求他们为加密资产的相关投资而纳税，这些用户信息源自 Coinbase 交易所。

IRS 在 2020 年的纳税申报表中增加了一个新问题，询问纳税人在这一年内是否交易或购买过包括数字货币和加密资产在内的"虚拟货币"，但这个问题不涉及税务问题。IRS 解释如果仅涉及法币购买加密资产，则无须在纳税表格上打"是"。IRS 仍在不断更新有关加密资产的纳税指导，在 2021 年 4 月补充了比特币分叉币的纳税方式案例，纳税人需要根据国内税收法案第 61 部分进行纳税，在计算纳税人获得分叉币的收入时，如果当初比特币是被托管到中心化交易所中，纳税人没有在分叉的一瞬间收到分叉币空投，那么要按照交易所分给纳税人分叉币的那一刻计算税收。

交易场所是 IRS 重点监督对象，除了平台自身需要纳税之外，用户还需要缴纳税款。交易平台的客户信息是 IRS 在监督个人纳税所需要的，Coinbase 是最初配合监管的交易平台，很早之前就已经向 IRS 报告了所有的交易记录。除此之外，近期 IRS 还通过起诉获得了支付公司 Circle 和交易平台 Kraken 的超过 2 万美元的客户资料。

用户需要根据投资收益进行税务申报，在税表上醒目位置的提示让公民难以回避这个问题。除了获得交易平台的用户信息，IRS 还会使用访谈、搜索、社交媒体以及银行、信用卡和 Paypal 等交易记录来核查用户是否偷税漏税，甚至使用一种对钱包的分析方法来查找其中是否有交易行为。除此之外，对高收入人群加税会影响到加密资产参与者。拜登政府主张增加高收入人群的税率，未来可能会提高长期资本收益的最高税率以及提高年收入 40 万美元以上的人的税率。

在基建法案中提出要对加密资产行业中作为经纪商（broker）的运营者征税，但定义过于宽泛，提供为另一个人实现数字资产转移服务的都算作经济商，这方面引起了很大争议，参议院提出在经纪商中排除矿工和软件开发者的修正案，但未获得通过。该法案将于 2023 纳税年实施，IRS 和财政部都将征税对象范围缩小至仅涉及交易的经济商、节点运营商、钱包服务商以及软件供应商等角色。

总的来说，美国未来将针对投资者保护以及纳税方面进行监管，SEC、CFTC

和 IRS 三家政府机构将发挥重要作用。SEC 主要对归为证券的代币以及涉及证券型代币的场景进行监管，CFTC 主要的监管内容为商品期货交易，这两者的目标主要在保护投资者方面。IRS 的工作重点是税务，将重点在监管逃税行为和扩大税收范围方面采取措施。

巴塞尔协议与加密资产监管

2021 年 6 月 10 日，巴塞尔委员会（BCBS）发布咨询文件《对加密资产敞口的审慎处理》，将银行类金融机构对加密资产的敞口纳入巴塞尔协议的监管框架。这份咨询文件扩大了加密资产定义，建立了加密资产分类标准，并围绕巴塞尔协议的三大支柱——最低资本要求、监管审查和市场纪律讨论如何处理加密资产敞口。

值得注意的是，巴塞尔委员会定义的加密资产（Crytoasset），不局限于通常所说的比特币、以太币等虚拟资产（Virtual Asset），也包括 Token 化证券、稳定币等数字资产，实际上针对的是银行类金融机构在金融科技时代涉及的新的资产类型。这份咨询文件有鲜明的前瞻色彩，体现了巴塞尔协议与时俱进的精神，但在一些环节上还不够完善。鉴于巴塞尔协议在金融监管中的关键地位，结合这份咨询文件讨论加密资产监管，无疑很有现实意义。

一、加密资产界定

巴塞尔委员会给出的加密资产定义是：主要依靠密码学、分布式账本或类似技术的私人数字资产，而数字资产（Digital Asset）是价值的数字表示，可以用于支付、投资或获得商品或服务。这个定义有以下要点：

第一，加密资产属于数字资产而非实物资产，但并非所有数字资产都属于加密资产，只有主要依靠密码学、分布式账本或类似技术的数字资产才行。例如，记录在中央证券登记机构（CSD）或托管机构账户中的股票、债券和大宗商品等尽管是数字资产，但不属于加密资产。理解这一点的关键是金融基础设施中账户范式和 Token 范式的区别。在账户范式下，中央证券登记机构使证券非实物化；使证券成为中央证券登记机构账户中的电子记账科目，进而使证券非流动化；使证券交易不涉及纸质凭证的物理交割，而体现为相关账户的借记和贷记操作。密码学、分布式账本或类似技术也能实现非实物化和非流动化，用 Token 代表价值，用 Token 转让代表价值流通。尽管账户范式和 Token 范式都能支持价值的数字表示，但在管理方式、交易、清结算和隐私保护等方面存在一些重要区别。首先，账户是中心化管理的，用户在申请开户时需要向账户管理者提供身份证明信息。Token 可以中心化管理，也可以去中心化管理，开放性更好，用户只需证明自己知道某些特定信息（主要是私钥）。其次，账户是实名制的，而 Token 支持可控匿名，能更好地保护用户隐私，但也造成了对金融监管的挑战。再次，账户有不同层级，交易体现为相关账户的借记和贷记操作。Token 可以直接点对点交易，无须依靠中间机构，并且交易天然是跨境的。最后，不同用户有不同账户"视图"，而 Token 则是共享账本。

第二，加密资产属于私人数字资产，价值基础来自私人部门或市场机构，而非公共部门。这样就把央行数字货币（CBDC）排除在加密资产以外（有些央行数字货币使用账户范式，在存在形式上就不符合加密资产的定义）。但这个界定仍有不清晰之处，笔者认为，除中央银行以外的其他公共部门机构发行的 Token 形式的证券，应该属于加密资产的范畴。如世界银行 2018 年发行的全球第一个使用区块链创建和管理的债券 Bond-i。

第三，加密资产的用途包括支付、投资以及获得商品或服务三个方面。这对应着证券监管中按支付型、证券型和功能型对加密资产的划分。加密资产监管目标是促进金融稳定和金融消费者保护，防止加密资产被用于洗钱、恐怖融资和逃漏税等用途，并符合碳减排方向。

总的来说，加密资产是除央行数字货币以外，用 Token 表示的价值。这样就把加密资产与实物资产、基于中央证券登记机构或托管机构的非实物化证券区别开来。加密资产在管理方式、交易、清结算和隐私保护等方面的特色，是加密资产能成为一种新的资产类型的关键原因，但由此引入的新风险，也成为加密资产监管的重点对象。

二、加密资产分类标准

巴塞尔委员会按价值基础将加密资产分为两类——1类和2类，其中1类加密资产又分为1a和1b两个子类。巴塞尔委员会在分类中采取排除法，对1类加密资产采取非常严格的标准，凡是不符合1类加密资产的都归于2类加密资产。

（一）1类加密资产

1a类加密资产包含现金、存款、贷款、债券、股票、大宗商品或其他传统资产的Token化。此处的"传统资产"指记录在中央证券登记机构或托管机构账户中的资产（即账户范式）。1a类加密资产与对应的传统资产除了存在形式不同以外，拥有相同的法律权利，体现在资产所有权、未来现金流和清偿顺序等方面。如果某类加密资产需要先赎回或转化为传统资产，才能拥有与传统资产相同的法律权利，就不符合1a类加密资产的标准。需要看到的是，即使1a类加密资产与对应的传统资产拥有相同的法律权利，它们在交易场所、投资者群体和交易方式等方面的差异，也会影响流动性、市场价值和作为抵押品来缓释信用风险的能力。

1b类加密资产与对应的传统资产不拥有相同的法律能力，但通过稳定机制实现了价值挂钩关系。稳定机制的核心是一个受信任的加密资产发行机构。该发行机构基于足额的传统资产储备对外发行加密资产，并且保证完全的可赎回性，也就是投资者始终能用加密资产1：1兑换相对应的传统资产。稳定机制有多种可能的安排，其中有两个要点：第一，作为发行储备的传统资产池与发行机构之间是否有破产隔离关系；第二，哪些人或机构可以直接向发行机构赎回加密资产（即赎回者群体）。这两个要点决定了对 1b 类资产的监管要求。

因此，对 1b 类加密资产，是先有传统资产，再通过稳定机制生成传统资产在 Token 范式下的"镜像"，而 1a 类加密资产没有"镜像"属性。巴塞尔委员会要求，1a 类和 1b 类加密资产必须全部符合以下要求，只要有一条要求不符合，就属于 2 类加密资产。

1.（1b 类加密资产的）稳定机制

第一，稳定机制必须始终有效，体现为加密资产与对应的传统资产之间的相对价格差异，在 1 年中超过 10 个基点（即 0.1%）的次数不得超过 3 次。否则，稳定机制就不是始终有效的。

第二，稳定机制必须保障基于充足数据的风险管理。例如，作为发行储备的传统资产池的构成和估值。

第三，发行储备资产的真实性。

2. 与加密资产有关的权利、义务和权益有清晰定义，在法律上可执行，并且相关法律框架保障结算最终性（Settlement Finality）

第一，加密资产必须始终保障完全的可转让性和结算最终性。1b 类加密资产必须保障完全的可赎回性。

第二，加密资产必须保持完善的文档记录。在结算最终性方面，应该载明关键金融风险完成转移的时点以及交易不可撤销的时点。1b 类加密资产必须清晰定义：赎回者群体构成，赎回者的义务，赎回的时间框架，赎回得到的传统资产，以及赎回价值的确定方法等。

3. 加密资产相关功能（包括发行、验证、赎回和转让）及其所依托的网络（包括分布式账本或类似技术），在设计和运营层面均能充分缓释和管理任何重大风险

第一，加密资产相关功能及其所依托的网络，不会损害加密资产的可转让性、结算最终性或可赎回性。

第二，执行加密资产相关功能的实体必须遵循稳健的风险治理、控制政策和实践标准以处理相关风险，包括但不限于：信用风险，市场风险，流动性风险；运营风险，包括外包、欺诈和网络风险；数据丢失风险；各种非财务风险，包括数据完整性；运营弹性；第三方机构风险管理；反洗钱和反恐怖融资。这些实体包括加密资产的发行机构、转让和结算系统的运营者、稳定机制的管理者，以及发行储备资产的托管机构。

第三，加密资产所依托的网络应保障所有交易和参与者都可追溯。相关影响因素包括：运营架构，是一个还是多个实体执行网络核心功能；开放程度，即网络准入有无限制；节点的技术角色，是否存在分工关系；验证和共识机制。

4.执行加密资产赎回、转让和结算最终性的实体必须接受监管

这些实体包括转让和结算系统的运营者、稳定机制的管理者、发行储备资产的托管机构。

从这些要求看，巴塞尔委员会为1类加密资产制定了非常严格的标准，归纳起来有以下要点：第一，1a类加密资产与对应的传统资产拥有相同的法律权利，必须有立法保障，类似于国家通过修改法律让央行数字货币具有和纸币一样的法偿货币地位。第二，1b类加密资产的稳定机制要严密设计，以满足"始终有效"标准，包括发行储备资产的托管、投资和流动性管理策略，赎回者群体构成，申购赎回机制、套利机制，使加密资产与对应的传统资产的价格收敛的效力，定期接受第三方审计，以及信息披露等。第三，如果1类加密资产采取分布式账本技术，则只能是有准入限制的联盟链，而不能是无须许可的公有链，并且并发处理能力强，不能因分叉而影响结算最终性，还能与中央证券登记机构或托管机构的账户系统高效协同。第四，1类加密资产的发行机构，发行储备资产的托管机构和投资机构，赎回者群体，以及分布式账本的验证节点（如果使用分布式账本的话）都要遵循稳健的风险治理、控制政策和实践标准。

目前，在全球范围内符合1a类加密资产要求的几乎没有，最接近1b类资产的

是各类稳定币，但现有稳定币都很难符合 1b 加密资产要求。至于 Libra/Diem 稳定币能否符合 1b 加密资产标准，还有待观察。

（二）2 类加密资产

几乎所有现存的加密资产都属于 2 类加密资产，主要包括：

第一，在公有链上完全基于算法发行的、没有任何资产储备或信用支撑的虚拟资产，包括比特币、以太币和各类 ERC 20 币等。

第二，达不到 1 类加密资产标准的 Token 化证券和稳定币。

第三，经"加密资产 + 智能合约"组合而成的新的加密资产，如 DeFi。

第四，NFT。目前，大部分艺术品 NFT 是一种无版权的复制品。

巴塞尔委员会基于审慎原则，认为所有加密资产都应默认属于 2 类加密资产，除非银行类金融机构通过分析、风险管理和监测方法，向监管机构证明某加密资产符合 1 类加密资产的全部标准。

三、巴塞尔协议对加密资产敞口的处理

巴塞尔协议对加密资产敞口的处理遵循了三个原则：第一，功能监管，或"相同风险，相同活动，相同处理"。加密资产如果提供了与传统资产一样的经济功能，造成了一样的风险，就应该遵循相同的监管处理。对加密资产使用的技术，巴塞尔协议采取技术中性原则，不会明确鼓励或抑制某种技术的使用。第二，通过穿透式识别加密资产的风险，并使用主流的风险计量、防范和处置等方法，将加密资产纳入巴塞尔协议的监管框架，而不是"另起炉灶"。第三，巴塞尔协议作为国际活跃银行的最低监管标准，各国可以根据自身情况实施更严格的监管。特别是，如果一国禁止本国银行类金融机构有加密资产敞口，就会被认为遵循了全球审慎标准，我国就属于这种情况，但满足 1 类加密资产标准的 Token 化证券在我国有一定发展空间。接下来，按巴塞尔协议三大支柱和加密资产分类讨论巴塞尔协议对加密资产敞口的处理。

（一）最低资本要求

1类加密资产将根据巴塞尔框架判断是属于银行账簿还是交易账簿，以及对相关敞口的处理是适用标准法还是内部评价法。巴塞尔委员会认为，鉴于加密资产的很多新特征，对内部评级法的使用应非常慎重。

1类加密资产的信用风险和市场风险资本要求应不低于对应的传统资产，但1b类加密资产还需针对稳定机制引入额外资本要求。这方面存在多种可能的情况，需要具体问题具体分析。例如，如果某1b类加密资产只有一个赎回者，投资者只能通过该赎回者才能将加密资产兑换为对应的传统资产，那么投资者就会承担该赎回者违约的风险。在信用风险资本计量上，这相当于投资者持有一笔对该赎回者的无抵押贷款。再如，如果某1b类加密资产的发行储备资产由一个享有破产隔离地位的实体持有，法律保障了投资者对发行储备资产的索取权，那么就无须针对赎回者的信用风险引入资本要求。此外，鉴于1类加密资产使用了新技术，可以考虑引入针对运营风险的附加资本要求。

巴塞尔委员会认为2类加密资产、2类加密资产的组合（如比特币ETF）、股权投资和衍生品等[1]属于高风险资产，应使用1250%的风险权重。在8%的资本充足率下，这意味着银行类金融机构要有充足资本以吸收2类加密资产价格完全"归零"造成的损失。

巴塞尔委员会认为，当前无须在杠杆率、大额风险敞口和流动性比率等监管中对加密资产引入新的处理方法，沿用现有处理方法即可。特别在流动性比率监管中，巴塞尔委员会认为，加密资产不满足合格优质流动性资产（HQLA）标准；在流动性覆盖率（LCR）计算中，属于资产方项目的2类加密资产使用0%的预期现

---

[1]　需要注意的是，2类加密资产的组合、2类加密资产的股权投资，以及2类加密资产的衍生品不一定属于加密资产。

金流入率，属于负债方项目的 2 类加密资产使用 100% 的预期现金流出率；在净稳定资金比例（NSFR）计算中，属于资产方项目的 2 类加密资产使用 100% 的稳定资金需求系数，属于负债方项目的 2 类加密资产使用 0% 的可用稳定资金系数。换言之，在流动性比率计算中，2 类加密资产应视为完全没有市场流动性或融资流动性。

（二）监管审查

对任何类型的加密资产有直接或间接敞口的银行类金融机构，应在持续经营假设下对尚未被巴塞尔框架覆盖的风险进行评估、管理和缓释，包括：第一，与分布式账本有关的运营风险和网络安全风险，包括密钥丢失、登录凭证被破坏和分布式 DoS 攻击；第二，与底层技术有关的风险，包括分布式账本技术或类似技术网络的稳定性，分布式账本的验证机制，服务的可及性，以及节点运营者的可信度和多元化程度；第三，与洗钱和恐怖融资有关的风险，要遵循反洗钱金融行动特别工作组（FATF）提出的"风险为本"方法。

监管机构根据银行类金融机构提供的信息，审查银行类金融机构识别和评估相关风险的政策和程序是否恰当，以及评估结果是否充分。如有不足，监管机构有权要求银行类金融机构实施补救措施，包括压力测试和情景分析、计提拨备附加资本要求以及监管限制或其他缓释措施。

监管机构如果认为针对 1 类加密资产的信用风险和市场风险资本要求不足以覆盖相关风险，可以上调资本要求，包括：第一，禁止所有银行类金融机构使用内部评价法；第二，在标准法和内部评级法中使用更长的流动性期限；第三，在市场风险框架下，针对加密资产与对应的传统资产之间的差异测量基差风险；第四，在加密资产的一些技术特征影响其偿付能力时，对资本要求使用调整系数。

（三）市场纪律

银行类金融机构除了遵循第三支柱信息披露要求以外，还应针对加密资产敞口披露以下信息：第一，与加密资产有关的商业活动，以及该类商业活动如何影响银行类金融机构的风险状况；第二，针对加密资产敞口的风险管理政策；第三，与加密资产有关的报告范围和主要内容；第四，当前和兴起的与加密资产有关的最显著风险，以及如何管理这些风险。

银行类金融机构应定期披露与 1a 类、1b 类和 2 类加密资产敞口有关的信息，包括：第一，直接和间接的敞口大小；第二，资本要求；第三，会计分类。

总的来说，巴塞尔委员会《对加密资产敞口的审慎处理》对加密资产给出了目前所知的范围最广的规范定义。除了央行数字货币以外，加密资产既包括以比特币为代表的另类资产，也包括传统资产在新技术条件下的新存在形式。巴塞尔委员会默认大部分加密资产属于 2 类加密资产，银行类金融机构要在加密资产价格完全"归零"和完全没有市场流动性或融资流动性的保守假设下计提资本。如果某类加密资产能达到 1 类加密资产的要求，银行类金融机构面临的资本要求将相当于或略高于对应的传统资本。这一方面体现了巴塞尔委员会的审慎态度和保守价值观，另一方面对密码学、分布式账本或类似技术与传统资产的结合创新提供了激励机制——这方面的创新只要满足巴塞尔委员会设置的标准，面临的资本要求就将显著下降。鉴于目前市场上合格的 1 类加密资产很少，巴塞尔委员会这个方法论的前瞻色彩明显，将促使市场创新服务于金融稳定和金融消费者保护等目标。针对加密资产带来的新问题，巴塞尔协议显示了很好的开放性和包容性，风险识别、计量、防范和处置等方面的方法和工具显示了很好的普适性。

银行类金融机构在金融系统中居于枢纽位置，将在加密资产生态中承担多种角色，可能的角色包括 1 类加密资产的发行机构、发行储备资产的托管机构和投资管理机构、加密资产的投资者和做市商、虚拟资产服务提供商（VASP），以及分布式账本的验证节点等。因此，巴塞尔委员会发布的咨询文件《对加密资产敞口的审慎处理》通过约束银行类金融机构，将对加密资产生态产生全方位影响，并将影响证券和保险监管对加密资产的处理。